guardei
no
armário

samuel gomes

guardei no armário

TRAJETÓRIAS, VIVÊNCIAS E A LUTA
POR RESPEITO À DIVERSIDADE RACIAL,
SOCIAL, SEXUAL E DE GÊNERO

paralela

Copyright © 2020 by Samuel Gomes

A Editora Paralela é uma divisão da Editora Schwarcz s.a.

Grafia atualizada segundo o Acordo Ortográfico da Língua Portuguesa de 1990, que entrou em vigor no Brasil em 2009.

capa Ale Kalko
fotos de quarta capa Ignacio Aronovich/ Lost Art
preparação Diogo Henriques e Érika Vieira Nogueira
revisão Valquíria Della Pozza e Ana Maria Barbosa

Dados Internacionais de Catalogação na Publicação (cip)
(Câmara Brasileira do Livro, sp, Brasil)

Gomes, Samuel
    Guardei no armário : trajetórias, vivências e a luta por respeito à diversidade racial, social, sexual e de gênero / Samuel Gomes. — 1ª ed. — São Paulo : Paralela, 2020.

    isbn 978-85-8439-177-6

    1. Gomes, Samuel 2. Histórias de vida 3. Homossexuais – Autobiografia 4. Homossexualidade – Aspectos sociais 5. Negros – Brasil 6. Preconceito 7. Racismo i. Título.

20-39560   cdd-920.9306766

Índice para catálogo sistemático:
1. Homossexuais : Autobiografia 920.9306766

Cibele Maria Dias – Bibliotecária – crb-8/9427

[2020]
Todos os direitos desta edição reservados à
editora schwarcz s.a.
Rua Bandeira Paulista, 702, cj. 32
04532-002 — São Paulo — sp
Telefone: (11) 3707-3500
www.editoraparalela.com.br
atendimentoaoleitor@editoraparalela.com.br
facebook.com/editoraparalela
instagram.com/editoraparalela
twitter.com/editoraparalela

Sumário

Dedicatória 7

Como cheguei até aqui 9

Um passado ainda presente 11
Crescer em um ambiente homofóbico 16
Primeiro amor 24
Igreja 28
Reencontro 35
Amizades virtuais 41
Identidade 43
Descobertas 49
Revelações 51
O que a Igreja diz 56
Primeiras experiências 59
Então eu gosto de meninos 66
Saúde no corpo e na mente 69
Double Life e Purpurina 72

Um novo começo 75
Primeira vez 81
Não gosto de meninas 87
Um futuro não planejado 98
Amor negro 100
Pai, estou namorando 103
De volta ao jogo 107
Dali para a frente, tudo mudou 110
Do meu lugar 114
O impostor 118
Mais que uma carteirinha 122
Medo político 125
A cor da minha família 130
UM FILHO GAY, RELATO DE UM PAI 134

Pertencendo 139

ENTREVISTAS

Ana Claudino 145
Murilo Araújo 160
Silvetty Montilla 166
Spartakus Santiago 179
Jonas Maria 187
Nátaly Neri 207
Jup do Bairro 235
Rodrigo França 250
Cristina Naumovs 269

Agradecimento 299

Dedicatória

Dedico este livro à minha ancestral mais próxima de quem tive o privilégio de ser neto, minha avó Bárbara de Paula. A ela eu dedico estas primeiras linhas e todas as conquistas que tenho e terei, pois, se não fosse por ela, pelo amor que ela dedicou não apenas a mim, mas a todos os bisnetos, netos, filhos e a todos que ela conhecia e fizeram parte desta minha história, eu não estaria aqui.

Dedico este livro a todos os Samucas que ainda existem no Brasil. Você, que se sente culpado por ser quem é. Você, que está lendo este livro escondido. Este livro é para todas as pessoas que acreditam que seu futuro é de sofrimento eterno por ser LGBTQIA+. Eu passei por isso e, quando pensei que já tinha me livrado de todas as amarras e pesos, descobri um fundo falso no meu armário. É ele que dividirei aqui com vocês.

Dedico este livro a todos os escritores negros. A todos os escritores independentes. A todos os escritores periféricos. A todos os escritores que nem sequer um dia iremos conhecer pela falta de oportunidade e espaço que lhes são tirados.

Dedico este livro às pessoas que graças às políticas públicas de inclusão entraram na faculdade, se formaram e, mesmo com muita dificuldade, conseguiram trabalhar na área em que acreditam e amam.

Dedico este livro aos meus amigos do colégio Martins Penna, aos amigos da Uniban, aos amigos que fiz no mercado publicitário, aos amigos que fiz no Projeto Purpurina, aos que fiz durante minha caminhada até agora.

Dedico este livro a alguns profissionais de saúde: a psicóloga dra. Ana Maria Ferreira, o psiquiatra dr. Edir Corrêa de Araújo e a coloproctologista dra. Fabiana Orozco.

Dedico este livro aos meus pais e à minha irmã, que passaram por tudo isso comigo, que sofreram e evoluíram na medida deles dentro desse processo todo. Que tem suas próprias lembranças de vários momentos que citei. Agradeço a eles por ter o privilégio de poder passar pelo processo de aceitação em conjunto. Sei que nesse processo houve vários conflitos e haverá outros por diversos motivos, mas sei o quanto amam tudo o que vivemos. Somos uma família.

Dedico este livro ao Luiz e à Vita, que são os seres que mais me conhecem hoje em dia. A quem dedico a minha atenção e amor. É por eles que luto para que possamos naturalizar nossa existência enquanto família.

Por fim, dedico esta obra a todas as pessoas que de forma positiva ou negativa me fizeram ser quem sou hoje. Transformei nossa caminhada em arte, em literatura, em história e dividirei com muitas pessoas. Que mais livros com protagonistas negros, com suas particularidades e profundidades, existam. Que mais autores negros tenham mais espaços que eu. Dedico este livro ao movimento negro, ao movimento LGBTQIA+, aos movimentos sociais, a todas as minorias que sonham com uma nova sociedade.

Como cheguei até aqui

Começo a escrever este texto na tarde de um dia frio, na casa onde moro com o Luiz, hoje meu marido. Temos uma cachorra vira-lata adotada. Nós nos mudamos há pouco tempo e tudo ainda está meio bagunçado. Mas temos móveis recém-comprados graças a alguns trabalhos que tenho feito como publicitário, influenciador, criador de conteúdo e palestrante. Olho ao meu redor e só consigo sentir amor.

Se ao escrever a primeira edição deste livro o meu objetivo era mostrar o quanto ser gay, negro, ex-evangélico e periférico tinha me colocado em situações ruins, agora eu conto para vocês como essas características mudaram a forma como lido com o mundo ao meu redor. Na minha inocência, acreditei que, ao lançar este livro, estaria finalizando um processo, enterrando meus demônios e construindo um novo futuro. Minha sexualidade estava exposta para quem quisesse conhecer, eu tinha encontrado na literatura uma arma poderosa para dividir minhas angústias com outras pessoas e descoberto junto com elas que não estava sozinho. Contei a minha história para que ninguém passasse pelo que eu passei, para que as pessoas se aceitassem como são, bem como suas famílias e a Igreja. O canal no YouTube veio com o mesmo objetivo, e ainda mais democrático: a ideia era trazer outras vozes para falarem de si, da realidade das pessoas LGBTQIA+ no país que mais mata essa população no mundo.

Entendi com o tempo que este não era um livro, era o meu manifesto por um maior reconhecimento e visibilidade para pessoas iguais a mim, pretos, periféricos, gays afeminados, com a fé no homem ou em Deus abalada. Sinto até hoje uma força gigante para manter esse projeto de pé e não faço ideia de onde ela vem. Talvez da vontade de que ninguém mais precise sofrer para ser quem é. Espero que a leitura deste livro e da minha história desperte o melhor em você também.

Um passado ainda presente

EU SEI QUE SOU GAY DESDE BEM CEDO, SÓ QUE A MINHA consciência do que isso significava veio depois de muitos anos, junto com todos os medos e incertezas que acompanham essa realidade. Assim como uma pessoa heterossexual não se pergunta quando decidiu a própria sexualidade, eu não escolhi ter desejos, afeição e sentimentos por homens.

Nasci em 1987, na periferia da Zona Sul de São Paulo, em uma família de pais negros e uma irmã um ano mais velha. Minha mãe teve dificuldades no meu parto, que aconteceu depois do tempo previsto, e nasci com algumas complicações. Minha mãe também sofreu; sua pressão subiu e nós dois acabamos na UTI. Eu saí antes dela, que ficou no hospital com risco de morte. Tive várias mães de leite no bairro onde morava, já que minha mãe, depois que voltou do hospital, estava tomando muitos remédios e não podia me amamentar.

A religiosidade sempre foi o fio condutor da vida da minha família. Meu nome vem de uma promessa que meus pais fizeram antes de eu nascer, durante um culto. Como a gestação e o nascimento da minha irmã também foram complicados, eles prometeram a Deus que, se tivessem um filho homem, ele se chamaria Samuel, "aquele a quem Deus ouve". Apesar de todas as dificuldades, meus pais acreditavam que eu era um filho prometido.

Meu pai, Benedito, nasceu em Mato Grosso do Sul, veio para São Paulo aos dezoito anos com um dos seus irmãos, e aqui se converteu à Congregação Cristã no Brasil, uma Igreja evangélica. Ele é o exemplo do homem dedicado à família e ao trabalho, e uma grande referência para mim.

Meu pai foi o primeiro evangélico da família dele, os Gomes, que na época eram uma mistura de católicos e umbandistas, e durante muito tempo viveu sendo o exemplo de crente para os demais irmãos. Para ele, ser crente era obedecer, sem questionar, a tudo o que era pregado. Ele aprendeu a ir à igreja diariamente, orava muito e se santificava. Batizou-se, fez muitos amigos, e com eles pregava quando visitava familiares. Anos mais tarde, dentro da igreja, conheceu a mulher com quem se casaria em poucos meses, Maria Ligia. Depois de um ano e meio nasceu minha irmã, Miriã.

Éramos muito pobres e, quando eu nasci, morávamos em uma casinha de madeira. Meu pai sempre trabalhou fora, e minha mãe dividia seu tempo entre cuidar dos filhos, de casa e da casa da patroa — na época, ela trabalhava como empregada doméstica. Logo nos meus primeiros anos de vida, fomos viver de favor no quintal da minha avó por parte de mãe, onde passei quase toda a minha infância e adolescência.

Quando completei quatro anos, já morando na casa de apenas dois cômodos que meu pai construiu com a ajuda dos meus tios no quintal, tive minha primeira festa de aniversário, uma de minhas memórias mais antigas. Moravam ali também, em outras quatro casas, muitos tios e primos meus.

Tive alguns amigos na pré-escola — com muito esforço, meus pais conseguiram vaga em uma escolinha particular católica perto de casa para mim e a minha irmã. Como era a escola do bairro, muitos eram praticamente meus vizinhos, e íamos nas casas uns dos outros para brincar. Foi com esses vizinhos que comecei a ter consciência dos meus desejos.

Quando os parentes me perguntavam se eu tinha namorada, eu respondia que sim, mas me pegava pensando nos meus amigos mais próximos. Essas lembranças me causavam um sentimento muito bom e puro, mas eu não tinha coragem de expressá-lo — mesmo sem saber exatamente o que era aquilo, eu não arriscava falar algo que pudesse magoar ou chocar os adultos.

Certa vez, na casa de um desses amigos, resolvemos brincar de casinha, e, como acontece com todo casal, um chegava do serviço e cumprimentava o outro com um beijo. Nesse momento dei um selinho no meu amigo, e os outros dois que viram a cena fizeram o mesmo. Não sabíamos o que isso significava, nem sabíamos o que era "beijo gay"; só repetimos o que os adultos faziam.

Eu e meus amigos nunca comentamos a respeito, mas passei dias pensando no que tinha acontecido e, na verdade, guardei essa cena por vários anos. Eu tinha muitas perguntas e medos, porém não tinha com quem falar — minha família sempre foi muito reservada e meus amigos eram praticamente todos da igreja —, e me sentia angustiado e sozinho.

Com seis anos comecei a estudar violino, querendo seguir os passos do meu pai, que tocava na igreja com a minha mãe. Ela tocava órgão — o único instrumento permitido às mulheres na igreja —, e juntos eles faziam parte da orquestra, um grupo de pessoas que, com seus diversos instrumentos, harmonizava os louvores cantados pelos outros fiéis. Eu assistia a tudo aquilo e achava lindo ver meu pai tocando. Essa admiração despertou em mim o desejo pela música, e comecei meus estudos.

Nessa época eu já havia entrado no primário. Da primeira à terceira série eu e minha irmã ainda estudávamos em uma escola católica particular, o Colégio São Francisco de Assis, e éramos das poucas crianças negras por lá. Eles nos faziam rezar o pai-nosso e a ave-maria todas as sextas. O diretor era padre, e havia regras disciplinares bem rígidas. Lembro-me do conflito que eu sentia, porque o que ouvia na Igreja evangélica era muito diferente do que os padres falavam na escola. As rezas, os rituais católicos e os santos não faziam sentido para mim. Fui ensinado que somente os fiéis da Congregação

Cristã no Brasil entrariam no céu, que todos os outros passariam por um julgamento e que era pecado adorar imagens.

A quantas festas deixei de ir por medo de errar! Éramos aconselhados a não participar de festas que a escola promovia, de festas juninas, de Páscoa, de Natal... Na minha rua, morava uma senhora que era de religião de matriz africana e que sempre distribuía doces no Cosme, mas meus pais nunca deixaram eu pegar um dela, e, se pegasse, tinha muito medo de algum mal acontecer. E, quando de alguma forma não conseguíamos escapar de um evento desse tipo, eu ficava angustiado, com medo de ser julgado e condenado.

A Igreja era muito rígida, e meus pais seguiam todas as doutrinas que os líderes pregavam. A televisão, por exemplo, era vista como uma vilã na vida das pessoas. Só tivemos televisão em casa depois de muita insistência. Antes disso, eu ia até a casa dos meus primos ou da minha avó para poder assistir a algum desenho ou ver novelas.

Aprendi muitas coisas dentro da Igreja, conheci muita gente do bem e fiz muitos amigos. Tive inúmeros exemplos de pessoas que praticavam o amor e cuidavam da alma. A mudança que acompanhei na vida das pessoas que frequentavam a Igreja, pessoas que foram curadas, famílias que foram ajudadas, e a união que era sempre pregada na comunidade me encantavam. E a certeza de que Deus estava bem perto de mim fazia todos os meus medos e perguntas sem resposta se calarem.

Mas algo começou a não fazer sentido. Fiz muitos amigos queridos, com famílias lindas, que eu não achava justo que fossem para o inferno só porque não eram da mesma Igreja que eu. Essa segregação, que separava os fiéis dos "mundanos" — como chamavam as pessoas que não eram da mesma fé e doutrina —, fazia cada vez menos sentido para mim. Na Igreja eu ouvia que o mundo era cruel, perverso, cheio de maldade, pecados e todo tipo de coisa ruim, e que viver uma vida fora de lá me levaria para o inferno. E quem quer viver no inferno? Quem quer sofrer mais ainda depois da morte? Isso era uma tortura, e eu era uma criança cheia de medos. Meu esforço constante desde pequeno era me livrar dessas maldições.

Quando fui para a quarta série, meu pai perdeu o emprego e, com o novo que arranjou, não conseguia mais pagar a escola particular.

Esse foi um momento bastante difícil para mim: a transferência para uma escola municipal. Eu estava acostumado com um ambiente limpo, com as carteiras brancas, todos os materiais escolares, o uniforme e as regras bem rígidas. Na nova escola tudo estava malcuidado e os alunos eram quase todos negros. Apesar de ser negro retinto, no começo não me identifiquei com aquela realidade — assim como nunca me perguntei por que existiam tão poucos negros na outra escola e na igreja.

Hoje eu sei, tenho a triste consciência de que durante muito tempo não me via como negro, não aceitava nem entendia minhas origens e negava conhecer minha cultura.

Eu não me identificava. Meus exemplos eram muito restritos, e os meus costumes foram moldados pela minha família dentro da Igreja. Existe uma anulação muito grande das tradições africanas quando você faz parte de uma Igreja evangélica. O afro e toda a bagagem que isso carrega são tomados de preconceitos. Aos poucos, fui percebendo as consequências que a falta de referências causou em mim.

Além disso, foi nessa escola que comecei a sofrer bullying por causa da minha orientação sexual. Lembro-me bem de um episódio dessa época. Um dia, a pedido da professora, eu me sentei na fileira do fundo, onde ficavam as crianças mais bagunceiras e os meninos que caçoavam de mim. Eu não me sentia à vontade ali, e em certo momento, na ausência da professora, um dos meninos abriu o zíper por baixo da mesa e colocou o pênis para fora. Começou a mexer nele e me chamou para que eu visse. Não tive reação alguma, e logo depois ele o pôs de volta dentro da calça.

Embora nunca tenha tocado no assunto, meu colega continuou a zoar comigo na sala de aula, me chamado de bicha. Eu não entendia por que ele havia feito aquilo, se era algo comum entre os meninos. O que mais me intrigava era o que eu tinha sentido: curiosidade.

Crescer em um ambiente homofóbico

TOMEI CUIDADO, DURANTE TODA A MINHA INFÂNCIA E adolescência, para garantir que ninguém desconfiasse da minha homossexualidade. Por diversas vezes, passei por situações constrangedoras na escola, na Igreja e no quintal onde morava. Como, por exemplo, quando uma vez reunimos a família para uma festa na minha avó — nunca me esqueço desse dia. Todas as crianças estavam dançando ou brincando de alguma coisa: pipa, videogame, boneca. Eu, que sempre gostei de me expressar através da arte, cantando, dançando, desenhando, interpretando, criando — meus pais sabiam disso, mas nunca me incentivaram, por medo de que eu me afastasse da Igreja —, estava brincando de show com minhas primas no quintal.

Era um domingo, o quintal da minha avó estava cheio de parentes, e de repente três primos começaram a me chamar de Vera Verão, uma personagem travesti do programa *A Praça é Nossa*, dos anos 1990, interpretado por Jorge Lafond, um homossexual negro. Eles queriam me ridicularizar na frente de todos só porque eu não estava empinando pipa ou jogando futebol como os outros meninos, mesmo sabendo que eu não me identificava com essas brincadeiras. Cheguei em casa aos prantos, contei para os meus pais o que tinha acontecido e, como um soco na cara, ouvi:

— Você não é homem, não? Aprenda a se defender! — disse meu pai. E, virando-se para a minha mãe, acrescentou: — Você está mimando demais esse garoto, é nisso que dá!

No colégio, foi fácil me isolar de pessoas com esse pensamento opressor e homofóbico. As amizades que construí no ensino fundamental fizeram com que o bullying que sofríamos não tivesse tanta força, pois nos apoiávamos mutuamente. E essas ofensas muitas vezes vinham de questões comportamentais. Eu e meus amigos não jogávamos futebol nem andávamos com os meninos mais populares, mas éramos próximos dos professores, de muitas meninas e tirávamos boas notas. Isso gerou certo ciúme em alguns meninos da sala. Éramos criativos, educados, não ficávamos falando das meninas, brincávamos, estudávamos, assistíamos a muitos desenhos juntos e por isso nos tornamos tão amigos.

Conseguimos formar um grupo bem unido e não deixamos de brincar e de viver nossa infância, mesmo que sob o olhar de alguns isso não fosse considerado masculino... O Pablo era um menino muito educado e inteligente, que sofria pelo excesso de espinhas no rosto. Também era evangélico, mas de uma outra Igreja. Fernandes tinha cabelo liso cortado ao estilo tigelinha e usava óculos, o típico nerd da época. Fomos muitas vezes à casa dele jogar videogame. Thiago Pires era muito gente boa e companheiro, gordo e baixinho. Ficamos próximos, e eu não me conformava em ver as pessoas tirando sarro dele por seu peso. E o Murilo, também baixinho, supereducado, inteligente, prestativo, chamava atenção dos professores pela dedicação aos estudos. Numa escola em que a maioria dos jovens frequentava as aulas por obrigação, ver um garoto que gostava de estudar enchia os professores de orgulho. Eu, o brincalhão da turma, também desenvolvi uma grande admiração por ele.

Nessa época, eu já havia aprendido a esconder vários sentimentos por medo de rejeição, mas, por mais que os combatesse, não conseguia vencê-los. Comecei, então, a ter amores platônicos pelos amigos mais próximos. O primeiro foi o Murilo.

Murilo e eu nos aproximamos de uma forma natural. Apesar de sentir muito carinho por ele, de estar apaixonado, não tive coragem de me declarar. Não queria ser rejeitado pelo meu melhor amigo; preferia me manter calado e apenas viver a amizade, com brincadeiras, momentos de estudo e tudo a que uma criança tem direito. Todos esses sentimentos eram bons e me davam ânimo para ir à escola e enfrentar qualquer tipo de brincadeira de mau gosto feita pelos outros meninos da sala.

Quando voltava do colégio e enfrentava minha outra realidade, eu percebia que o que sentia pelos meus amigos não era comum, pelo menos não no meio em que estava crescendo. Todos os domingos de manhã eu tinha de ir ao Culto de Jovens e Menores, e, nas tardes de sábado, estudar violino com os outros meninos — era tudo que eu podia fazer, me preparar para um futuro no qual eu não sabia se conseguiria ser feliz.

Com essa rotina dentro da Igreja, comecei a fazer ali também um círculo de amigos. Naquela época, eu estava tomando consciência dos meus desejos. Queria conhecer pessoas novas para saber se alguém se sentia como eu e como lidavam com isso. Os sentimentos sempre presentes no meu coração eram insegurança quanto a ser aceito por Deus do jeito que eu era e medo de acabar indo para o inferno. Eu ouvia as pregações dos pastores e temia ser condenado à danação eterna por algum pecado que pudesse estar cometendo, qualquer que fosse. Por isso, prezava muito por um comportamento mais próximo do que era considerado certo, ao menos na frente deles.

Meus pais eram extremistas. Nunca haviam ido ao cinema, à praia ou a um show, nem visitado outras igrejas. Eles procuravam seguir à risca a cartilha de normas que a Igreja determinava para as famílias cristãs. O que mais temiam na criação que deram a mim e à minha irmã era que nos desviássemos dos caminhos que haviam definido antes mesmo que nascêssemos. Eles acreditavam que, frequentando a Igreja e seguindo suas práticas, nos manteríamos fora de qualquer perigo.

A dança também começou a ser um peso para mim, porque eu sempre ouvia dos meus amigos da Igreja que meninos não dançavam. Segundo a doutrina imposta pelos fundadores, baseada em trechos da tradução bíblica seguida por eles, o único modo de expressão permitido para se comunicar com Deus seriam os cânticos. Até hoje a Igreja não dá liberdade para que seus fiéis expressem seus sentimentos com o corpo, a dança ou movimentos mais espontâneos.

Assim, à medida que crescia, eu percebia que algumas coisas de que gostava poderiam me afastar das pessoas que eu mais amava. Neguei alguns desejos, ou ao menos tentei reprimi-los. Só dançava perto dos meus primos que não eram da Igreja ou do colégio.

Um dos meus maiores conflitos quando criança era como lidar com esses sentimentos que sempre estiveram dentro de mim e conciliar isso com a religião. Como não abalar minha fé e tudo o que eu estava cultivando na Igreja durante todos esses anos?

Na Igreja, éramos ensinados a viver isolados, a acreditar que lá dentro estaríamos vencendo o pecado e que não deveríamos nos envolver com nenhum dos prazeres mundanos. Por isso, em minhas orações, eu sempre pedia piedade para não ir para o inferno nem ser "jogado no mundo". Convivo com a homofobia desde muito cedo, mesmo sem saber no início o que isso significava. A partir dos exemplos que eram expostos dentro da Igreja, aprendi a achar que o que eu sentia era errado.

Nessa época, minha mãe veio conversar comigo sobre um amigo dela que havia falecido, querendo saber se ele havia me desrespeitado em alguma visita à nossa casa, se tinha feito alguma brincadeira de que eu não havia gostado. Respondi que não, mas, sem imaginar a resposta, perguntei por que ela estava fazendo aquelas perguntas. Minha mãe contou que esse amigo era gay e tinha traído a esposa durante anos com outros homens, de dentro e de fora da Igreja.

O que mais me espantou nessa história foi o fato de ele também ser da Igreja, batizado inclusive, e sua mulher uma das organistas mais antigas da sede — isso deu um nó na minha cabeça. Meu contato mais próximo com homens gays tinha sido pela TV, nos programas de comédia, ou em comentários maldosos que eu ouvia dos meus tios. Nunca imaginei que alguém que havia frequentado a minha casa pudesse ser gay.

Minha mãe continuou falando sobre o sofrimento da amiga ao saber que estava sendo traída e, reproduzindo algo que sempre escutava dentro da Igreja, disse que o marido dela havia morrido porque tinha "pecado", e Deus castigava os pecadores. Naquele mesmo dia, ela me contou que dois filhos desse casal também eram gays. Eles eram muito mais velhos, não faziam parte da minha geração. Mesmo assim, haviam frequentado festas da minha família, e algumas coisas que eu estranhara no comportamento deles fizeram sentido naquele momento, como o fato de ficarem sempre mais isolados e não falarem muito de si. Eles também nunca tinham aparecido com namoradas, mas isso não havia chamado a minha atenção até então, pois aprendi que Deus colocava as pessoas certas na vida de cada um na hora certa, e isso poderia levar muito tempo. Vi homens negros se casarem muito tarde e muitas mulheres negras ficarem solteiras para sempre, não por escolha própria.

Nessa mesma época, eu devia ter uns onze ou doze anos, uma outra grande amiga da minha mãe passou por uma situação parecida. Ela e o esposo tinham três filhos: o mais velho, Rodrigo, muito bem-educado e responsável; o do meio, Ricardo, que tocava saxofone como ninguém na Igreja e em festas de aniversário e casamento; e a mais nova, Catarina, que, além de cantar muito bem, estudava órgão. Ela e minha irmã ficaram muito amigas, saíam juntas, frequentavam a casa uma da outra e tinham o mesmo círculo de amigos e os mesmos gostos.

Em meio às minhas próprias questões e descobertas, não percebi umas conversas que rolavam dentro de casa entre minha mãe e minha irmã, até elas comentarem que havia acontecido algo na casa da Catarina. Não entendi muito bem, mas parecia ser alguma coisa com o Ricardo. Alguns dias depois, minha mãe me contou que ele havia traído a confiança dos pais e fora expulso de casa. Não compreendi por que isso tinha acontecido, e somente alguns dias depois fui descobrir que Ricardo tinha sido flagrado pelo pai transando com um amigo dentro de casa. Por isso ele foi expulso, perdeu os cargos que tinha na Igreja — o batismo significava um pacto de fidelidade, selado entre a pessoa batizada, a Igreja e Deus, que ele havia quebrado —, virou motivo de fofoca, de comentários preconceituosos e teve sua vida exposta. Fiquei anos sem vê-lo. Segui meu caminho com medo de que o mesmo pudesse acontecer comigo.

Esses episódios me fizeram crescer na defensiva e me tornei uma criança aparentemente feliz, mas com muitas perguntas sem resposta, muitos desejos sem explicação, me encantando por garotos de outras séries e escondendo isso até dos amigos mais próximos.

Por sofrer sozinho, me achar diferente dos outros meninos, inclusive dos meus amigos, procurei focar minha energia na Igreja e nos estudos. Quando tentavam saber como eu estava ou como era a minha vida, eu só contava até certo ponto. Se insistiam em ultrapassar esse limite, eu me tornava grosseiro, porque tinha medo do julgamento que iam fazer de mim.

Presenciei cenas que hoje considero desumanas e humilhantes, tanto na Igreja — com pessoas tendo sua vida exposta pelos líderes religiosos — quanto no colégio — onde meninos mais femininos eram motivo de chacota, mesmo que ainda nem sequer tivessem certeza de sua orientação sexual. Percebi ao longo do tempo que a solução mais fácil, dentro e fora da Igreja, era a lei do "Não fale, não pergunte". Eu acreditava que, indo para a Igreja todos os dias, orando e escondendo o que sentia, além de aumentar minha fé, me "libertaria" do meu suposto erro. Além disso, acreditava que seria um homem de verdade, que o tempo me faria mudar. O silêncio me ajudaria a reverter a situação e evitaria sofrimentos.

O meu maior medo era perder o amor dos meus pais. Apesar de tudo que eu passava em silêncio, eles fizeram o que estava ao seu alcance para me dar uma boa base, os presentes que podiam... Com o tempo, foram ficando mais tolerantes em relação à televisão, a visitas à casa de amigos do colégio, a certas festas escolares e passeios, às músicas que eu e minha irmã escutávamos e ao som das quais dançávamos. Eu queria poder conversar com meus pais sobre o que sentia, sobre minhas angústias, mas tinha medo de ser expulso de casa e ter minha vida castigada por Deus, como acontecera com o filho daquela amiga da minha mãe. Também receava ser motivo de deboche na família, como ocorrera na minha infância.

Eu queria ser um bom músico na Igreja e, por isso, na sétima série, empenhei nisso os meus esforços. Fiz mais amigos que gostavam de tocar, e alguns dos meus primos começaram a estudar música na Igreja também. Meu pai começou a ver os resultados desses esforços, e eu via em seu olhar o orgulho que sentia por mim. Acompanhava-o na igreja em todos os cultos e, desde pequeno, sentava-me ao seu lado. Depois, um pouco mais velho, comecei a me sentar numa outra fileira, mas sempre próximo a ele, porque gostava de ver a orquestra, os violinistas e, é lógico, meu pai tocando. Enquanto muitos outros garotos da minha idade, ou até mais novos, ficavam do lado de fora brincando, meu pai, muito rígido, nos ensinou, a mim e a minha irmã, a ficar dentro da igreja e a prestar atenção no culto.

Do lado materno, éramos a terceira geração a frequentar a Congregação Cristã no Brasil. A Igreja tinha as suas próprias regras: as mulheres usavam véu nos cultos, tinham que ter cabelos compridos, era proibido usar ou abusar da maquiagem e usar calça. Elas não tinham muito poder de decisão, não presidiam cultos e podiam tocar instrumentos em poucas ocasiões e lugares. Já os homens não podiam ter barba, usavam terno e gravata, mantinham o cabelo sempre baixo e bem cortado e tinham mais autoridade. Alguns eram escolhidos para pregar, cuidar da orquestra, da portaria das igrejas, atender enfermos e necessitados.

Pude participar de vários trabalhos sociais dentro da Igreja ao longo do meu crescimento, e isso me encantava muito. A disciplina me dava uma sensação de segurança e paz, muito diferente do que eu via quando estava fora daquela comunidade. Por isso, frequentar os cultos não era um esforço para mim, e fazer amigos lá dentro nunca foi uma tarefa difícil.

Os homens se sentavam de um lado e as mulheres do outro. Certa vez, em um domingo, eu estava sentado no meu lugar de sempre, em uma das extremidades do banco que dava acesso ao corredor. Naquele dia, o culto lotou. Os cultos de domingo na região do Jardim Miriam sempre lotavam. Em determinado momento, um rapaz chegou e ficou em pé no corredor. Vendo isso, ofereci espaço ao meu lado. Quando me virei para falar com ele, olhei-o fundo nos olhos e tudo ao meu redor pareceu sumir. Foi uma fração de segundo, mas muitas coisas passaram pela minha cabeça: "Nossa, que homem bonito. Meu Deus, quem é ele? Quantos anos ele tem, de onde é?".

Não consegui puxar assunto, só tive coragem de oferecer espaço para ele se sentar, que só aceitou depois de muita insistência. Essa cena se repetiu durante alguns meses, e pude, aos poucos, conhecê-lo melhor. Seu nome era Flávio, e descobri que ele não era daquela região, estava apenas começando a frequentar a Igreja. O jeito amigável com que me tratava e a postura que tinha dentro da Igreja foram me deixando encantado, e todos os domingos eu ansiava por sua companhia.

Eu não me permitia sentir por ele nada além de admiração e não conseguia entender os outros sentimentos que me acompanhavam. A saudade, a vontade de revê-lo, de conversar com ele, tudo isso se assemelhava muito às paixões platônicas que eu tinha no colégio. Sabia que não seria prudente externar esse sentimento e mais uma vez resolvi transformar tudo em amizade. Mas, por dentro, eu me revoltava com isso. Sentia frustração, medo, rancor e angústia, e muitas vezes explodi de raiva.

Em um domingo de ensaio da orquestra, conheci Derick, o irmão do Flávio. Assim que o ensaio acabou, fui me sentar no lugar de sempre. O meu companheiro de banco chegou cedo e me disse que estava acompanhado do irmão mais novo, que também estudava violino.

Eu e Derick nos demos bem logo de cara. Ele era muito parecido comigo quando falava da Igreja e dos seus objetivos. Eu nunca tinha conversado com uma pessoa que pensasse de um jeito tão próximo do meu. Trocamos telefone para marcar de estudar violino e ir a outros ensaios juntos. Ele lembrava muito o irmão mais velho, então eu resolvi deixar de lado um sentimento que não era correspondido para me dedicar a esse que estava nascendo.

A partir desse dia, comecei a ir à casa dele todas as semanas para estudar violino. Meu pai, contente com essa nova amizade dentro da Igreja e vendo a minha empolgação, aceitou de boa vontade me levar todas as quartas-feiras à noite na casa do Derick, que não era tão distante da minha.

Entrei na oitava série com um novo amigo, novos objetivos e uma nova esperança de que as coisas começariam a mudar.

Primeiro amor

ENTRAR NA OITAVA SÉRIE SEM TER DADO NENHUM BEIJO, sem ter tido uma namoradinha, sem ter comentado com amigos sobre alguma história de amor era quase um pecado — e eu o cometi.

Nunca consegui me apaixonar por uma garota, embora tivesse decidido fazer de tudo para seguir os princípios da Igreja. Meu primeiro beijo foi durante uma viagem a Valinhos, em uma tentativa de mudar a imagem que eu tinha das meninas. Ninguém me forçou a nada, mas me senti na obrigação de provar aos meus amigos e primos que era um homem heterossexual. Assim que acabou, porém, tive certeza mais uma vez de que mulheres não me atraíam e de que o fato de beijar uma não faria eu me sentir diferente — perceber isso foi um choque e trouxe um medo desesperador, que me deixou sem saber o que fazer.

Minhas paixões platônicas não estavam mais restritas ao colégio. Elas estavam bem mais próximas, e, para não ser julgado, ofendido, desprezado, eu as transformava em amizade. Era certo que eu me apaixonaria pelo Derick, pois havíamos nos aproximado bastante e tínhamos muitas coisas em comum. Por saber das consequências de assumir esse sentimento, sempre me policiei e me coloquei à disposição para uma amizade com muitos cuidados, muita cumplicidade, muito amor e respeito. Congregávamos juntos, falávamos sobre o futuro, orávamos; ele começou a frequentar a minha casa, conheceu a minha família, e essa amizade de certa forma me salvou. Eu podia não ter o amor carnal dele, mas tinha um grande amigo por perto, uma amizade que via que poderia durar muitos anos. Não me sentia mais sozinho, tinha alguém para conversar, alguém que se preocupava com o meu bem-estar e a minha felicidade.

Nossa amizade cresceu conforme os dias foram passando, mas eu só conseguia vê-lo como um companheiro para a vida toda, não tinha coragem sequer de pensar em avançar o sinal. Nunca havia passado pela minha cabeça fazer isso com homem algum, mas eu sonhava em ficar com alguém que fosse como ele, que cuidasse de mim como ele.

Na oitava série, eu me revoltei. Fui parar em uma sala que era considerada a pior do colégio. Já não estava mais estudando com nenhum dos meus amigos. Tive que conhecer novas pessoas, bem diferentes de mim, com personalidades mais fortes do que aquelas com as quais eu estava acostumado.

Eu continuava me apaixonando por outros colegas. Era tudo tão natural. Eu ouvia uma música e me lembrava de um, via outro passar no pátio e suspirava (sem que ninguém percebesse). Tinha sonhos, fazia planos e imaginava como poderiam ser as coisas se o mundo fosse diferente. Mas, como eu sabia o que poderia acontecer se externasse tudo aquilo, ficava apenas sonhando, sozinho, e acabava sofrendo bastante. Eu já vinha passando por essa situação fazia anos, sem conseguir falar com ninguém sobre esse desejo que não me abandonava, e isso estava gerando um conflito muito grande dentro de mim. Quantas vezes voltei para casa e fiquei horas sem dormir, me perguntando por que eu não podia ter nada com os meus colegas...

Tudo se intensificou quando comecei a desvendar os prazeres do corpo. O medo me fazia acreditar que qualquer tipo de prazer era errado, e eu estava cheio de dúvidas. Quando me masturbei pela primeira vez, estava tomando banho. Não cheguei a gozar, mas senti uma sensação muito gostosa, uma coisa intensa, um arrepio e um calor. Imediatamente, os sentimentos de prazer e culpa me tomaram. Mas isso não me impediu de, no outro dia, experimentar de novo. Acabei gozando pela primeira vez e conheci o prazer. Foi mágico.

Nessa época, eu estava decidido a não fazer parte do mundo gay. Não queria ir para o inferno, mas salvar a minha alma, ir para o céu, mesmo que para isso negasse os meus desejos. Eu não queria ver a minha vida afundando. A revolta que sentia por não poder ser eu mesmo, por não poder viver um amor e expressar meus sentimentos, me aproximou de novas pessoas no colégio. Elas fumavam, já tinham transado e não se preocupavam em ser tão boas em todas as matérias. Eu escutava muito rock pesado com elas, e comecei a usar roupas pretas iguais às delas até mesmo para ir à igreja. De alguma forma, essas atitudes me permitiam mostrar um pouco da revolta que eu sentia.

Mas o medo de ir para o inferno mais uma vez me fez pensar que esse não era um bom caminho, e por isso resolvi me batizar. A Congregação aconselhava o batismo depois dos doze anos, e eu já tinha quase catorze. Eu me senti chamado naquele momento, e estava certo da minha decisão. No dia da celebração, meus pais estavam na igreja e eu estava sentado com o Derick. Já havia decidido não alimentar mais esperanças em ter algo com ele, já que minha vida futura seria guiada somente para servir a Deus. Mas, quando ia em direção ao vestiário colocar as roupas para descer às águas do batismo, comecei a pensar em tudo que já tinha vivido e na certeza de que era homossexual.

Eu já tinha essa consciência, sabia que esse desejo não ia me abandonar mesmo que eu não falasse para ninguém. Mas também estava certo de que minha fé iria me salvar, de que Deus me daria forças para viver todos os anos da minha vida com aquela verdade e de que isso não me afastaria Dele. Lutaria com todas as minhas forças para mudar meu futuro — eu acreditava que, se aceitasse minha sexualidade, teria um futuro ruim, de muita dor e sofrimento. Meu único objetivo naquele dia era salvar minha alma. Eu não queria ir para o inferno, não fazia questão de casamento, casa, carro, emprego, nada material... Só queria ter a certeza de que não passaria a eternidade sofrendo ainda mais.

Esse dia foi um momento de muita alegria, pois junto comigo se batizaram mais um primo e alguns amigos com quem eu estudava música. Todos muito jovens ainda, mas cheios de vontade de crescer espiritualmente dentro da Igreja.

Igreja

O QUE EU SENTIA NÃO PASSOU COM O TEMPO. EU NUNCA tinha conversado com ninguém a respeito e, depois do batismo, me vi na obrigação de manter isso tudo bem escondido. Com fé de que o meu desejo por homens poderia desaparecer, comecei a criar meios de ocupar a cabeça com outros assuntos.

 Aproveitei meu tempo livre à tarde para fazer alguns cursos. Ainda não tinha idade suficiente para trabalhar, então fiz curso de violão, com o intuito de tocar alguns hinos da Igreja, e um de telemarketing, pensando na possibilidade de, assim que completasse dezoito anos, começar a trabalhar. Também comecei a fazer o curso de cabeleireiro, em uma ONG chamada Aldeia do Futuro, porque já imaginava que não ia querer pagar para cortar o meu cabelo. Minha irmã se interessou também e começou a fazer o curso comigo, o que foi ótimo para nos aproximar. Na verdade, sempre fomos muito unidos, mas os meus conflitos estavam me afastando cada vez mais da minha família.

 No colégio, me encantei por mais um rapaz, o Eduardo. Ele era branquinho, baixinho, loiro de olhos verdes e muito inteligente. Andava com uma galera que eu ainda não conhecia, mas com o tempo acabamos nos aproximando. Ele começou a fazer o curso comigo na ONG e o meu interesse só aumentou. Mas havia um porém: ele namorava. Mesmo sabendo disso, alguns meninos do colégio o zoavam, porque ele não jogava futebol e andava com as meninas. Certa vez, na sala de aula, criei coragem e, sentado muito próximo a ele, coloquei a mão em sua perna. Já tínhamos uma liberdade e uma intimidade que eu conquistara junto a todos os amigos mais próximos. Então perguntei:

— Edu, você não se incomoda com essas brincadeiras dos outros moleques?

— Eu não, não tenho que provar nada pra eles. Sei que gosto de mulher — respondeu ele, direto e sem se incomodar com a pergunta.

Apesar disso, eu percebia que ele olhava para certos rapazes no colégio de um jeito diferente e tinha alguns trejeitos ditos mais femininos. Ele nunca namorava por muito tempo, e, sempre que terminava, colocava vários defeitos na menina. Eu sabia que em outras salas havia meninos que já tinham se assumido gays e receava ter a minha imagem associada à deles, porque já estava batizado e não queria dar o mau exemplo. Mas, muitas vezes, acabava enfrentando esses receios e conversava com eles.

Presenciei alguns atos de homofobia dentro do colégio e não vi nenhum professor tomando providências para que isso parasse. Naquela época, os gays assumidos tinham que ter muita coragem, pois eram constantemente humilhados. Alguns não aguentavam e mudavam de colégio, outros até paravam de estudar, e a grande maioria dos garotos e garotas LGBTs só assumia sua sexualidade depois de terminar o colegial.

A homofobia me encontrou dentro da Igreja também, embora eu me esforçasse muito para esconder a minha homossexualidade. As pessoas acabam percebendo pequenos sinais, e o fato de eu não ter namorada, nunca falar de garotas e ser cheio de amigas fez com que um rapaz começasse a pegar no meu pé.

Elder tinha um temperamento explosivo e era bem conhecido na irmandade. Era amigo do Afonso, o primo que se batizou no mesmo dia que eu, e muitas vezes nos acompanhava nas visitas a famílias da Congregação ou a outras igrejas. Certo dia, após tocarmos, cantarmos e orarmos em uma visita familiar, o dono da casa nos ofereceu um lanche. Éramos cerca de vinte e cinco pessoas.

— Você viu que a Lara vai casar? — perguntou uma das moças presentes.

— Graças a Deus, né?! Quanto tempo ela ficou solteira? Que bom que foi preparado um servo temente a Deus pra ela — respondeu um auxiliar de jovens.

— Tem muito jovem namorando na nossa comunidade, não é verdade?! — comentou outro.

— Sim, tem. Mas tomem cuidado, porque o Samuel está de olho nos solteiros — rebateu o Elder.

— O que você quer dizer com isso, Elder? — falei sem graça, pois não esperava um comentário desses na frente daquelas pessoas todas.

Eu estava fazendo tudo certo, nunca tinha dado em cima de ninguém da Igreja. Nessa época, já tinha meus amigos mais próximos e companheiros de banco. Ficávamos sempre uns ao lado dos outros, conversávamos e combinávamos de congregar juntos. Como fiz com todos os amigos, sempre me preocupei, abracei, cuidei e fui cuidado por eles, mas guardava para mim qualquer tipo de interesse que pudesse nutrir por algum deles, ou não percebia quando os externava.

— Ora, Samuca, você já está acabando os seus estudos, e muitos aqui começaram a namorar nessa época, ou até um pouco antes. Nunca vi você namorando ninguém, mas percebo o seu interesse quando algum irmão novo se batiza ou alguma visita entra na igreja. Cuidado, meninas — disse ele, e todos riram.

— Que brincadeira sem graça, Elder. Não te dei liberdade para falar comigo dessa maneira, e se até o momento você não me viu com ninguém é justamente porque eu me dedico aos meus estudos. Quero ter uma formação. Não espero ser como você, que só terminou o colegial e não fez faculdade. Acho que já deu a minha hora, vou para casa. Vamos, Miriã?! — respondi em tom amigável, pois o clima já estava pesado e eu não queria me exaltar. Se fizesse isso, poderia mostrar aos outros que o que o Elder acabara de falar era verdade.

Aquela situação me lembrou muito o que eu tinha vivido na infância, a humilhação que passei naquele domingo com a minha família. Só que dessa vez tinha sido na frente de algumas pessoas que me conheciam da igreja. A partir daquele dia, decidi que seguiria à risca os mandamentos evangélicos e me consagraria a Deus para ser um servo temente e impecável. Os julgamentos começaram a fazer parte do meu cotidiano.

Nossa doutrina pregava certas regras, e em algumas delas o ancião da minha igreja era bem enfático, como por exemplo com relação às roupas que os homens podiam usar. Depois de batizados não podíamos usar shorts em público, jogar, nem ter relações sexuais antes do casamento. As mulheres não deviam cortar o cabelo, passar maquiagem, ingerir bebida alcoólica, ir ao cinema, teatro, praia, baladas, entre tantas outras diversões do mundo. Comecei a julgar as pessoas que não seguiam essas regras, e assim consegui atingir alguns meninos que, junto com o Elder, aproveitavam algum deslize meu para me julgar também. Isso durou algum tempo, e não percebi como eu estava ficando chato e intolerante. Até que esse meu jeito começou a afetar a amizade com o meu melhor amigo, o Derick.

— Derick, você joga futebol. Agora você é batizado, não deveria fazer isso. Você sabe o que a Igreja diz a esse respeito, né?

— Poxa, Samuca, não acho que Deus vá se magoar comigo só por conta disso. Tenho ido jogar com a galera da igreja — respondeu ele num tom um pouco preocupado.

— Então quer dizer que agora existe até time entre as igrejas? — rebati, indignado.

— Sempre existiu. A galera da minha comunidade já jogou com a galera de Diadema, do Jardim Miriam e de outros lugares. É bacana porque conhecemos mais gente, é bem divertido.

— Eu não entendo, amigo. Por que para algumas coisas as regras da Igreja não se aplicam? — continuei, indignado.

— Do que você está falando?

— Estou querendo dizer que procuro seguir os princípios da Igreja, me esforço para isso, sofro, me policio para ter uma vida correta e os outros não.

— Você está frustrado com alguma coisa?

Pensei em responder a ele com toda a sinceridade, dizer que o que mais me incomodava não era o fato de os outros se divertirem, mas o de não poder expressar o que eu sentia, e de que o pouco que eu conseguia colocar para fora estava me fazendo ser ameaçado. Eu sentia que ele não estava preparado para saber que seu grande amigo gostava de homens, que o amava desde que haviam se conhecido. Por isso, mudei de assunto.

— Ouvi dizer que você está gostando de uma menina da minha sede. Sua mãe é amiga dos pais dela, né?! — perguntei, curioso.

— Sim, é verdade. Conheci ela numa visita familiar que a minha mãe fez e ficamos amigos. Nossos pais já até falaram que, quando nós dois ficarmos mais velhos, gostariam que a gente se casasse. Vê se pode — comentou ele, sorrindo.

Senti ciúmes, uma sensação estranha de perda, mas quis saber mais.

— E como ela é? Vamos um dia comigo na minha sede e você me mostra quem é. Quero ser amigo dela.

— Vamos, sim. Hoje é domingo e ela me disse que estaria lá. Vamos? — sugeriu ele, empolgado. — Quero muito que você se dê bem com ela também. Você sabe que eu te amo, amigo, e quero sempre você por perto.

Era normal declararmos os nossos sentimentos mais íntimos um ao outro. Eu não escondia que o amava, dizia sempre que podia, mas meu amor era recebido como amor de amigo. Dentro do meu coração eu gostaria de poder dizer como o amava por cuidar de mim todos aqueles anos, me ensinando a tocar violino, estando presente nas horas de angústia.

Conheci a Tami, a menina pela qual o Derick tinha se interessado. Ela era amiga de amigos da minha sede, então ficamos próximos. Nessa época eu já era bem conhecido na igreja. Tinha feito muitos amigos, com quem congregava em outras sedes, fazia visitas, tocava junto, uma rotina que começou a se intensificar. Enquanto duas primas da mesma idade que eu, a Maria e a Mila, estavam saindo para baladas e ficando com garotos, eu, minha irmã e alguns outros primos nos envolvíamos cada vez mais com os afazeres da Congregação.

No colégio, fui me aproximando do Eduardo. Ele passou por alguns momentos difíceis em casa, com a morte do pai e a mudança da mãe para morar com o namorado. Vivia mais com os irmãos do que com a mãe, e isso o deixou um pouco mais carente e aberto às demonstrações de carinho. Eu estava disposto a ser um bom amigo. Procurava ajudar com o que podia e me esforçava para introduzir novas companhias na vida dele. Começamos a treinar handebol com mais algumas pessoas da turma, fazíamos trabalhos juntos, íamos para o curso na ONG e tínhamos muitos assuntos em comum.

Na ONG, também me abri para novas amizades. Conheci pessoas de outras religiões que me fizeram duvidar da verdade inquestionável que eu seguia dentro da Igreja, segundo a qual somente as pessoas batizadas iriam para o céu. Tive amigos espíritas, umbandistas, testemunhas de Jeová, ateus e de diversas outras religiões, e nada disso importava, porque a nossa amizade e o respeito que tínhamos uns pelos outros eram maiores do que essas questões. Mas eu ainda tinha certas restrições na época, e me lembro de me sentir desconfortável, às vezes, por estar falando com uma pessoa de outra religião.

Foi na ONG que comecei a acordar também para questões relacionadas à minha cor. Quando começou uma nova turma de capoeira por lá, eu logo me inscrevi. Na sala, havia vários negros e negras com tranças, cabelo black power, roupas étnicas e diferentes das que eu estava acostumado a ver na igreja. Foi quando percebi, pela primeira vez, que minha mãe e minhas tias alisavam o cabelo para ir ao culto.

Na época, elas usavam uma prancha que era aquecida no fogo. Vestiam saias modestas, sem muita estampa, em cores neutras, e deviam manter cabelos longos, um desafio para as mulheres negras, para quem o cabelo geralmente não passa do ombro. Quando vi essas outras negras de cabelo alto, sem esconder o crespo que evidenciava sua etnia, achei lindo. Foquei no curso de cabeleireiro para aprender melhor as técnicas de tranças nagô, assim como fui me aprofundando na capoeira, que o jogo era ao som do berimbau e do atabaque. Até então, o que eu sabia era que esses instrumentos faziam parte dos cultos de umbanda e candomblé.

Além dos cursos mais técnicos, os professores colocavam os alunos, quase todos negros, em contato com a sua cultura de origem, levando palestrantes de países africanos para as aulas. E eu fui ficando preocupado em estar fazendo uma coisa errada.

Certo dia, já incomodado com minhas dúvidas, cheguei em casa e perguntei para minha mãe:

— Mãe, você acha errado eu jogar capoeira?

— Não sei, meu filho, por que a pergunta?

— Eu gosto de lutar, mas fico pensando se, por sermos da Igreja, os irmãos não vão achar ruim. Você sabe bem como eles falam.

— Bem, então eu acho que no próximo culto de jovens você deveria perguntar ao seu cooperador.

No domingo seguinte, esperei o culto acabar e fui falar com o cooperador, que é o mesmo que pastor, Wil.

— Tenho uma dúvida, irmão. Queria saber a sua opinião, ou melhor, queria saber o que a Igreja acha a respeito...

— Pode falar, Samuca. É alguma coisa sobre as visitas familiares que estamos fazendo, sobre o culto ou sobre a doutrina da Igreja?

Wil sempre fora muito próximo e amigo dos jovens, sempre disposto a escutar.

— Eu quero saber se é errado jogar capoeira — disse. — Você sabe se a Igreja tem alguma coisa contra?

— Olha, Samuel, vou ser sincero com você. Eu não sei se a Igreja é contra, mas eu acho que tem muita ligação com o candomblé, uma religião que não aprovamos. Você deveria se afastar. Aqueles instrumentos que tocam lá são usados em cultos malignos e podem fazer você ficar cego para a fé cristã. Precisamos sempre vigiar e orar, buscar nos afastar do que nos afasta de Deus.

Depois daquela conversa, voltei para casa pensativo. Não queria deixar de jogar capoeira, mas receava que isso me afastasse do que já fazia parte da minha vida. A Igreja venceu e resolvi parar de jogar.

Reencontro

EM 2006, REENCONTREI O CLAYRTON, UM DOS PRIMEIROS e poucos amigos que fiz na escola e que, apesar de frequentar a mesma Igreja que eu, já não via fazia muitos anos. Nos encontramos pelo Orkut, agora já batizados e no ensino médio. Seus pais haviam se separado e sua mãe não ia à igreja havia alguns anos.

— Nossa, quantas coisas aconteceram na sua vida nesses últimos anos, Clayrton. — comentei, na saída da igreja.

— Sim, amigo, você não sabe pelo que eu passei. Os dias dentro de casa não têm sido fáceis para mim e os meus irmãos. Por isso resolvemos vir morar na Grande São Paulo, na casa da nossa avó. Demora uma hora de ônibus de lá até aqui, mas pelo menos o clima é mais tranquilo e vou poder congregar com você.

— Poxa, que legal! Tenho vários amigos aqui, podemos combinar de ir na casa deles para tocar hinos e visitar outras igrejas.

As únicas formas de entretenimento que eu me permitia ter eram ligadas à Igreja, e, como nós dois éramos recém-batizados, essa foi a melhor saída que encontrei para reviver a nossa amizade.

A volta do Clayrton me fez analisar muita coisa. Percebi que ele agia de forma muito parecida comigo. Apesar de nunca ter falado nada, eu desconfiava da sua sexualidade. Ele nunca tinha namorado. Quando as pessoas tocavam no assunto, Clayrton ou desconversava ou respondia com grosseria. O foco dele eram os estudos, e a pressão dentro da casa da avó era muito grande. Além de ter que cuidar de todos ali, por ser o homem mais velho da casa, sua mãe começava a dar sinais de depressão, os irmãos não estavam indo muito bem na escola e a avó, já debilitada pela idade, não podia ajudar em muita coisa. Só que, depois de alguns meses em São Paulo, ele prestou concurso para uma escola técnica no interior e foi aprovado.

Essa rápida passagem por São Paulo reativou nosso contato, e, mesmo com a mudança dele para o interior, não deixamos que a distância nos afastasse. Toda semana conversávamos por telefone. Ele me falava sobre as pessoas, o modo de vida no interior, as provações na igreja e as conquistas no trabalho. Alguns meses após sua chegada à cidade, ele foi apresentado na igreja como auxiliar de jovens, para ajudar na coordenação dos meninos nos cultos das manhãs de domingo.

Mas essa função logo começou a ser um peso para ele. Muitas vezes conversamos sobre a exposição que esse cargo dava à sua vida.

— Eu só quis vir morar aqui para poder continuar os meus estudos. Consegui emprego numa fábrica e estou gostando do trabalho porque posso ajudar minha família aí em São Paulo. Mas, como a cidade é relativamente pequena, tudo que as pessoas fazem é motivo de fofoca, e na igreja é sempre um disse me disse sem fim.

— Olha, amigo, isso não acontece só em cidade pequena. Na minha sede também tem muita fofoca — respondi logo em seguida, para mostrar que ele não estava sozinho.

— Mas a fofoca é a meu respeito, Samuca. Já estou aqui há quase um ano e as pessoas agora resolveram se preocupar com a minha postura, dizendo que eu já deveria estar namorando.

Eu não tinha entendido o que ele estava tentando me dizer nas entrelinhas. As nossas conversas eram carregadas de saudades, e eu percebia nele uma angústia muito grande. Foi quando decidi visitá-lo.

Conversei com os meus pais, e eles só me deixaram ir porque sabiam que o Clayrton era da mesma Igreja que nós, era batizado e tinha um cargo lá. Foi a minha primeira viagem sozinho. Levei meu violino, um terno, uma Bíblia e algumas peças de roupa para passar três dias.

O Clayrton foi me receber na rodoviária, e seguimos até a casa dele. Ele já havia me falado que dividia o aluguel com mais um rapaz, por isso o lugar onde tínhamos mais intimidade para conversar era o quarto dele.

— Que bonito aqui — comentei, reparando na casa dele.

— Obrigado. Senta aí — ele respondeu, apontando para a cama. — Fique à vontade. Fez boa viagem?

— Fiz sim, vim escutando uns hinos e acabei dormindo da metade do caminho até chegar aqui.

Nessa época eu estava cego pela fé, não me permitia ouvir outras músicas, me achava muito crente e repetia tudo o que me ensinavam na igreja.

— Que lindo, eu também tenho alguns hinos aqui para ouvir. Às vezes, volto do serviço tão angustiado que só eles conseguem me confortar — respondeu Clayrton, cabisbaixo.

— Mas, amigo, o que está acontecendo?

— Eu não sei, acho que estou ficando deprimido. São tantas coisas em tão pouco tempo. Minha família, meu emprego, minha vida, essas pessoas... Eu nem sei como falar e o que dizer. Na Igreja a gente aprende a não reclamar da vida e agradecer a Deus por tudo. Não quero ser ingrato, mas está tudo tão pesado, amigo.

— Olha, provas todos nós temos, e as dificuldades vêm para nos fazer evoluir — repeti mais uma frase que ouvia na igreja, mas já começava a compreender aonde ele queria chegar. Deixei que continuasse o assunto.

— Você acredita que agora as pessoas estão se preocupando com as minhas amizades? Como eu moro praticamente sozinho, longe dos meus pais e irmãos, sou muito carente e fiz amizade com o filho do encarregado da orquestra da minha sede. Você não sabe o que as pessoas têm falado dessa nossa amizade e o que eu ouvi do pai dele...

— Nossa, amigo, conta isso direito.

— Pois é, saíamos muito juntos, íamos escondidos ao cinema, porque se as pessoas ficassem sabendo que eu, um auxiliar de jovens, gosto de cinema, iam ter mais um motivo para falar de mim. Ele dormia aqui em casa, saíamos juntos para passear, comer, congregar. Eu me apeguei muito a ele e ele a mim. Frequentava a casa dele, fiz amizade com os amigos dele, mas ele começou a não sair com os amigos antigos para ficar só comigo. Foi a partir daí que as fofocas começaram.

Eu escutava tudo o que ele dizia com certo aperto no coração. Não sabia o que falar em resposta, então o deixei desabafar.

— As pessoas começaram a dizer que nós tínhamos um caso — prosseguiu ele, os olhos ficando marejados. — Um domingo, fui almoçar na casa dele e o pai dele me chamou para conversar. Eu não esperava ouvir o que ouvi, amigo.

Ele começou a chorar.

— Calma, Cla, o que foi que ele te falou?

— Ele não esperou até ficarmos sós. Na frente da esposa, disse que eu era gay. Que tinha vindo de São Paulo para aliciar o filho dele, que a vida dele estava bem antes da minha chegada. Que o filho estava se interessando por uma moça, mas depois de fazer amizade comigo não queria sair com mais ninguém. E que se desconfiasse que ele estava tendo alguma coisa comigo, não iria responder pelos próprios atos. — Então desabou a chorar de novo.

Fiquei alguns minutos em silêncio. Eu não acreditava no que estava ouvindo. De alguma forma aquilo fazia todo sentido, mas eu não imaginava que o Clayrton tivesse algo com esse rapaz. Se havia uma coisa que ele levava muito a sério era o cargo dentro da Igreja, e em todas as conversas que tínhamos pelo telefone ficava claro que ele gostava mesmo do que fazia. Era na Igreja que ele encontrava forças para lidar com todo o sofrimento que estava enfrentando, tanto nos conselhos que recebia nas pregações quanto no conforto material e espiritual que encontrava ali. Eu o entendia perfeitamente porque sentia o mesmo, e dava muito valor ao conforto que sentia nos cultos.

Aquela conversa me deixou muito confuso. Eu não sabia se ele realmente gostava desse rapaz a ponto de ter um relacionamento secreto, mas a amizade dos dois me fez pensar muito no que eu sentia pelo Derick.

— Sabe, Samuca, a gente se cuidava tanto. Eu não me sentia sozinho com ele. Agora vem o pai dele e diz isso. Estou cansado, sabe?! Não posso dar um passo sem que tenha alguém me vigiando. Não posso ir ao cinema, à praia ou mesmo a um barzinho com o pessoal do serviço. Fico me policiando o tempo todo para não dar o mau exemplo.

— Eu sei bem, viu. Ser crente pra gente que é jovem é difícil, mas vamos conseguir. Você ainda fala com esse rapaz?

— Não. Ele mudou muito depois daquele dia. Acho que o pai falou com ele também.

— Então você não tem mais amigos aqui?

— Não como ele. Logo depois desse dia me viram saindo do cinema e a notícia se espalhou de tal forma que, no culto de jovens seguinte, o cooperador usou todo o tempo que tinha na pregação para jogar indiretas para mim. Primeiro, para disfarçar, disse aos jovens que o lugar deles não é em shopping, em cinemas, e sim na casa de Deus. Depois, que devíamos pedir a Deus para colocar uma companheira em nosso caminho, porque o inimigo — era assim que falavam do "demônio" — estava usando vários meios para desviar os crentes, tentando fazê-los cair em tentação tanto com mulheres quanto com homens, e esse último caso era uma abominação.

Clayrton estava furioso.

— Na minha sede temos um ancião que também é assim — falei. — Ele é muito rígido na doutrina e por isso procuro fazer tudo certinho. Mas, ultimamente, está um pouco difícil.

— Pois é, e isso me desanima muito, porque se venho à igreja é só para me sentir confortável diante de Deus, me sentir acolhido. E todo esse processo pelo qual estou passando, mais o trabalho, os estudos, a responsabilidade na igreja... tudo isso está me deixando doente. Tenho medo de ficar deprimido, já chorei várias vezes sozinho, pedindo para Deus me levar logo desta vida.

— Não diga isso — interrompi. — Vamos à igreja hoje à noite, depois tomamos um sorvete. Assim aproveitamos a minha vinda para tentar esquecer esses problemas.

Nos dias em que fiquei lá, procurei ser presente e dar todo o apoio e carinho de que Clayrton precisava. Mas alguma coisa me dizia que não eram só esses fatos que o afligiam. Muito do que ele me relatara eu também vivia. Eu desconfiava que o que ele desejava era a mesma coisa que havia pedido aos céus antes de me batizar: me tornar hétero. Voltei para casa pensando que o meu amigo estava passando pelo mesmo processo que eu.

Amizades virtuais

AQUELA MINHA VISITA AO CLAYRTON E NOSSAS CONVERSAS me mostraram que eu não era o único a passar por todos aqueles questionamentos. Mas não falávamos abertamente sobre sentir atração por homens. Eu sabia que não era o único e precisava conversar sobre isso com alguém. Estava com dezessete anos, iniciando meu último ano no colégio e ainda cheio de dúvidas.

A curiosidade me colocou, então, diante da tela do computador. Algumas noites, em segredo, eu entrava em sites pornográficos para ver fotos e vídeos de homens que me atraíam. Fazia isso algumas vezes para me masturbar e aliviar a frustração de não poder viver nada daquilo. A culpa vinha logo em seguida e me fazia pedir perdão a Deus todas as noites, reconhecendo que o que estava fazendo era errado, segundo a Igreja.

Foi também nessa época que encontrei uma comunidade de gays da Congregação Cristã. Eu não podia participar dela porque as pessoas da minha rede de amigos poderiam desconfiar, então só lia o que os outros escreviam. Eram relatos que se aproximavam muito do que eu sentia. De pessoas desesperadas, com angústias e quadros próximos da depressão. Assim como eu, elas não se aceitavam e procuravam respostas. Sentiam-se sozinhas por não poder dividir isso com a família, e o medo de serem rejeitadas era constante.

Entrei no bate-papo do UOL e encontrei um rapaz numa comunidade de jovens gays. Passei a ele o meu MSN e começamos a conversar. Contei a ele todo o processo que havia tido que enfrentar até ter coragem de entrar numa sala de bate-papo como aquela. Não achava certo o que estava fazendo, mas estava disposto a experimentar.

O nome dele era Roberto. Nunca nos encontramos pessoalmente, mas foi com ele que consegui falar o que eu sentia pela primeira vez.

— Eu não tenho certeza de que sou gay, sabe?! Nunca fiquei com um homem e só beijei uma mulher em toda a vida, mas, quando vejo o corpo de certos rapazes, eu me encanto, fico excitado. Vou lutar contra isso até a morte, não quero pecar — disse a ele em uma de nossas conversas.

— Samuca, eu não entendo muito bem como funciona uma Igreja evangélica. Sou católico, minha família é muito religiosa também. Por isso tenho medo que saibam. Tenho dezenove anos e ainda estou me encontrando na profissão, por isso não consigo me sustentar sozinho. Já saí com alguns rapazes, namorei escondido por oito meses e, publicamente, fiquei com uma moça aqui do bairro.

— Eu só preciso de um amigo para conversar. Já faz tempo que passo por isso e não sei o que fazer. Tenho muitos medos. Não quero fazer parte de um mundo onde eu não encontre o amor. Tenho medo de ir para o inferno. Não quero isso pra mim.

Por mais que eu estivesse disposto a conversar, ainda ficava na defensiva, sempre achando brechas que me faziam duvidar de tudo que sentia. Fiz vários amigos virtuais nesse período, para quem contava a minha história, deixando espaço para que também me contassem a deles. Eu precisava desse referencial, precisava sentir que não estava sozinho.

Identidade

AS MINHAS REFERÊNCIAS, DESDE A INFÂNCIA, VIERAM TO-das da minha família e das pessoas que eu conhecia na igreja. Foram as regras da Congregação que determinaram como eu devia me vestir e me portar. E, nesse ambiente, o cabelo afro não era bem-aceito, tanto para as mulheres, que faziam alisamento, quanto para os homens, que precisavam ter sempre um corte bem curto. Já a roupa, para ir à igreja, deveria ser social, terno e gravata no caso dos homens. As pessoas que apareciam de roupa mais esportiva eram logo identificadas como não sendo da mesma fé.

Eu me gabava para os meus primos de nunca ter sido parado pela polícia na rua e acreditava que por causa disso nunca tinha sofrido racismo. Esquecia das dezenas de vezes que, no colegial, fora chamado de macaco, de preto, de sujo, entre outras coisas. Foi só na faculdade que a minha noção de identidade de raça e de classe começou a ficar mais clara.

Eu estava prestes a terminar o ensino médio numa escola estadual quando uma professora me perguntou:

— Samuca, você vai fazer faculdade quando as aulas acabarem, né?

— Não, professora. Não tenho dinheiro.

— Você não ficou sabendo que no ano passado foi criado um programa para jovens de colégios públicos ingressarem nas faculdades privadas?

— Ouvi falar, sim, o namorado de uma amiga prestou o Enem e conseguiu. Mas, mesmo assim, o que quero não iria dar dinheiro. Eu gosto de desenhar, gosto de arte, fiz o curso do Senai, mas não me encontrei ali.

— Você pode fazer educação artística.

— Não quero dar aula.

— Dentro das artes dá para trabalhar em muitas coisas. Comece a pesquisar sobre design gráfico. É uma área que está crescendo muito e talvez seja uma opção para você.

Guardei esses conselhos, prestei o Enem, tirei boas notas e me candidatei a uma vaga na Uniban pelo ProUni. Com muito esforço consegui pagar as taxas necessárias e ingressar no ano de 2006 no curso de design gráfico.

Quando fui para a minha primeira aula, entrei pelas portas da universidade e olhei todas aquelas luzes. Aquilo era tão diferente da realidade que eu vivia: a conservação do prédio, o jardim, as portas, os seguranças, tudo aquilo era novo e belo para mim. Me senti muito feliz, vivendo meu grande momento. Com um pouco de custo achei minha sala e entrei. Todos olharam para mim. Um grupo de alunos que estava perto da porta me chamou para sentar com eles.

Eram a Simone, a Adriana, o Vitor, o Junior e a Grazi. Por ironia, todos tinham entrado pelo ProUni, como eu, e o que de início pareceu só uma coincidência ao longo do ano se consolidou como certa segregação. Mesmo que algumas pessoas fizessem trabalhos com algum de nós e que assim fossem formados outros grupos, ficou claro que certas pessoas na sala se sentiam superiores por pagarem o valor integral do curso sem precisar de ajuda do governo. No primeiro ano, a turma de design gráfico daquela unidade era formada por quarenta pessoas — um pouco mais da metade era composta de mulheres e apenas três eram negros.

Didi e Simone se tornaram não só colegas de faculdade. Elas acompanharam a minha vida, frequentando a minha casa e eu as delas. Colocamos na cabeça que, para provar a nós mesmos que éramos capazes e merecedores de estar onde estávamos, estudaríamos muito e faríamos bons trabalhos.

Vi poucos negros na faculdade, mas os que estavam lá eram bem estilosos, usavam cabelo black power, roupas étnicas, brincos e colares, reafirmando sua identidade. Achei tudo aquilo lindo. Foi a primeira vez que me perguntei por que não via aquilo na minha Congregação.

Na igreja, os meus amigos, em sua grande maioria, eram brancos e alguns poucos eram pardos, muitos deles com cabelos lisos. Já eu, sempre tinha que cortar na maquininha, e ainda por cima tinha vergonha do meu cabelo crespo e alisava sempre que podia. De olho nos pastores brancos e em seus cabelos lisos ou ondulados, resolvi usar o conhecimento que tinha adquirido nos meses de curso de cabeleireiro e no período em que trabalhei nessa área antes de terminar o ensino médio para moldar um novo corte de cabelo, mais longo, para mim.

Mas é lógico que, num culto, um pastor da sede que eu frequentava se apressou em soltar uma indireta, sem olhar na minha cara:

— Há músicos aqui na igreja que estão lançando moda. Não queremos saber de invenções, nem nas roupas nem no cabelo.

Logo depois do culto, o regente da orquestra, de quem sempre fui próximo, veio me pedir para cortar o cabelo. Disse que não ligava para isso, mas que o pastor se importava, e ele não queria vê-lo me repreender.

Naquela época, o SBT exibia um seriado com uma família negra. Nos anos 1990, era muito difícil encontrar na TV aberta algo parecido. O estilo deles de se vestir, de falar, dançar, a black music, o jazz e o soul — tudo aquilo virou moda entre os jovens negros da periferia. *Um Maluco no Pedaço* tinha Will Smith como protagonista. Ele usava um cabelo em estilo "militar", com formato quadrado, e eu achei aquilo fantástico. Não precisaria mais alisar o cabelo! Na mesma semana, resolvi cortar daquele jeito.

No meu terceiro culto com esse penteado, tive uma surpresa. Após a cerimônia de jovens, o pastor foi até o quintal da minha avó para vender alguns ternos. Passou por mim, me cumprimentou, almoçou com a gente, conversou com toda a família, orou e foi embora. À noite, naquele mesmo dia, fui à igreja enquanto meus pais ficaram em casa. Ir aos cultos, por incrível que pareça, me fazia esquecer daquilo que me atormentava, então eu ia sempre que podia. Cheguei mais cedo, como de costume, pendurei meu violino na estante, fiz minha oração. Quando fui pegar a Bíblia para começar a ler um verso, José, que também fazia parte da orquestra, me chamou para conversar e me levou para fora. Não éramos próximos, muito menos colegas, mas, como na ausência dos encarregados da orquestra era ele o responsável, imaginei que quisesse falar alguma coisa sobre o volume em que eu deveria tocar ou sobre os ensaios.

— Olha, você não vai poder tocar hoje, tá?! Eu não sei por quê, o ancião disse que vai falar com você depois do culto.

— O.k. — foi a única coisa que eu consegui dizer, pois estava em choque. Eu já imaginava o que poderia ser, mas não queria acreditar.

O culto acabou e meu instrumento ficou lá pendurado. Nem entrar para guardar eu pude. O José me aconselhou a não fazer isso, para não chamar atenção. Quando as pessoas estavam se despedindo, entrei para guardar as minhas coisas, e o ancião pediu que todos os músicos permanecessem sentados. Com essa chamada de atenção, até os que não eram da orquestra ficaram, para saber o que estava acontecendo. O ancião me chamou na frente de todos e começou a discursar em tom agressivo:

— Vocês estão me vendo com algum cabelo alisado, com algum corte diferente? — ele estava fazendo referência ao meu primo, sentado junto à orquestra e com o cabelo alisado. Em determinado momento, ele apontou para o meu cabelo e disse: — Vocês aqui são o exemplo para toda a irmandade e não devem trazer o que o mundo faz para cá.

Ele começou a dar um sermão e a reclamar do estilo dos músicos.

— Vocês estão deixando a costeleta crescer, alisando o cabelo, fazendo escova, e agora me aparecem com esses cortes exóticos... Se não têm dinheiro para cortar o cabelo, eu arrumo pra vocês, entendeu, Samuel?

Naquele momento, vi todos olhando para mim. Minha vontade era de responder à altura, mas me segurei ao máximo para não prolongar ainda mais aquele constrangimento. Senti o corpo inteiro tremer de nervoso. Minha boca secou, meus olhos se encheram de lágrimas. Alguns amigos vieram conversar comigo depois do culto, pedindo que eu não me revoltasse, que apenas cortasse o cabelo para não arrumar mais confusão. Eu só queria ir para casa. Saí da igreja e caminhei por uns trinta minutos, pensando em tudo aquilo. Foi a primeira vez que cogitei a possibilidade de não fazer mais parte daquela realidade.

Eu não tinha liberdade para ser eu mesmo. Minhas vontades não eram respeitadas, eram consideradas um erro. E isso é algo que nunca entendi: como a roupa ou o cabelo de alguém poderiam determinar o amor de Deus por um ser humano?

Mesmo assim, cortei o cabelo, voltando a ter o estilo aceito dentro da Igreja. Mas fiquei muitos dias pensando, me questionando sobre assuntos que já me incomodavam havia um bom tempo. O que era a minha vontade e o que era a vontade da Igreja? Quais eram as minhas escolhas e as que a Igreja havia feito por mim? Quem eram as pessoas lá dentro que me representavam?

Decidi me afastar um pouco da minha sede e comecei a frequentar a sede da minha amiga Daiane. Éramos muito próximos, e por isso eu já sabia do relacionamento dela com o Hiago. No último ano do colégio, eles haviam começado a namorar, e em todos os intervalos ela me falava como ele era lindo, como era educado e crente.

Quando conheci o Hiago, algo nele me chamou atenção. Logo no nosso primeiro encontro, ele me olhou profundamente, mas pensei que fosse por eu ser muito próximo da sua namorada. Daiane era como uma irmã. Na época de colégio, foi a pessoa com quem mais pude contar, e ela confiava em mim para contar seus segredos. Quando começou a namorar o Hiago, ela se entregou completamente, acreditava que ele seria o homem da sua vida. Acompanhei esse relacionamento de perto, e notei quando as coisas começaram a desandar. No final do primeiro ano da faculdade, eles se separaram e ajudei-a a passar por esse momento difícil. Tínhamos um grupo que saía e visitava outras sedes, e ela se apoiou muito em nós.

Um domingo, fui almoçar na casa da Daiane e ela me disse que não queria mais namorar ninguém.

— Eu sei que o seu objetivo agora também não é namoro. Você quer ir à igreja, viajar e estudar, não é? — ela me perguntou.

— Sim — respondi um pouco tímido. Eu nunca gostava de falar desse assunto.

— Então vamos juntar essa galera toda, os seus primos, o Jhonatan e quem mais quiser, e fazer tudo isso, deixar essa coisa de namoro de lado. Seremos discípulos de Paulo, o apóstolo, que nunca se casou. Não é o que está escrito? Então nós seguiremos!

Aquela proposta caiu como uma luva. Eu não tinha pensado nisso, a desculpa de Paulo vinha bem a calhar! Assim o meu nome não ficaria mais na boca do povo só porque eu não tinha namorada. Falar que eu estava me consagrando ou me santificando começou a ser a resposta perfeita.

Descobertas

A FACULDADE FOI UM DIVISOR DE ÁGUAS PARA MIM, ABRIU minha visão de mundo. O primeiro ano passou como um sonho, cheio de descobertas e novidades. Já o segundo foi mais difícil: a humilhação que passei dentro da Igreja, junto com a minha certeza de gostar de garotos e ver todas aquelas pessoas falando de ficantes, baladas, festas, shows, tudo que eu não podia ter, me fizeram sofrer muito.

Comecei a trabalhar na faculdade. Era responsável pelos aparelhos de áudio e vídeo, cuidava do anfiteatro nos dias de apresentação e fazia informativos dos eventos da unidade. Quando não tinha o que fazer, ficava conversando com o Márcio, que trabalhava na ilha de informática, e às vezes íamos até a biblioteca para conversar também com o Sérgio. Juntos, nós três construímos uma boa amizade.

Como a faculdade tomava muito do meu tempo, e o que restava eu dedicava às práticas religiosas, fui me afastando cada vez mais dos meus pais. Eu me considerava mais crente do que eles, por ir mais à igreja, e achava que eles não me conheciam, por não saberem da minha sexualidade. As únicas pessoas com quem eu podia conversar eram os amigos que havia feito na internet e meu primo Helton.

Helton nasceu em Pirassununga, e nos conhecemos quando eu ainda estava no colégio, numa visita que ele fez à minha vó. Naquela época, ele tocava violino. Fomos, inclusive, juntos à igreja. Ele não estava satisfeito com algumas regras de comportamento e com a fofoca à qual fora exposto só por ter quase trinta anos e não ser casado.

Alguns meses depois, na época em que comecei a me questionar sobre a minha sexualidade, vi algumas postagens dele e descobri que Helton tinha se afastado da Igreja e se assumido homossexual. Pedi absoluto segredo e contei tudo a ele por mensagem.

— Primo, eu já sabia que você era gay desde que cheguei na casa da vó — ele disse de cara.

— Como assim, Helton? Eu sou batizado, congrego com frequência e não demonstro nada — respondi, ofendido. Afinal, ser gay significava fazer sexo com outros caras, e eu era virgem, nunca tinha beijado um homem e não pensava em concretizar meus desejos.

— Eu olhei bem fundo nos seus olhos e senti, estava esperando você estar pronto para falar comigo.

— Eu não sei mais o que fazer, vou à igreja e me sinto um lixo por ouvir que serei condenado. Todas as noites oro, pedindo a Deus que me liberte. Eu não vou pecar, não quero seguir adiante com esse desejo.

— Fica calmo, Sami. Aos poucos você vai entender que Deus te ama do jeito que você é. Eu já contei em casa, minha mãe já conheceu o meu namorado, e até vou à igreja com ele às vezes. Não me importo com o que falam.

— Você não sente saudade de tocar violino?

— Sinto, mas cansei de me enganar. Sei que sou gay desde muito cedo, já me apaixonei algumas vezes, não foi fácil me aceitar. Durante um período, namorei com um rapaz do quartel — ele trabalhava na Força Aérea Nacional e vivia um conflito triplo, dentro da Igreja, em casa e no quartel.

— E das pregações que condenam essas atitudes, você não tem medo?

— Olha, Sami, eu não tenho respostas para todas as perguntas que fiz a respeito desse assunto, mas acredito que Deus não me mandaria para o inferno por amar outro homem. Eu estou namorando e estou muito feliz por poder ser eu mesmo.

Revelações

EU AINDA MORAVA EM UM QUARTO E COZINHA NO QUINTAL da minha avó quando conversei com meus pais sobre minha vontade de viver sozinho, alugar uma casa, ter um espaço maior. Na verdade, esse desejo vinha escondendo um outro, que era o de ser independente, ter mais liberdade e poder resolver meus conflitos sem envolvê-los. Meu discurso dentro de casa era que precisava de um lugar maior para poder fazer meus trabalhos. A realidade era que o mais fácil para mim era fugir e não enfrentar uma possível discussão ou decepção por parte deles.

Meses depois, meus pais organizaram algumas contas e se sentaram comigo e com a minha irmã para nos informar de que estávamos de mudança, na verdade para bem perto, na mesma rua. Para uma casa alugada com três quartos, sala, cozinha e banheiro, um luxo para quem vivia até então em um quarto e cozinha.

Assim que me mudei, pude organizar alguns trabalhos da faculdade. Eu também tinha as responsabilidades na igreja, as viagens para conhecer outras sedes e o furacão dentro da minha cabeça — estava tão ocupado que não percebi o que acontecia dentro do quintal onde morava.

Minhas primas, Mila e Maria, ficaram muito próximas no último ano de escola. Começaram a fumar, a beber e saíam sempre juntas para as baladas. Quando entrei na faculdade, parei de acompanhar a vida delas, até que, um dia, no trabalho, recebi uma ligação da minha mãe.

— Samuel, você está sabendo o que aconteceu com as suas primas?

— Não — respondi um pouco apreensivo.

— A Maria e a Mila são lésbicas — ela me contou, com voz espantada. Naquele momento eu sumi, meus pensamentos ficaram confusos.

— Como assim? O que elas falaram? A Maria não estava ficando com o amigo da Miriã no ano passado?

— Sim, pois é. Eu não sei o porquê disso tudo. Só sei que a sua avó está passando mal e está uma confusão. Assim que sair do serviço, vou ver o que está acontecendo.

— Isso, vá mesmo. Não quero me envolver. Em outra oportunidade falo com elas.

Acompanhei de longe o espanto da família. Os pais da Maria tinham se separado alguns meses antes, e sua mãe e irmão estavam morando em Itu. Maria e Mila foram visitá-los e levaram junto algumas amigas, entre elas uma garota com quem a Maria mantinha um relacionamento em segredo fazia alguns meses. Só a Mila sabia.

A Maria acabou contando tudo para a mãe, que ficou espantada. Houve uma grande discussão, a Mila entrou no meio para defender a Maria e a namorada e também se assumiu gay. Minha tia não soube lidar com tanta informação e mandou as três de volta para São Paulo.

Tia Flor amava muito a filha, mas fora criada dentro dos costumes católicos e, depois de casada com meu tio Daniel, se convertera e se batizara na Congregação Cristã. A descoberta da sexualidade da filha contribuiu para piorar o momento conturbado que os dois viviam com a separação.

Já a Mila era filha única de mãe solteira e morava com nossa avó desde muito cedo, porque a mãe dela, minha tia Irene, trabalhava fora como empregada doméstica e precisava dormir na casa das pessoas que a empregavam.

Quando minhas primas chegaram de volta, a notícia já tinha se espalhado. Minha tia Marta, que também morava com a minha avó, se encarregou de conversar com as meninas junto com a nossa matriarca. Sugeriram que elas voltassem à Igreja, fizessem acompanhamento psicológico, e tentaram achar respostas de diversas formas possíveis.

Não acompanhei esse processo de perto, mas fiquei muito aflito e ansioso sobre aonde isso poderia chegar. Com elas duas, da parte dos "de Paula", já eram quatro gays assumidos. Eu nunca tinha me envolvido com um rapaz até então. Só assistia a alguns vídeos pornôs pela internet, falava com pessoas que conhecia nas salas de bate-papo e tinha meus amores platônicos por alguns rapazes que conhecia, mas sabia o que sentia.

Esperei alguns dias para poder conversar com as minhas primas. Não tinha presenciado a saída do armário de alguém tão próximo. Aproveitei um dia que minha avó e minha tia haviam saído e fui ao encontro da Mila, que estava de férias do trabalho.

— Oi, Samuca, já esperava a sua visita — disse Mila ao me receber na porta da casa da minha avó.

— Ah, é? — indaguei, curioso. — Por quê?

— Todos os dias desde que nos assumimos para a família alguém vem conversar com a gente.

— Mas quem já veio aqui falar com você?

— Praticamente todos os tios, até o pai da Maria. Eles querem maiores explicações, falam da Igreja e tal. Tô de saco cheio.

— Nossa, deve ser muito chato mesmo. Agora que mudamos, vejo como era pesado morar num quintal com mais cinco famílias. Todos perguntando e se intrometendo na nossa vida.

— Imagina agora! Bom... Mas eu sei que você veio aqui para saber sobre o que aconteceu. Pois é, sou lésbica.

— Mila, eu evitei vir aqui antes porque imaginei que seria muito inconveniente da minha parte te encher de perguntas. Se você não quiser falar tudo bem, só quero saber se vocês estão bem e dizer que amo vocês.

Mila disse que não duvidava do meu carinho por ela e me contou tudo o que passara e sentira — como fora falar com a mãe e a reação da família naquele período tão conturbado.

— Está um pouco pesado aqui. A vó agora controla as minhas ligações, o horário que eu entro e saio...

— Nossa, deve estar sendo bem difícil morar aqui depois disso.

— Está, sim. Eu me preocupo muito com a saúde da vó. Sei que ela ficou bastante chocada e até mesmo chateada, mas não posso fazer nada. É a minha vida.

— Eu sei, acho que ela ficou muito impressionada, ninguém imaginava. Quero dizer, eu já desconfiava de você, mas não da Maria.

— Como assim, já desconfiava? Eu nunca te falei nada — respondeu Mila, sorrindo.

— Você jogava futebol, andava sempre com roupas largas, nunca te vi com nenhum namoradinho na época de colégio.

— Isso não justifica, porque se fosse assim eu acharia o mesmo de você. No entanto, você é crente, batizado e não é gay — respondeu ela, rebatendo o meu preconceito.

— E a Maria, que sempre foi vaidosa e ficava com outros meninos, o que você diz? — perguntei.

— Pois é, ela nem eu imaginava. Espero que não seja fogo de palha esse namoro, como os que ela teve com outros rapazes. Ela está aí na casa dela, vai lá, tenho certeza de que vai ficar feliz com a visita, vocês sempre foram tão grudados.

— Foi por isso que eu vim. Não me importa o que a Igreja diga, eu vou sempre amar vocês. Vou lá agora!

Subi para a casa da Maria, que ficava em cima da casa da minha avó, e assim que me viu ela soltou:

— Mais um para entrevista?

— Você, sempre afiada, hein!

— Lógico! Acho que a Mila já te contou, né? Todo dia vem um para conversar, perguntar as coisas. Antes ninguém nem sabia o que eu comia no almoço, hoje querem saber até a cor da minha calcinha.

— Eu imagino. Mas tenta entender, Maria, até o ano passado só tinha o Marcelo e o Marcos de gays na família. Você era a pegadora geral. Não foi só uma vez que trouxe algum cara pra sua casa, até namorou alguns...

— E daí? A vida é minha. Agora querem controlar até de quem eu gosto.

— Eu entendo. Mas como estão as coisas com o seu pai e a sua mãe? E o Cleber, está de boa também?

— Olha, do meu irmão eu não tenho nada para falar. Ele é um fofo, sempre do meu lado, me protegendo. Se não fosse o apoio dele desde o início, acho que eu não teria chegado tão longe. Já a minha mãe é outra história. Chorou muito. Eu me preocupo com ela, mas o que posso fazer? Ela sempre me criou para ser sua princesinha, me vestia como ela queria, me colocou no balé, me fazia de boneca.

— É, eu imagino o baque que deve ter sido pra ela. Mas você está namorando mesmo?

— Sim, estou.

— Eu torço sempre para a sua felicidade. Se você está feliz, é o que importa. Será que tem mais gente do nosso colégio que é homossexual?

— Olha, tem sim. Na época do colégio eu já sabia de algumas meninas. No terceiro ano do colegial, eu e a Mila às vezes saíamos para baladas gays e encontramos algumas pessoas conhecidas. Inclusive o seu amigo Fernandes. Eu não sei, desconfio que ele seja gay.

— O Fernandes? Eu não sei, ele nunca me contou nada. Sei que ele trabalha bastante e adora sair à noite — respondi, curioso. Já imaginava que ele pudesse ser gay, mas, como ele nunca tinha me dito nada e na época do colegial se envolvera emocionalmente com uma garota, eu não tinha coragem de perguntar.

Voltei para casa pensando muito no que tinha conversado com as minhas primas. Aquilo não parecia uma escolha, como eu ouvia na TV e na igreja. A única escolha que eu via ali era a de se assumir publicamente para os familiares.

O que a Igreja diz

AS IGREJAS EVANGÉLICAS ESTÃO MUITO BEM PREPARADAS para atacar todos que não fazem parte do seu rebanho, colocando-os para fora do "paraíso" caso não se convertam à sua fé e doutrina, dizendo que aqueles que são batizados em outras religiões, que não têm um Deus único, que possuem santos, não são merecedores da misericórdia de Deus. É muito fácil dizer que o "mundo" é sujo e perverso escolhendo apenas exemplos de pessoas que não tiveram sorte, não seguiram por caminhos honestos ou se perderam nas drogas, com famílias destruídas pela falta de estrutura.

Era corriqueiro escutar, em algumas pregações, pastores comparando a vida de homossexuais à de criminosos ou até de assassinos. Já ouvi alguns pais dizerem que prefeririam um filho ladrão a um filho gay, pois só o primeiro teria a chance do perdão divino.

Várias citações bíblicas são interpretadas pelos religiosos de maneira equivocada, induzindo à condenação dos homossexuais. Alguns exemplos:

Não te deitarás com um homem como se deita com uma mulher. É uma abominação. (Levítico 18,22)

O homem que se deita com outro homem como se fosse uma mulher, ambos cometeram uma abominação, deverão morrer, e o seu sangue cairá sobre eles. (Levítico 20,13)

Por isso Deus os entregou a paixões aviltantes: suas mulheres mudaram as relações naturais por relações contra a natureza; igualmente os homens, deixando a relação natural com a mulher, arderam em desejo uns para com os outros, praticando torpezas homens com homens e recebendo em si mesmos a paga da sua aberração. (Romanos 1,26-27)

Não vos iludais! Nem os impudicos, nem os idólatras, nem os adúlteros, nem os depravados, nem os efeminados, nem os sodomitas, nem os ladrões, nem os avarentos, nem os bêbados, nem os injuriosos herdarão o Reino de Deus. (1Coríntios 6,9-10)

Ouvi muitas citações como essas, em meio a pregações que diziam mais ou menos o que encontrei em um áudio de uma Reunião da Mocidade, colocado no YouTube em 2011, que dizia o seguinte:

Se você não gosta de homem, não case; se você não gosta de mulher, não case também. Estão aparecendo casos no nosso meio criados por disfunções, às vezes psicológicas, como um ataque na infância, ou até influência de alguém dentro de casa com esse desvio sexual. Se você está aqui e quer salvar a sua alma, vai no pronto-socorro, vai no médico e não abra pra ninguém a sua situação... Ore a Deus e não case, passe no psicólogo, vá descobrir o que acontece com você e, se tiver desejo de mudar de vida, Deus pode te libertar. Confia nos irmãos da Igreja e converse com eles. Caso você esteja passando do tempo, diga a eles que você tem um problema e não irá se casar.

Essa é uma abordagem até branda se comparada às que eu costumava ouvir na minha sede, onde a possibilidade de não se casar com alguém do gênero oposto não existia. E, enquanto isso, eu sonhava em encontrar um amor de verdade. Não estava apenas focado na prática sexual, mas na experiência de viver uma vida a dois. Nunca consegui acreditar que isso seria possível com uma mulher e não me sentia feliz com a ideia de abnegação.

Manter essa identidade de homem cristão me dava certa segurança, mas a essa altura estava me levando para uma depressão. Todas as vezes que vinham pregações mais duras, eu me condenava, não me achava digno do perdão de Deus.

Eu estava no meu limite. Se pelo menos tivesse um amigo que pudesse me dar conselhos, alguém próximo que tivesse passado pela mesma experiência, talvez eu conseguisse achar a minha resposta. Acabei encontrando esse espaço mais uma vez na internet.

Primeiras experiências

EM DEZEMBRO DE 2009 ENCONTREI NA INTERNET UMA COmunidade de escritores LGBT, e nela um blog chamado GUEIS (Garotos Ultra Especiais, Inteligentes e Simpáticos), que contava a história do Eduardo, um garoto homossexual de dezenove anos apaixonado platonicamente pelo melhor amigo. Me identifiquei com a história imediatamente e comecei a ler. Era impressionante como ela lembrava a minha infância e adolescência com o Derick.

O amor platônico sempre foi uma realidade na minha vida. Eu amava o Derick, mas sabia que esse amor nunca seria correspondido. Por ele, eu não sentia uma atração física compulsiva, como nos filmes. Era algo mais poético, carinhoso, uma vontade de estar perto, cuidar, bem parecida com o que li no GUEIS. Fui atrás do criador do blog e mandei um resumo do que era a minha vida:

> Meu nome é Samuel, encontrei seu blog numa comunidade no Orkut, já li alguns posts e estou adorando. Gostaria de dividir a minha história com você. Tenho 22 anos, sou de família cristã, nasci dentro de uma

tradição muito conservadora. Tenho desejos por homens e não sei lidar com essa situação.

Acredito que Deus não aceite isso e tenho muito medo de ir para o inferno. Tive amores platônicos por algumas pessoas que passaram pela minha vida, mas nunca tive coragem para dizer a elas o que eu sentia. Hoje vejo meus amigos felizes, namorando, pensando em ter uma família, e eu nunca sequer beijei um homem. Já tentei por diversas vezes encontrar respostas para o que eu sinto. Deus não pode ser tão malvado a ponto de me trazer para esta terra apenas para sofrer. Gostei muito do seu blog porque é uma história com a qual me identifico. Já fui ou ainda sou apaixonado pelo meu melhor amigo, e esse amor se tornou uma grande admiração, já que sei que ele é hétero. Mas sofro por não poder falar para ele o que eu sinto. Você trata esse assunto com tanta naturalidade que eu gostaria de falar com você. Muito obrigado por ler meu recado. Não sou assumido, por isso, se for me responder, que seja por mensagem oculta.

Não era a primeira vez que eu conversava com alguém sobre a minha vida, só que dessa vez foi diferente. Eu queria respostas. Naquele mesmo dia entrei em algumas comunidades de cristãos gays, alguns da mesma Igreja que eu frequentava. A grande maioria levava uma vida dupla. Alguns namoravam meninas, outros eram casados e todos tinham uma coisa em comum: se sentiam atraídos por homens. As discussões giravam em torno do perdão de Deus e de por que estávamos passando por isso. Às vezes, pessoas que encontravam a página por acaso entravam ali para deixar seus discursos de ódio e repúdio ao que estávamos fazendo. Por esse motivo eu não participava ativamente como membro. Já tinha decorado os nomes das comunidades e entrava sempre à noite, quando meus pais já estavam dormindo.

Os relatos me espantavam muito. Na verdade, eu já imaginava que havia homens passando pela mesma situação que eu, mas não fazia ideia de que alguns viviam nessa angústia por tanto tempo. Homens com trinta, quarenta, cinquenta anos, casados, uns com netos, outros com cargos na Igreja, se perguntavam até quando esse sofrimento iria durar. Viam-se numa prisão de absoluto abandono, pois na Igreja tinham o silêncio de Deus, e muitas vezes se conformavam, pensando que ao aguentar essa situação conquistariam o paraíso. Muitos estavam em estágios graves de depressão, autorrejeição, em condenação constante e sem perspectiva de futuro. Viviam apenas de aparências. Sem dúvida alguma, essa não era a vida que eu queria.

Já haviam se passado dois dias e o Antônio não tinha me respondido. Imaginei que ele fosse me ignorar, que não ligaria para a minha vida. Até que, no terceiro dia, ele me respondeu. Meu corpo tremeu, fiquei sem saber o que fazer, era dia de culto e eu não tinha forças para ler a mensagem. Fiquei com receio de ser influenciado pela resposta dele e decidi esperar até voltar da igreja. E foi assim. Após o culto, à noite, fiquei conversando com os meus amigos como de costume na porta da igreja. Eles eram muitos, e eu queria dar atenção a todos. Sentia-me bem a seu lado. Eram amigos que tinham feito parte do meu crescimento. Eu tinha medo de me afastar deles. Aceitar minha condição era também aceitar minha condenação de viver longe deles.

Cheguei em casa, jantei, falei com os meus pais, fui tomar um banho e entrei na internet. O que eu esperava era só um "O.k., li seu comentário", mas tive uma grande surpresa quando li a seguinte mensagem:

> Oi, Samuca, que lindo o seu relato, que lindo o seu texto! Poxa, muito obrigado pela confiança, moleque. Na verdade, a sua história é muito parecida com a de muitos gays. A pior parte é a aceitação. Os piores anos são a infância e a adolescência, porque geralmente não sabemos bem o que está acontecendo. E a família é o que mais pesa. Já passei por tudo isso que você me relatou. Sei que não é fácil assumir uma posição tão difícil em nossa vida, mas chegará a hora em que você terá que dar um basta. Afinal, quem vive com medo vive pela metade.
>
> Mas dê tempo ao tempo para você mesmo. Ser gay não é apenas sexo, balada, promiscuidade e essas coisas que crescemos ouvindo. Em primeiro lugar você tem que se aceitar, ou viverá pela metade pelo resto da vida! Procure bons exemplos, e, se não encontrar, seja você o exemplo! Deixe claro para você mesmo que não foi uma opção. Nós já nascemos gays e o que temos que fazer é lutar para ter respeito. E

respeito se adquire com exemplo e muito trabalho. Meus pais sabem da minha sexualidade e respeitam. É claro que não é fácil para eles. Sei que não é, mas não posso viver uma vida para eles, então compenso tudo isso sendo um bom filho. Tento ser um exemplo dentro de casa e converso muito com eles (não sobre a minha sexualidade, isso não é mais tão importante). Sou o melhor amigo dos meus pais e os ensinei a terem orgulho de mim. Eles até choraram de alegria quando mostrei o trailer de ¾ *de amor* na faculdade. Eles entenderam a mensagem. Quanto ao amor, Samuca, não se preocupe. Ele aparecerá, mas para isso você precisa se dar a chance de tentar. Pode ter certeza de que haverá muitos obstáculos, mas só amadurecemos quando passamos por certas experiências.

Ignorar o assunto só fará você ficar preso no tempo, e isso não permitirá que você cresça e amadureça. E Deus está sempre presente na nossa vida, moleque! Já frequentei igrejas evangélicas, católicas, centro espírita, candomblé, budista e com isso só adquiri respeito e admiração pelas diferentes culturas. Deus é um ser supremo e está acima de todas as coisas. Ele está presente em todas as pessoas, independente de você ser gay ou não. Tenho uma fé inabalável e sinto com verdadeiro fervor a presença dele em minha vida. Nossa conexão é forte e intensa, e sei que isso acontece porque cultivo apenas o amor no meu coração. Seja forte e acima de tudo se ame. Você mesmo disse que faz tudo para ser uma pessoa melhor. Então acredite mais em você! Mostre ao mundo que você não é a imagem estereotipada que todos têm dos gays. Adorei a forma como você descreve a sua família. Tenha certeza de que eles são o maior alicerce que você tem. Tenho certeza de que um dia tudo isso vai passar. E que você será um grande exemplo para todos que te criticaram. Beijão no coração, moleque.

Movido pela energia que me deixava acordado até aquela hora lendo o depoimento do Antônio, aliada à minha ansiedade e sede de respostas, resolvi responder na mesma hora. Fiz as perguntas que me vieram à mente, sobre a condenação dos homossexuais pela Bíblia e também sobre condenação vinda de Deus.

Muito obrigado por me ouvir (ler). Não é sempre que tenho a oportunidade de encontrar pessoas assim. Tenho meus medos, muitos, mas sei que o que sinto por homens não é só atração, gosto mesmo do jeito, dos gestos, queria muito encontrar alguém só para me abraçar e me desejar carinho. Estou ganhando o respeito dos meus pais nesses últimos meses, consegui um emprego em uma das maiores agências do Brasil, do qual eles se orgulham, como o Eduardo do seu blog. Fico feliz por hoje poder ajudar os meus pais, e eles estão contentes comigo por eu até hoje não os ter decepcionado, mas acredito que não importa o que eu tenha feito durante a minha vida inteira, no momento em que eles souberem da minha sexualidade eu perderei tudo. Por isso não falo e até evito gostar de alguém. Sou carente apesar de ter muitos amigos, sou carente de carinho e de um amor só para mim. Não fico excitado com mulher, nem bêbado; já com homens é diferente. Queria muito fazer uma amizade e ter alguém maduro o suficiente para me explicar o que ainda me traz dúvidas. Talvez eu não saia disso que sou hoje, talvez eu viva pela metade para sempre, talvez eu viva fingindo, talvez eu consiga ter algo com uma mulher, filhos, e ser mais um que viveu meio feliz.

Ao que o Antônio prontamente respondeu:

Oi, Samucaaaa, seu lindo, que bom que estamos acordados e on-line, assim podemos conversar. Olha, o que eu tenho pra te dizer é que eu vivo a minha verdade e não deixo que ninguém me diga o que é certo ou errado. Sabe, eu já conheci muitos caras que se envolvem com homens na surdina, que têm uma dupla vida. Não os condeno, é até divertido sair com eles, mas não é a vida que eu quero para mim. Eles se escondem atrás da Bíblia, e não só eles. Pense em quantas pessoas fofoqueiras há dentro da Igreja, quantas pessoas sem caráter, desonestas. Posso já ter me deitado com homens e amado alguns, mas sem dúvida sou mais honesto e tenho um caráter muitas vezes superior ao de alguns que vão à igreja todos os dias.

A imagem que eu tenho de Deus é de um ser amoroso, meu melhor amigo, meu companheiro, aquele que me dá luz para trilhar a minha vida, escrever meu blog, trabalhar, conhecer pessoas, saber onde eu posso entrar e quando eu devo sair de algum lugar. Tenho Deus sempre presente na minha vida, nunca duvidei disso. Por isso também não acredito que Ele possa ser tão injusto e maligno a ponto de julgar uma pessoa que ama outra do mesmo sexo. Não deixe que o medo o impeça de viver, não se julgue mal, você é um rapaz cheio de vida e de sonhos, corra atrás desses objetivos.

Cada palavra do Antônio entrava feito uma flecha no meu coração. Eu não tinha medo de conversar com ele, e a cada noite nos tornávamos mais próximos. Essas noites em claro conversando com ele e acompanhando as comunidades no Orkut me deram força para me abrir com mais pessoas, sempre virtualmente. Mas de longe era com o Antônio que eu mais falava. Ele era a única pessoa em quem eu confiava, e eu acreditava que ele tinha sido enviado por Deus para me ajudar. Eu estava a cada dia mais apaixonado e precisava falar para ele.

Estou gostando de você, e isso não vem de hoje. Desde a primeira vez que falei com você fiquei encantado. Não queria te contar para não estragar a nossa amizade; afinal você é a única pessoa em quem confio e a que mais está me ajudando a me entender.

Escrevi e fui dormir, sem esperar pela resposta. Já imaginava qual seria, e não queria ler naquela hora. Que loucura a minha, querer namorar o Antônio, um cara tão bem resolvido, tão bonito, com tantos sonhos! Eu, todo indeciso, cheio de medos, magrelo, crente... Eu olhava para mim mesmo e não via qualidades para conquistá-lo, mas não deixei de tentar.

No dia seguinte, na hora do almoço na agência, entrei no Orkut para ver a resposta dele. Que foi muito mais surpreendente do que eu imaginava. Ele disse que queria que eu me entendesse primeiro, vivesse, me permitisse conhecer outras pessoas e entender de fato os meus sentimentos. Disse ainda que não queria se aproveitar da minha carência e que naquele momento eu precisava, antes de tudo, me aceitar.

Não me senti rejeitado, apesar de não ter tido a resposta de que gostaria. De certa forma, foi bom não ter recebido um "sim", pois não sei como eu lidaria com a situação. Estava muito envolvido com a faculdade e com as ocupações da Igreja. E, claro, senti um alívio por ele não ter renegado a minha amizade.

Então eu gosto de meninos

A AMIZADE COM O ANTÔNIO FOI O EMPURRÃO DE QUE EU precisava para começar a me abrir. Certo dia, Márcio, um colega da Uniban que sempre brincava com a minha sexualidade de um jeito que não me ofendia, me chamou no MSN, e eu perguntei se ele estava com tempo para me ouvir.

— Não vai me falar que você deu o rabo — disse Márcio, zombeteiro como sempre, sem desconfiar da verdade.

— Para de graça que o assunto é sério. E, sim, eu sou gay, gosto de meninos. Você não faz ideia da confusão que tenho vivido por causa disso. Nunca beijei nem transei com um cara, mas sei o que sinto. Na verdade, já sabia naquela época em que trabalhei com você, só não contei porque eu pensava que podia ser curado. Estou te falando isso porque preciso desabafar. Nunca contei para ninguém que me conhece pessoalmente. Espero que nossa amizade não mude.

— Por que mudaria, Samuca? Você sabe o que faz da sua vida, e se está feliz ou percebe que será mais feliz assim, não serei eu a dizer o contrário — ele respondeu.

Aquela conversa me deu forças para conversar com as minhas amigas da faculdade, e tive o mesmo apoio e respeito delas.

— Samuca, eu sempre soube — soltou Didi com um sorriso.

— Como assim? — perguntei.

— Pois é, Samuca, eu também já desconfiava — completou Simone. — Lembro que uma vez meu namorado perguntou se você era gay.

— Eu não falei antes porque não me entendia. Na verdade, ainda não sei se quero ser gay. Eu gosto de meninos, mas sempre ouvi dizer que isso é errado, sabe?! Da Igreja, da minha família e de todos os meus amigos. Não sei se quero essa vida pra mim. Eu estaria virando as costas para tudo que conquistei.

— Não diga bobagens — interrompeu Açony. — Você tem que se libertar das amarras. Eu sempre vivi a minha vida segundo as minhas verdades. Conheci muita gente lá na Chapada Diamantina e aqui em São Paulo que também é gay, e todos são pessoas incríveis e felizes. Eu não aceito esse tipo de pensamento que aprisiona as pessoas, que não deixa que elas sigam os seus instintos, seus desejos, seu coração, por medo de um castigo divino e por alguma repressão religiosa. Olha, Samuca, tente ler mais, entender melhor quem você é.

Eu não podia acreditar na recepção que estava tendo, principalmente por ainda achar, naquele momento, que o que eu sentia era errado.

Depois de alguns dias, em umas dessas zapeadas na internet, dei de cara com um álbum de fotos do Hiago, o ex da Daiane, que achei um tanto suspeito. Ele estava com um rapaz e uma amiga negra muito linda. Não sei se qualquer outra pessoa veria apenas três amigos se divertindo nas fotos, mas eu vi algo a mais, no jeito como o Hiago e esse rapaz se olhavam. Criei coragem e escrevi a ele, primeiro para perguntar sobre o distanciamento dele da Igreja, mas isso era apenas uma desculpa para tentar saber se poderíamos nos abrir um para o outro.

A conversa foi se estendendo, e não consegui perguntar o que realmente queria, até que nos despedimos e achei que ele tinha ido dormir. Alguns minutos depois, antes de sair do Orkut e desligar o computador, resolvi mandar a ele uma última mensagem:

— Vi você com um rapaz nas fotos. Desculpa a minha indelicadeza, mas você é gay? Ele é seu namorado?

Tive muito medo de estragar ali uma amizade que tinha sido construída havia um bom tempo. Talvez eu estivesse me precipitando. Não existia nada naquela foto, a não ser a minha intuição que dizia que ele também era homossexual. Para minha surpresa, Hiago respondeu em seguida.

— Sim, ele é meu namorado. Como você sabe? Como percebeu?

Não pensei muito. Assustado, respondi a primeira coisa que me veio à cabeça:

— Dizem por aí que um gay reconhece o outro — e desliguei o computador.

Saúde no corpo e na mente

TODOS OS ACONTECIMENTOS NAQUELES ÚLTIMOS DIAS mexeram muito com a minha saúde. Eu estava um poço de nervosismo. Na faculdade, por ter bolsa do ProUni, era comum as pessoas duvidarem da minha capacidade intelectual, mas as humilhações não paravam por aí. Os ataques tinham relação com o fato de eu ser pobre, preto, gay, religioso. Passei quase quatro anos ouvindo sem responder. Usava os ataques para tentar crescer, buscava consolo na Igreja, procurava me ocupar mostrando o quanto era capaz.

No meu último ano de Uniban, eu já estava bem consolidado em uma agência de publicidade e soube que precisavam contratar alunos de design. Era o trunfo que eu esperava. Pessoas que haviam me ofendido ao longo de todos aqueles anos vieram se desculpar para então pedir que eu enviasse o currículo delas para a empresa onde eu trabalhava. E ficou claro que aquele jovem negro e gay da periferia de São Paulo, aquele bolsista com roupas fora de moda, estava trabalhando em uma das maiores agências do Brasil e tinha carta branca para indicar candidatos. Foi bom viver esse momento.

Mas eu estava passando por um estresse enorme nessa época, e a mistura de sentimentos, pensamentos, compromissos e angústias relacionadas à minha sexualidade fez com que eu desenvolvesse uma doença psicossomática autoimune, a doença de Crohn. Sempre que passava por um momento de muita angústia, meu intestino soltava. Além do tratamento com remédios, o médico que procurei aconselhou que eu tivesse algum acompanhamento terapêutico.

Quando entrei no consultório do psiquiatra, em uma manhã de segunda-feira, perto da avenida Paulista, eu nem sabia o que dizer. Quando a recepcionista me chamou, pedindo que eu entrasse na sala do dr. Alberto, pedi a ele algum remédio que me fizesse gostar de mulher — e na hora percebi que aquilo o deixou incomodado, porque ele parou de anotar o que estava escrevendo, olhou dentro dos meus olhos e perguntou:

— Alguém te mandou aqui, rapaz?

— Não, eu achei o seu nome no livro de médicos do convênio.

— Você vai a alguma Igreja?

— Sim, eu e toda a minha família somos evangélicos.

— Olha, não existe remédio para ser hétero. Meninos que gostam de meninos e meninas que gostam de meninas já não são mais vistos como doentes, e não tratamos isso com remédios. Vou te encaminhar para um psicólogo.

— Olha, doutor, eu só não quero sofrer, eu quero seguir o que a Igreja diz. Eles dizem que tenho que ser um pai de família, me casar com uma mulher e não com um homem. Eu preciso de ajuda para conseguir isso.

— Estou preenchendo uma ficha para você passar num psicólogo. Ele vai te ajudar muito mais do que os remédios a passar por esse momento. Hoje em dia, os homossexuais são aceitos, e você poderá desfrutar de um futuro feliz se aceitando e construindo o seu modelo de família, em vez de seguir um modelo imposto pela sociedade.

Saí de lá pensando que deveria tentar, já que estava determinado a mudar e não passar pelo que os meus amigos haviam passado. Achei uma psicóloga perto da estação Saúde do metrô. No início era muito desconfortável falar da minha vida com uma estranha. Com a dra. Renata, trabalhei questões que a Igreja me ensinara como certo ou errado. O que era e o que não era permitido na minha vida, e o que de fato eu queria fazer com ela. Seguiram-se algumas sessões até eu perceber que forçar a minha natureza a gostar do sexo oposto era impossível, e a dra. Renata me fazer uma proposta que me fez sentir desconfortável.

— Sua vida não precisa ser pública. Você pode ter a sua vida dentro da Igreja e a sua vida particular fora dela. Você mesmo me disse que conheceu algumas pessoas que, apesar do sofrimento da Igreja, conseguem se relacionar, não é? Eu te convido a tentar manter uma vida dupla. Você não estaria mentindo para ninguém. Não é uma obrigação contar aos outros tudo que acontece na sua vida. Você mesmo me disse que poucas pessoas sabem do que você sente por homens. Elas também não precisam saber o que você está vivendo. Isso já afetou a sua saúde e o está afastando da sua família, já que você evita dar abertura para que eles saibam da sua intimidade.

Esse conselho veio em umas de minhas últimas consultas. Meu convênio me permitia ter apenas onze sessões por ano. Eu conversava com ela todas as terças-feiras à noite. Nunca perdi uma sessão. Vinha da agência que trabalha que ficava em Alphaville todo contente, pois teria com quem conversar. Mas, quando as sessões acabaram, voltei a me sentir perdido. Não tinha conseguido seguir adiante com esse último conselho da dra. Renata e chamei o Antônio para conversar.

— Antônio, eu não sei o que fazer. Desde que te conheço você me diz que ser gay não é errado, e agora eu tenho percebido o quanto você está certo. Alguns amigos têm me contado que passam pela mesma situação — escrevi.

— Não tenha medo de ser feliz — respondeu Antônio. — Deus nos criou para amar. Se você encontrar alguém que te desperte o desejo de estar junto, se joga.

Double Life e Purpurina

CERTA NOITE, UMA AMIGA ME MANDOU UM E-MAIL COM O link de uma reportagem sobre uma ONG no centro de São Paulo chamada Projeto Purpurina, organizada por pais de homossexuais que querem se aproximar dos filhos.

Criei coragem e fui até lá num final de semana com o Eduardo, aquele que tinha estudado comigo no colegial e naquele momento já sabia da minha sexualidade. Na época, ele se dizia bissexual e aceitou ir comigo. Eu estava muito ansioso, mas com um pouco de medo de ser desrespeitado. Naquele dia no Projeto Purpurina eles estavam passando um filme, que já havia começado quando chegamos. Ao final da projeção, aqueles que ainda não tinham se apresentado teriam a sua oportunidade, e eu e meu amigo fomos chamados. Eu fui primeiro.

— Me chamo Samuel, tenho 22 anos e, sim, sou gay.

Foi a primeira vez que pronunciei essa palavra em público.

— Seja bem-vindo! Aqui somos uma família. Espero que você goste. Temos ali o Fábio, que é psicólogo, a Edith, que ao final irá conversar com você, se precisar, e todos os outros purpianos — disse um homem vestido de mulher, me dando um beijo no rosto e um abraço bem apertado.

 O Purpurina fez com que eu entrasse em contato com outras narrativas e testemunhos, abrindo meus olhos para muita coisa. Eu ainda não estava pronto para me abrir com meus pais, mas sabia que precisava de uma aliada dentro de casa. Contar à minha irmã era um risco que eu teria que correr. E logo surgiu a oportunidade.

 Em 2010, eu estava participando do projeto de um filme com o Antônio. Ele tinha escrito o roteiro de um curta sobre autoestima feminina. Adorei a ideia e me voluntariei para participar. Como entendia um pouco de animação, fiz vídeos para o YouTube e alguns teasers para o projeto. Mandei para o Antônio e ele gostou tanto que me chamou para ser seu diretor de marketing.

 Comecei a cuidar do blog, do Twitter e abri uma conta no Facebook para ir divulgando a evolução do projeto. Nossos encontros eram permeados por muitas risadas e pela esperança de que esse sonho se tornasse real. Começamos com cinco pessoas, cada uma na sua função, e fomos crescendo. O Antônio viu a necessidade de chamar mais gente para compor a equipe de figurantes e dançarinos, e, num ato de total impulso, chamei a Miriã para participar.

 No início me arrependi, pois me dei conta do que isso representava. Eu estava muito à vontade nos encontros que tinha às quartas para os ensaios e reuniões do projeto. Cumprimentava outros homens com beijo no rosto, abraçava, podia falar de homens bonitos, brincar com a minha feminilidade. Naquele momento eu podia ser eu mesmo. O que a minha irmã iria achar de tudo aquilo? Afinal de contas, eu ainda ia à igreja.

 A Miriã adorou a ideia de participar do filme, ainda mais porque ele tinha o nome de uma artista que ela amava — seu título era *Quero ser Beyoncé*. Aquilo me deixou muito ansioso, e, como eu já não tinha mais a dra. Renata para desabafar, resolvi abrir uma conta no Tumblr e deixar ali todas as minhas angústias e pensamentos sobre o que eu estava passando. Escrever era reconfortante, um jeito de me externar. A tal vida dupla de que a minha psicóloga havia falado já estava acontecendo, por isso, inicialmente, chamei esse meu cantinho de Double Life.

Quando chegou o dia de levar a minha irmã à reunião sobre o filme, eu ainda não havia contado nada sobre mim. Tudo ocorreu como de costume. Fiz minha parte registrando os ensaios em fotos, escrevi meu relatório e gravei alguns vídeos para alimentar as redes sociais por uma semana. O ensaio acabou, nos despedimos e, assim que entramos no ônibus, instalou-se um silêncio constrangedor.

Lembrei que o Antônio tinha me aconselhado a falar alguma coisa na volta para casa, para não ficar o dito pelo não dito e gerar mal-entendido. Então criei coragem e disse:

— Acho que você já deve ter percebido que eu sou gay, né?! — soltei, morrendo de medo.

— E quem não percebe? As pessoas só fingem que não sabem — ela respondeu com uma naturalidade que me deu vontade de abraçá-la.

Quando chegamos em casa, meus pais já estavam dormindo, e, como eu ainda dividia o quarto com Miriã, tivemos uma conversa que eu jamais pensei que teria. A minha irmã foi minha melhor amiga, minha confidente. Contei tudo que tinha acontecido comigo, desde que me entendia como homem gay. Me senti mais leve e tive a certeza de que Miriã me amava, quer eu fosse gay ou não.

Um novo começo

EM 2010, A NOTÍCIA DE QUE A ARGENTINA HAVIA APROVADO o casamento igualitário mexeu comigo. Eu queria me relacionar, saber como era beijar alguém na boca. Tinha terminado a faculdade ainda virgem por causa do medo de pecar, mas com o tempo fui percebendo que o inferno era o que eu estava vivendo sem poder ser eu mesmo. Inferno era ver pessoas sofrendo por amarem pessoas do mesmo sexo. Era a possibilidade de ser jogado para fora de casa por ser homossexual, ou mesmo sofrer uma agressão física por conta disso. Inferno era ir à igreja e saber o que eles pensavam sobre a minha sexualidade.

Foi aí que tive um insight. Eu já não pedia mais para Deus me libertar, sabia que não estava doente para ser libertado. Mas ainda queria muito uma resposta Dele.

Na hora da pregação, em diversas sedes, eu ouvia o mesmo discurso, muitas vezes com as mesmas palavras: "Quando aceitares a Minha vontade na tua vida, sofrerás menos". Nessas pregações nunca era dito que eu seria eternamente feliz, que não sofreria mais e muito menos qual era a vontade de Deus na minha vida. Precisei de pelo menos umas dez pregações como essa para começar a entender. No começo, eu achava que Deus queria que eu aceitasse o meu sofrimento, que deveria ser hétero porque era essa a Sua vontade, e que deveria ser casto e negar meus desejos porque todo homem santo sofre.

Até que uma hora me deu um estalo. Pensei: será que na verdade Deus quer que eu aceite a minha orientação sexual? Afinal de contas, foi pela vontade Dele que eu cheguei até aqui e vim a esta terra como homem gay. Ao contrário do que muitos diziam dentro e fora da Igreja, eu não escolhi ser gay. Antes mesmo de sentir atração física por homens, eu já sabia que os meus desejos eram voltados para o mesmo sexo.

Ter essa compreensão dos fatos não me deu clareza do que fazer, mas me permitiu avançar mais alguns passos. Fui até a casa de um amigo, o Fernandes. Fazia praticamente cinco anos que não nos víamos. Desde que saímos do colégio, cada um seguira a sua vida, eu com a faculdade e ele com o trabalho e as baladas. Eu já sabia que o Fernandes ficava com homens e precisava lhe contar o que eu estava passando. Conversei sobre os últimos acontecimentos, sobre o Eduardo e o Projeto Purpurina e por fim me assumi gay.

— Nossa, Samuca, de todos os meninos com quem eu andava, você era o último que eu imaginava que fosse se assumir gay. Do Edu, do Fábio e de algumas outras pessoas eu até desconfiava. No meu caso, demorei a entender. Até hoje fico com meninas, mas desejo mesmo só sinto por homens. Não sei o que vou fazer, mas estou tocando a vida. Não quero que ninguém saiba porque pode ser só uma fase — disse ele.

A conversa rendeu uma tarde de sábado inteira. Antes de me despedir, ficamos conversando na varanda. Falamos de homens que nos atraíam. Do que gostávamos no corpo dos meninos que haviam estudado com a gente. Até que um silêncio se fez. Olhei para o Fernandes e, num impulso, nos beijamos.

Foi uma mistura de sentimentos. Eu estava beijando um homem. Estava beijando um dos meus melhores amigos, estava tocando a língua, a pele, o corpo de outro homem, e estávamos conectados um ao outro de alguma forma. Segundos ou minutos se passaram, paramos de nos beijar e tudo voltou ao normal. O Fernandes voltou a ser o meu amigo, e eu voltei a ser o Samuca que ele conhecera na infância. Nós nos olhamos, nos estranhamos num primeiro momento, e logo depois ambos sorrimos.

— Eita, Samuca, seu safado. Que isso nunca mais se repita, viu? Somos amigos — disse ele, sorrindo.

— Eu sei, não entendo o que me deu — respondi, também sorrindo.

Então nos despedimos e eu segui pela rua até o ponto de ônibus, pensando no que havia acontecido. Eu tinha acabado de beijar uma pessoa, de beijar um homem, de beijar meu amigo. Um raio de fogo não me consumira, o céu não se abrira e Deus com seu dedo imponente não apontara para mim nem me julgara.

Eu me vi pela primeira vez presente. Não estava preso a sentimentos, pensamentos, ansiedades, estava de fato vivendo. Pela primeira vez, havia feito algo que tinha vontade de fazer sem me preocupar com o que os outros iriam pensar.

Os dias seguiram normalmente. Continuei indo à igreja, tendo minhas conversas pela internet, saindo com os amigos da faculdade e participando dos encontros mensais do Purpurina. Me voluntariei para fazer uma apresentação do projeto e, para me ajudar, chamei um dos amigos que havia feito lá.

Gerson era um menino calado, tímido, estudante de letras na USP. Mais baixo do que eu, moreno, usava óculos e tinha cabelos cacheados. Apesar de sua timidez, logo ficamos amigos, e eu sabia que ele estava se conhecendo e descobrindo sua atração por homens, mas não tinha vontade naquele momento de se relacionar com ninguém.

Eu o convidei para passar um sábado em casa para trabalharmos no projeto. Avisei minha mãe durante a semana que um amigo almoçaria em casa com a gente e pedi a minha irmã para deixar o quarto liberado, porque eu iria precisar do computador. Bom, até aí nada de diferente. Almoçamos, usamos o computador e assistimos a alguns filmes com temática LGBT, entre eles um chamado *Homossexuality and the Bible*.

Passamos o dia todo no meu quarto conversando sobre todos esses assuntos tão importantes na nossa vida, enquanto minha mãe passava pelo corredor ou aparecia na janela tentando escutar alguma coisa. Até que ela entrou no quarto meio de repente, como que tentando ver alguma coisa, bem na hora em que estávamos assistindo a um curta-metragem de temática LGBT. Ainda bem que o filme não tinha nenhuma cena mais picante e minha mãe não fez nenhum comentário. No domingo, fizemos nossa apresentação no Purpurina sobre a filosofia do projeto e deu tudo certo.

Em seguida, discutimos o tema da semana: homofobia. Era a primeira vez que eu ouvia essa palavra, mas para a minha surpresa reconheci imediatamente como ela estava presente na minha vida — em mim, no serviço, na faculdade, na escola, na igreja. Como lidar com ela e me proteger de tais agressões?

Naquela noite, um rapaz chamado Matheus fez um discurso muito convincente sobre sexualidade e religião. Ele também era de família evangélica, passara por um processo de aceitação fazia mais tempo do que eu e já tinha até um namorado. Foi quando começamos a nos questionar sobre o que a Bíblia diz a respeito da homossexualidade.

— Eu sou virgem, nunca me relacionei com homens e acredito que nunca farei isso, por medo do pecado — falei, com um pouco de vergonha.

— Seu pecado é não viver a vida plenamente. Quem te disse que sentir prazer, amar, gozar, ter relações sexuais é pecado? — argumentou ele.

— Está na Bíblia.

Esse era o único argumento que eu tinha naquele momento. Foi quando ele me respondeu e levantou alguns pontos.

— Não há na Bíblia, nem uma só vez, as palavras "homossexual", "lésbica" ou "homossexualidade". Todas as Bíblias que empregam essas expressões estão erradas e mal traduzidas. A palavra homossexual só foi criada em 1869, reunindo dois termos: *homo* (do grego para, "igual") e *sexual* (do latim). Portanto, como a Bíblia foi escrita entre 2 mil e

4 mil anos atrás, os escritores sagrados não poderiam ter usado uma palavra que só foi inventada no século passado. Se na tua Bíblia aparece o termo homossexual, ela está errada. Elementar, irmão!

Eu já tinha lido a Bíblia inteira duas vezes e realmente nunca vira esse termo lá. Encontrara apenas "afeminado", duas vezes, e sempre com uma condenação na sequência. Apesar de reveladora, a explicação de Thiago não me confortou.

— A prática do amor entre pessoas do mesmo gênero, porém, é muito mais antiga do que a própria Bíblia. Há documentos egípcios de quinhentos anos antes de Abraão que revelam práticas homossexuais não somente entre os homens, mas também entre os deuses Horus e Seth.

Matheus era formado em história, e eu fiquei impressionado com sua inteligência e memória para lembrar tantos nomes e datas. Talvez, se eu lesse mais, estudasse mais o que eu sentia, tivesse mais respostas.

— E quanto ao livro do Levítico, que condena abertamente a sodomia? "Não te deitarás com um homem como se deita com uma mulher. É uma abominação." Como viver com essa verdade? — perguntei.

Minha intenção com as perguntas não era ofender, mas esclarecer as minhas dúvidas.

— Segundo os mais respeitados exegetas contemporâneos, estudiosos das Escrituras Sagradas, fazia parte da tradição de inúmeras religiões de localidades circunvizinhas a Israel a prática de rituais religiosos homoeróticos, de modo que essa condenação do Levítico visava fundamentalmente afastar a ameaça desses rituais idolátricos, e não a homossexualidade em si. Prova disso é que os versículos condenam apenas a homossexualidade masculina: teria Deus Todo-Poderoso se esquecido das lésbicas ou, para Javé, a homossexualidade feminina não era pecado? No imenso número de leis do Pentateuco, apenas duas fazem suposta referência à homossexualidade, e somente à masculina. Esses versículos são sintomas claros e evidentes da intolerância machista que permeia as sociedades regidas pela tradição abraâmica, um entulho histórico a ser desprezado. Inúmeras outras abominações do Levítico, como os tabus alimentares — por exemplo, a proibição da carne de porco ou do camarão — e aqueles relativos ao esperma e ao sangue menstrual, foram hoje completamente abandonadas e esquecidas. Por que católicos e protestantes conservam apenas a condenação da homossexualidade, enquanto abandonaram dezenas de outras proibições decretadas pelo mesmo Senhor?

Aquela conversa me deu vontade de aprender mais. Peguei os contatos das pessoas que estavam lá e me aproximei delas. Pedi ajuda ao Gerson para encontrar mais filmes com temática LGBT. O pecado já não era tão pecado.

Primeira vez

A MELHOR SAÍDA PARA O MEDO DO DESCONHECIDO É TORNÁ-LO conhecido. Eu estava lendo, vendo muitos filmes, me permitindo paquerar, mas faltava um mês para o meu aniversário de 23 anos e eu queria vivenciar tudo que estava aprendendo, queria tocar a pele de um homem, queria amar. Às vezes pensava que não devia reclamar da vida, pois tinha me formado, estava com emprego registrado na área, trabalhava com o que eu gostava e, graças à ONG, aos meus novos amigos e ao começo da minha autoaceitação, minha saúde havia melhorado.

Todas essas conquistas só fizeram mais sentido quando comecei a viver plenamente. Apesar de ter tido muito amor pelo lugar que moldou meu caráter, a Igreja não me deu respostas, e eu já sabia que não dava para ser eu mesmo num ambiente que não aceita as pessoas como elas são.

No final de setembro, pesquisando sobre uma cantora, compositora e bailarina norte-americana de que eu gostava, encontrei um rapaz que chamou muito a minha atenção. O nome dele era Jhony.

Entrei no seu perfil, vi algumas fotos e fiquei encantado. Será que ele seria mais uma paixão platônica que iria ficar pela internet? Eu já não aguentava mais trocar ideia, conversar, me envolver com caras e depois não ter coragem de encontrá-los pessoalmente. E esse Jhony era muito bonito e gostava da mesma cantora que eu. Pelo menos um assunto em comum para poder puxar papo eu tinha.

Tomei a iniciativa e a nossa conversa fluiu muito bem. Falamos sobre música, vida, viagens, todo tipo de assunto. Comentei que ele era bonito, e Jhony recebeu bem o elogio, dizendo que gostava de conversar comigo. Em um mês, eu iria com uma amiga do trabalho para o Uruguai e a Argentina, como comemoração pela minha formatura. Essa acabou sendo a minha primeira viagem internacional — algo com que eu nem sonharia, se me perguntassem alguns anos atrás. Mas antes disso eu queria muito encontrar o Jhony, por isso decidi ter uma abordagem mais direta.

— Como te disse, te acho muito bonito, e, assim como você, curto caras. Não vou negar que fico muito excitado todas as vezes que venho conversar com você, que vejo as suas fotos. Todos os dias desde que te conheci quero que chegue logo a noite pra gente conversar — falei, a barriga borbulhando com o medo da rejeição.

— Você é bem direto, hein? Olha, eu também acho você um negão muito gato. Com certeza deve pegar geral. É como as pessoas dizem, todos querem um negão.

Eu não sabia se isso era verdade, mas usei o dito popular para ganhar alguma vantagem sobre ele.

— É verdade, mas não estou pensando nos outros, quero mesmo é encontrar um rapaz que estou conhecendo há pouco mais de um mês. E vou ter sorte se conseguir encontrá-lo antes de viajar. Será que ele aceita?

— Ele já aceitou e está pensando em um dia que seja bom para os dois.

Uma quarta-feira nunca demorou tanto para chegar. Eu estava ansioso por aquele dia. Sabia dos riscos que estava correndo em propor transar com um rapaz, só que àquela altura já não me questionava mais se devia ou não arriscar. Os medos que me acompanharam ao longo da vida ainda estavam presentes, mas as respostas que eu esperava ter até então estavam sendo respondidas com a vida, e não por meio de Deus.

No dia marcado acordei cedo, procurei a minha melhor roupa e cheguei ao trabalho muito empolgado. Mas passei o dia me perguntando: será que ele vai desistir? Será que vai gostar de mim? Será que sou o tipo dele? E se ele estiver imaginando que tenho um corpo atlético? Eu sou magro, alto, feio, não uso roupas de marca. E se ele não for uma boa pessoa? Será que já estou gostando dele?

Nos encontramos no metrô e ele sugeriu que fôssemos direto para o motel, assim não corria o risco de encontrar os amigos do ex dele, que moravam por ali. Eu achei o Jhony lindo, ainda mais charmoso do que nas fotos.

Saímos da estação pelas escadarias principais. Evitei olhar nos olhos das pessoas, como se elas soubessem o que eu estava indo fazer. Quando chegamos, Jhony pediu o quarto 202, por um período de três horas — ele realmente parecia íntimo do lugar. Entramos, e ele foi fechar a janela enquanto eu trancava o quarto. Viramos um de frente para o outro, ele veio até mim e nos beijamos. Era o meu segundo beijo em um homem, o terceiro beijo em alguém. Com 22 anos, eu estava pela primeira vez em um encontro, pela primeira vez em um motel e prestes a perder a virgindade.

Eu havia imaginado esse momento inúmeras vezes, sempre como algo mágico, romântico, delicado, como via nas novelas e filmes. Mas ali, naquele motel, não existia romantismo; existia respeito, e o desejo, a vontade, a excitação. E por tudo isso foi inesquecível.

— Quando você vai viajar? — perguntou Jhony no banho enquanto eu me ensaboava.

— Quinta-feira da próxima semana. Por quê?

— Dá pra gente se ver de novo na sexta e na quarta que vem. O que acha?

— Acho muito bom, gostei de você e quero te ver mais vezes.

— Você sabe que eu venho de um relacionamento sério e não quero entrar em outro, pelo menos agora. Mas podemos nos ver outras vezes, sim.

A primeira coisa que fiz quando voltei ao Brasil foi organizar uma festa de aniversário para comemorar todas essas conquistas. Decidi fazê-la num bar LGBT, mas não um bar qualquer: fiz no Vermont Itaim, o primeiro bar LGBT em que pus os pés. Algumas semanas antes, minha irmã me perguntou:

— Você não vai convidar o Ph?

— Como vou convidar o Ph se vou fazer minha festa num bar LGBT?

— Convidando, oras! O Ph é mente aberta. É só você contar pra ele. Eu acabei falando pra ele sem querer que você ia fazer uma festa num bar, e ele se interessou. Agora você tem que convidá-lo.

Aquela notícia me assustou um pouco; afinal de contas, ninguém da igreja podia saber. Eu não queria que a notícia se espalhasse e chegasse aos meus pais. Mas não podia negar o pedido da minha irmã. O Ph crescera comigo, nos encontrávamos sempre na igreja, algumas vezes saíamos para comer um lanche com a turma, e ele sempre demonstrara um grande carinho pela Miriã. Então eu o convidei para ir comigo à Reunião da Mocidade na igreja da Vila Mariana no dia seguinte. Naquela noite, contei para ele que era gay, que estava ficando com um rapaz e que o bar onde faria o meu aniversário era LGBT.

— Sério isso, Samuca?

— Sério, Ph.

— Bom, eu não sei o que dizer. O que você sente?

— Eu me sinto atraído emocional e fisicamente por homens. Para mim, isso é tão normal que não sei explicar.

— Mas a Igreja não permite e Deus também não.

— Eu não quero ser julgado por você. Hoje fomos para o culto antes de vir aqui e você não sabia que eu era gay. Você me viu sentindo a presença de Deus, não viu?

— Vi, sim, como sempre vejo. Você tocou seu violino muito bem, e eu também senti a presença de Deus do seu lado.

— Então é isso. Eu ainda acredito no amor de Deus por mim. Só quero saber se posso contar com o seu sigilo.

— Claro que pode. Isso diz respeito a você. Por mim, você nem precisava ter me contado.

— Eu quis contar porque quero você na minha festa.

— Mas em nenhum momento eu disse que não iria!

Para essa festa convidei algumas pessoas que fizeram a minha chegada aos 23 anos ser muito mais rica e especial. Alguns amigos do colégio, do Projeto Purpurina, o pessoal do *Quero ser Beyoncé* e a galera do trabalho. Aquela festa era uma conquista para mim.

— Jhony, meu aniversário é no sábado que vem. Você vai? Gostaria muito da sua presença.

— Claro, Samuca. Mas não vamos como casal, né?

A pergunta me chocou um pouco, mas respondi o que ele estava querendo ouvir. Eu queria que ele conhecesse meus amigos e assim me conhecesse melhor.

— Vamos como amigos, mas posso te beijar se eu tiver vontade?

Eu estava gostando dele e não escondia isso. Embora aceitasse a condição dele de não se envolver, isso naturalmente não era fácil para mim; afinal de contas, ele era o primeiro homem com quem eu me envolvia.

— Se tiver vontade, pode.

O dia da festa chegou, e finalmente encontrei o Vagner e o Gerson, amigos do Projeto Purpurina, para irmos juntos ao bar. Logo todos foram chegando, minha festa foi ficando cheia e eu me senti amado. Eu estava feliz, sendo eu mesmo. Cantamos "Parabéns" e o Leandro, um amigo superdescontraído que conheci no Purpurina, disse:

— Pra quem será que ele vai dar o primeiro pedaço do bolo? Porque se não for para mim eu quebro isso tudo!

Todos começaram a rir. Eu olhei para a minha irmã, que em toda a minha vida se mostrou muito companheira e naquele último ano fora um anjo para mim. Olhei para o Ph, que estava ali, num bar LGBT, com um amigo crente e gay, sem fazer cara feia. Olhei para o Gerson, o Leandro, o Vagner, o Caio, o Jhonatam e todos os outros amigos gays que eu havia feito e que estiveram do meu lado naquele ano de descoberta. Só uma pessoa vinha à minha mente, e era dessa pessoa o meu primeiro pedaço.

— Vem aqui, Jhony. Você fez parte de um momento muito especial da minha vida. Gosto muito de você, e saiba que se hoje todas essas pessoas estão aqui felizes comigo foi porque tive coragem de ser quem eu sou e encontrar pessoas que, como você, me aceitam como eu sou.

Todo mundo começou a gritar e aplaudir, e mais uma vez o Leandro gritou, cheio de humor:

— Tem que ter beijo! Eu quero é beijo na boca!!

Rimos. Olhei para os lados e não vi ninguém constrangido. O que era um beijo? Já havíamos combinado que se sentíssemos vontade de nos beijar, poderíamos. E assim foi: beijei-o na frente de todo mundo.

Não gosto de meninas

UM NOVO ANO CHEGOU. EM 2011, RESOLVI ASSUMIR MINHA raça, estudei mais sobre religiões de matriz africana, deixei o cabelo e a barba crescerem e comecei a sair à noite, para a balada, muitas vezes com rapazes que encontrava pela internet. Nessa época, tinha me mudado outra vez. Através de políticas públicas de incentivo e crédito aos mais pobres, nossa família pôde fazer alguns empréstimos e construímos uma casinha num terreno na Vila Guarani. Mudamos nossa sede e com isso mudei algumas posturas. Vivia mais fora do que dentro de casa, e, quando não saía, me trancava no quarto e evitava festas em família. Com isso fui me isolando ainda mais dos meus pais. Se eu já achava que eles não me conheciam, agora, com tantas mudanças explícitas, eles também percebiam que eu não era o mesmo.

— Samuel, você não vai cortar esse cabelo? — perguntou meu pai certo dia.

— Não, nem está tão grande. Eu gosto dele assim! E você não pode falar nada, porque quando era solteiro também usava black power.

— Eu usava, mas não ia à igreja — rebateu ele.

— Mas eu nem estou indo mais à igreja como antes e, quando vou, tento padronizar o meu estilo para o que é mais aceito lá dentro.

— Ultimamente até tranças você está fazendo — retrucou minha mãe.

— Hoje vocês deram para me atazanar, né? O que foi que eu fiz? — respondi, virando as costas para ir para o quarto.

— Você anda muito estranho, Samuel. Não podemos falar nada que você responde com patadas — disse minha mãe, magoada.

— Vocês só vêm falar comigo para reclamar.

Entrei no meu quarto muito irritado por ver que eles percebiam que algo estava acontecendo comigo, mas não tinham a coragem de perguntar o que era. Eu via os meus amigos da ONG se assumindo para os pais enquanto eu continuava vivendo uma vida dupla, com medo.

Meu refúgio era o meu quarto, o computador e a internet. Naquela época havia conhecido um rapaz do Peru que trabalhava em uma companhia aérea e o convidei para sair. Não queria ficar em casa e ter que aguentar aquele clima. Ele aceitou e me pediu para apresentar a cidade a ele.

Chamei alguns amigos e fomos para um bar na Frei Caneca. Bebemos, rimos e conversamos muito. Mas eu não estava legal, não aguentava mais manter isso em segredo dos meus pais. E, como se eu estivesse sintonizado com eles, assim que o relógio bateu dez horas, recebi um SMS da minha mãe perguntando onde eu estava. Respondi que estava com amigos num barzinho, e em seguida o meu celular tocou.

— Você anda muito estranho, Samuel, está nos tratando de um jeito muito diferente. Não vai à igreja, começou a sair mais com esses seus amigos e muitas vezes nem sabemos onde você está — minha mãe dizia, enquanto meu pai resmungava ao fundo. — O seu pai está aqui nervoso, vamos ter que conversar, viu?!

— Tudo bem, quando eu voltar a gente conversa — respondi e desliguei o celular.

Então, olhei para os meus amigos e disse:

— É hoje, meninos.

— Qualquer coisa me liga, amigo, pode dormir lá em casa — disse o Thiago.

— Muito obrigado, amigo. Seja o que Deus quiser.

Na noite do dia 15 de maio de 2011, cheguei em casa determinado a mudar minha história. Entrei pelo portão, dei um abraço no meu cachorro Dandi — um basset muito sapeca — e fui caminhando até o quarto dos meus pais. A porta estava entreaberta. Passei direto e deixei minhas coisas em cima da cama no outro quarto. Ainda o dividia com a minha irmã, porque a construção não havia sido finalizada por completo naquela época, e o quarto dos meus pais não estava pronto.

Contar a eles sobre a minha sexualidade era mais do que um ato de coragem. Significava quebrar paradigmas que havia anos eles encaravam como verdade, questionar toda a base sobre a qual a vida deles fora construída. Tudo isso me impedira de me aceitar por todo aquele tempo e ainda me fazia sentir muito medo da reação deles.

Durante anos eu havia procurado seguir regras, principalmente vindas da Igreja, para tentar me enquadrar no perfil de bom cristão e bom filho, e quem sabe um dia conquistar um lugarzinho no céu. Mas àquela altura eu estava com 23 anos, já aceitava a minha orientação sexual e não achava que Deus me amaria menos por causa disso. Quando parei de pedir perdão a Deus por aquilo que Ele mesmo havia feito e comecei a aceitar o que acredito ser a Sua vontade na minha vida, todo o peso, toda a preocupação com o inferno e os julgamentos desapareceram.

Pedi muito a Deus que, quando fosse me assumir gay, tivesse pessoas do bem ao meu lado, pessoas com quem pudesse dividir as dificuldades. Os amigos que eu havia encontrado até então foram tudo isso: me deram apoio, conselhos, indicaram muitas leituras esclarecedoras e me encorajaram para aquele momento.

Fui em direção ao quarto dos meus pais, olhei para os dois. Eles estavam deitados e pareciam não se importar se eu ia falar com eles ou não.

— Você não disse que queria falar comigo, mãe? Estou aqui.

— Eu e o seu pai estamos muito preocupados. Você anda saindo muito, não nos diz mais nada. O que está acontecendo? — questionou minha mãe. — Você está crescendo, ficando independente. É normal não querer mais dar satisfação, mas você tem se afastado da Igreja, e acredito que já esteja na hora de procurar alguma irmãzinha para se casar. Assim a nossa preocupação vai terminar e você poderá ter a sua vida.

— Mas eu não estou pensando em me casar agora, nem em me envolver com nenhuma irmãzinha — retruquei imediatamente. Percebi que eles tentaram segurar a raiva pelo atrevimento da resposta ríspida.

— Outra coisa: você anda muito nervoso com a gente. Não podemos falar nada que você vem com pedras na mão — completou minha mãe. — Se não está interessado em nenhuma irmãzinha, você pode escolher alguém "do mundo". — As pessoas que não eram batizadas na Igreja eram chamadas assim. — Entendo que o seu modo de pensar seja meio diferente. Então, se você achar uma moça aí fora que te faça feliz, eu não vou achar ruim.

— Mas eu não quero — respondi mais uma vez, seco.

— E por que não? — retrucou meu pai, nervoso.

Aquela era a deixa de que eu precisava para poder colocar para fora o que eu queria dizer fazia muito tempo.

— Porque eu não gosto de mulher — respondi.

O silêncio que se seguiu pareceu o mais longo da minha vida. Apesar de não ter durado mais que um minuto, o medo do que viria a seguir fez o mundo parar. Consegui ver o espanto no rosto da minha mãe, que em seguida olhou para o meu pai, preocupada com a reação dele. Vi então os olhos do meu pai, que antes estavam vermelhos de raiva, se encherem de lágrimas, mas não derramarem uma gota. Percebi o movimento na garganta dele, engolindo em seco sem tirar os olhos de mim, até o momento em que esse silêncio quase fúnebre foi quebrado.

— Como assim não gosta de mulher? — perguntou ele com muita raiva.

— Não gostando, pai! Não tenho o mesmo objetivo de vida dos meus amigos que se casaram. Não me sinto atraído por mulheres — respondi sem entrar em teorias do que é ser gay, nascer homossexual. Naquele momento ele precisava de respostas rápidas para assimilar a informação.

— Você só pode estar confuso, filho — completou minha mãe. — Quando eu era moça, tive um amigo que todos achavam que era gay, mas era porque ele não tinha namorado ainda. Hoje ele é cabeleireiro e está morando no interior do Paraná, casado, com uma filha.

— Eu não estou confuso, mãe. Sei o que sinto e venho escondendo isso de vocês por medo desde que tenho quatro anos. Vocês não sabem quanto pedi a Deus para me libertar, porque eu não queria ter nascido assim. — Então virei para o meu pai e disse: — Você acompanhou de perto o meu problema intestinal, o Crohn, e ouviu a médica dizer que essa é uma doença psicossomática. Você sabe o que é isso? Uma doença que é desenvolvida por algum abalo emocional. Já perdi muitas noites em claro e passei até por psicólogo antes de vir falar com vocês. Estou cansado de viver uma vida que não é a minha, cansado de sofrer sozinho.

— Se você diz ter certeza do que sente é porque já tirou todas as suas dúvidas, não é mesmo?

Meu pai nunca chegaria a ponto de perguntar se eu já tinha transado, porque o sexo antes do casamento era tido como pecado mortal, e o sexo com outro homem era uma abominação para ele.

— Sim, pai, eu tenho certeza — respondi, olhando fundo nos olhos dele, que se encheram de lágrimas pela segunda vez.

Eu via a decepção ali.

— Se é assim e você já está decidido, eu não tenho o que dizer. Pelo que percebi, você ainda não está juntando dinheiro para ter as suas coisas, sua casa e seu canto. A partir de hoje faça isso, porque não vou dividir o mesmo teto com algo que aprendi desde moço a rejeitar. Não vou à igreja ouvir Deus falar uma coisa e praticar outra dentro de casa.

Não foi uma surpresa ouvir isso, mas eu não esperava ser mandado embora de casa. Não tinha me preparado para isso. A conversa acabou ali. Saí do quarto deles aliviado e entrei no quarto que dividia com minha irmã sem olhar para trás.

— Mi, contei para os pais que sou gay.

— E nem me avisou! Como foi isso? Como eles estão? E você, como está?

— Na verdade, acho que estou melhor que eles. Eles não foram grosseiros, muito pelo contrário. Tentaram manter a calma, mas deu para ver que o pai está bem abalado.

— E como vai ser daqui para a frente?

— Não sei, Mi. Ele me pediu para procurar um lugar para morar. Acho que não vou ficar muito tempo em casa.

— Ele está errado, não deveria pensar assim.

— Eu sei, Mi, mas o que eu posso fazer? Esta casa é dele, e tenho que dar graças a Deus por ele não ter me expulsado logo de cara.

— Bom, vamos dormir porque já está tarde e amanhã você tem que acordar cedo. Como é o meu dia de folga, vou tentar falar com eles.

Toda aquela conversa me deixou exausto. Tomei um banho e me deitei. Dormi rápido, ao contrário dos meus pais, que esperaram que eu e minha irmã dormíssemos para conversar. Às duas da manhã eles entraram no nosso quarto e nos acordaram sem cerimônia.

— Conversei com a sua mãe e decidimos que daqui para a frente vamos voltar a fazer como antes, ir à igreja todos os dias de segunda a domingo. Chega de baladas e barzinhos! Vamos vencer o demônio juntos. Estão me entendendo? — disse meu pai.

Só acenamos positivamente com a cabeça e eles saíram. Virei para a cama onde minha irmã dormia e disse:

— Eu não vou suportar passar por isso de novo. Eles acham que vão me fazer ser hétero. Tentei durante 22 anos e sei que não vai dar certo.

— Volte a dormir, Sami. Eu vou falar com eles amanhã. Está na cara que estão confusos.

O dia amanheceu. Eu tinha que resolver a minha vida antes que ele acabasse. Fui tomar café, e minha mãe ainda não tinha ido trabalhar, mas meu pai já havia saído.

— Como o pai está? — perguntei.

— A gente não dormiu esta noite, tive que fazer chá para o seu pai se acalmar. Ele chorou muito, Sami.

— Eu não fiz isso de propósito, precisava falar com vocês. Não sou o único que está passando por essa situação. Eu faço parte de uma ONG que ajuda jovens gays a se aceitarem. É muito difícil quando não temos o apoio de quem mais amamos. Ter que ir a um psicólogo, ter medo de sofrer na rua e ser vítima de homofobia são coisas que não estavam nos meus planos de vida.

— Eu não sei o que falar, filho. Tenha paciência com o seu pai.

Durante toda a manhã procurei casas para alugar perto do trabalho. Já estava ganhando o suficiente para me manter e pagar um aluguel barato. Quando eu estava indo para a agência, meu telefone tocou. Era a minha irmã. Atendi preocupado.

— Oi, aconteceu alguma coisa? — perguntei.

— Não, o pai ainda não chegou e a mãe tem mandado mensagens dizendo que não está passando bem. Mas não foi por isso que te liguei.

— Então o que foi?

— Lembra do filme que você estava vendo, que falava de uma família evangélica que não aceitava o filho?

— Sim, *Orações para Bobby*. O que é que tem?

— Eu quero ver e depois mostrar para os nossos pais.

O dia passou rápido, já estava quase na hora de voltar para casa e eu ainda não tinha arrumado um lugar para morar. Às seis da tarde meu telefone tocou de novo e era a minha mãe, me pedindo para voltar direto e dizendo que meu pai me pegaria de carro no ponto final do ônibus.

Enquanto eu estava fora trabalhando, minha irmã assistiu ao filme, e assim que meus pais chegaram do serviço ela se sentou para conversar com eles, explicando que essa não era uma escolha minha. E que me expulsar de casa ou me obrigar a ir à igreja para tentar me fazer mudar não era certo. Em seguida, mostrou o filme para os dois. Meu pai relutou no começo, mas minha mãe insistiu e ele acabou ficando no quarto. Assim que o filme acabou, ele se levantou chorando e foi para o banheiro. Já minha mãe logo perguntou para a Miriã se eu tinha tentado fazer alguma coisa contra mim mesmo. Minha irmã disse que se eles continuassem com aquele discurso eu poderia, sim, chegar a esse ponto.

Com todos de volta em casa, meu pai entrou na cozinha e disse:

— Ontem foi um dia muito difícil para nós. Eu não fazia ideia do que você estava passando. Nem eu nem sua mãe.

Eu só me lembrava do olhar de medo e decepção dos dois na noite anterior e não conseguia encará-los.

— Somos uma família e vamos enfrentar tudo isso juntos. Não vou te colocar para fora de casa. Tudo o que conquistamos até hoje foi com a nossa união, desde que morávamos de favor na casa da sua avó até aqui debaixo deste teto. Não sabemos lidar com essa situação ainda, mas estamos dispostos a aprender.

Senti uma alegria muito grande ao ouvir essas palavras. No dia anterior, pensei que tivesse perdido meus pais para sempre, mas naquele momento estava nascendo de novo, sendo eu mesmo pela primeira vez.

— Pai, mãe, vocês não estão sozinhos. No que puder, vou ajudá-los a compreender que não estou condenado por Deus por ser gay. Na ONG de que faço parte, conheci muita gente da Igreja que é gay e encontrei pais e mães que me ajudaram a chegar até aqui.

— Nós sofremos muito para ter você e sabemos que você é uma promessa de Deus na nossa vida. E se Ele permitiu que isso acontecesse conosco é porque quer nos ensinar algo. Fiquei muito mexida em saber como você sofreu sem que nós soubéssemos. Seu pai também chorou muito ontem à noite, e hoje, conversando com a sua irmã, percebemos o quanto seria errado te mandar embora.

Eu ouvia tudo aquilo e me segurava para não chorar. Por falta de palavras, só tive forças para fazer uma coisa: fui em direção a eles e dei um abraço bem apertado nos dois. No dia seguinte, antes de sair para trabalhar, escrevi uma carta para o meu pai.

Pai, eu tenho muito orgulho do senhor, pois foi capaz de passar por cima dos seus medos, das suas crenças e preconceitos para me aceitar como eu sou. Ontem, tive a certeza de que o senhor me ama, vi nos seus olhos. Sei que daqui para a frente terá que construir novas verdades para poder enfrentar tudo aquilo que aprendeu na Igreja.

Caso tenha alguma dúvida, se ficar confuso ou os medos voltarem, conte comigo para te ajudar. Muito obrigado por me aceitar como sou. Te amo.

Tem uma frase da pesquisadora, professora e escritora Edith Modesto que resume bem a dificuldade dos pais em aceitar um caso de homossexualidade entre a sua prole: "Quando o filho sai do armário, o pai e a mãe entram".

Quando me aceitei e decidi me assumir para os meus pais, me preocupei muito em como seria esse momento delicado e em como poderia falar isso para eles. Precisava primeiro me entender, para falar com eles com segurança quando chegasse a hora. Durante a semana que se seguiu, sempre que voltava do trabalho, eles puxavam algum assunto comigo. Isso era inédito na nossa vida, e fomos ficando mais próximos.

Eles viram que eu estava muito mais feliz, então resolveram que seria melhor que eu me assumisse para o cooperador (pastor) da igreja que frequentávamos e para o restante da minha família. Perguntei primeiro se eles sabiam o que estavam propondo, se estavam dispostos a responder às perguntas das pessoas e ouvir o que elas tinham a dizer.

Tive medo de fazer com que eles sofressem, mas entendi que esse não era o meu papel. Durante anos eu havia sofrido sozinho, e contar a verdade sobre o filho deles não era algo ruim. Após conversarem com meus familiares — eu não quis estar presente nesse momento, já que as únicas pessoas a quem devia satisfação eram os meus pais —, meu pai convidou meu cooperador para uma reunião em casa.

Vi que era a vontade dos meus pais e não fiquei com medo. Eu já não me via mais dentro da Igreja, sua ideologia já não era a minha, meu modo de me vestir, minha construção política, minha postura ambiental, meu respeito pelas culturas de outros países e o respeito pelas outras religiões já estavam muito distantes do que haviam me ensinado lá. Às oito da noite ele chegou.

— A paz de Deus, irmão Samuel. — Ele olhou para o meu cabelo, perscrutou meu rosto e disse, sorrindo: — Agora já sei por que você não está indo à igreja.

Ele era um senhor muito simpático, amoroso, gentil. Um líder religioso que nunca era grosseiro com os que frequentavam a igreja. Eu sentia um amor muito grande vindo dele, era perceptível que o que fazia para aquela comunidade era de coração. Ele continuou falando, enquanto entrava pela sala:

— É só cortar o cabelo e aparar a barba que o seu lugar no banco dos músicos está reservado.

Dei um sorriso amarelo e fechei a porta. Com toda a educação que ele tinha, cumprimentou meus pais e se sentou. Meus pais o haviam convidado, então esperei que eles começassem, mas meu pai estava muito constrangido, então tomei a iniciativa:

— Meu pai chamou o senhor aqui porque preciso contar o motivo de ter deixado de ir à igreja. Sou gay, não sinto atração por mulheres, e desde que me aceitei tenho ido cada vez menos à igreja. Não consigo mais ouvir pregações que me condenam e sair como se nada tivesse acontecido. Durante toda a infância e adolescência escutei as condenações calado. Agora que consegui restabelecer a minha autoestima, ter a certeza do amor de Deus por mim, resolvi organizar a minha vida fora da Igreja.

— Então é isso? — perguntou ele.

— Sim — respondi.

— Eu tenho que te fazer uma pergunta íntima para tomar as decisões daqui para a frente. Você já transou? — perguntou ele, constrangido.

— Sim, já.

Nesse momento eu não olhei para os meus pais, pois estava com vergonha. Falar da minha intimidade para eles era uma coisa, ser obrigado a responder a uma pergunta para uma pessoa que não fazia parte da minha família era outra bem diferente e não me deixava à vontade.

— É, você sabe como funcionam as coisas na Igreja, né? Eu gosto muito de você, e sei como gosta de frequentar os cultos. Você vai deixar de tocar o seu violino e não vai mais poder participar ativamente dos compromissos, mas as portas da Igreja estarão sempre abertas para você. Eu te aconselho a não congregar pela região para evitar comentários dentro da igreja. Sua espiritualidade é entre você e Deus.

— Tudo bem. Por mim, eu só falava para os meus pais, mas eles preferiram falar abertamente com o senhor e com o restante da minha família.

Ele me deu mais alguns conselhos, e, ao contrário do que eu havia imaginado, nossa conversa foi muito agradável. Naquele dia eu percebi que, embora a Igreja condene a homossexualidade, o jeito de tratar esse e outros assuntos polêmicos vai de cada pessoa. A conversa franca e respeitosa com o cooperador da Igreja foi mais um sinal de que eu estava no caminho certo. Assim, aos poucos, fui percebendo que, independentemente da fachada, a fé é minha e a certeza do amor de um Ser Supremo por mim é real. E por isso eu me sinto um cara de muita sorte.

Um futuro não planejado

OLHANDO PARA TRÁS — PARA TUDO QUE GUARDEI NO armário durante tantos anos —, percebo como o meu amadurecimento emocional dependeu da minha coragem de conhecer e explorar o mundo à minha volta, sair da zona de conforto que tanto a Igreja quanto a casa dos meus pais significavam para mim. A ascensão econômica pela qual o Brasil passou nos anos 2000 me permitiu estudar em uma universidade com a mensalidade paga pelo ProUni e obter uma formação de nível superior. Só assim tive a chance de sonhar mais alto.

Se a viagem de formatura que fiz para o Uruguai e a Argentina em 2009 foi um divisor de águas para mim, em 2011 tive a chance de fazer algo ainda mais incrível: conhecer a Europa com um amigo. Fomos a Paris, Dublin e Istambul, lugares que até então eu só conhecia por meio de imagens e — poucos — relatos de conhecidos. Isso aconteceu num momento em que, mais do que explorar o mundo, eu queria explorar a mim mesmo — saber do que gostava, quem me atraía, de que grupo eu fazia parte, que músicas curtia dançar.

Foi aí que entrei de cabeça no mundo gay: fui a muitas festas, usei aplicativos e conheci várias pessoas. Não demorou muito para eu entender as nuances do universo LGBT, um espaço bem menos livre de preconceitos do que eu imaginava. Mas eu estava disposto a encontrar e entender quem eu era. Eu queria muito mais.

Aos poucos, a ideia de morar fora foi surgindo, e em 2014 eu estava decidido a procurar um curso. Estava guardando dinheiro havia anos e sonhava alto: ir para outro país me parecia o jeito mais fácil de conquistar o reconhecimento profissional que eu desejava ter no Brasil. Ainda tinha em mim o pensamento colonizado de que a grama europeia ou americana era mais verde, sem pensar que estaria em outro país na condição de imigrante brasileiro negro e gay.

Eu sentiria falta dos amigos e familiares, mas estava disposto a enfrentar tudo isso pela aventura e a descoberta. Acho até que, em parte, buscava esse exílio por não querer enfrentar alguns traços de homofobia em pessoas que eu amava. E, sobretudo, por só ter me decepcionado emocionalmente com homens e ansiar por um recomeço afetivo. Essa busca por um amor me machucava muito, e eu vivia me perguntando o que havia de errado comigo. De tanto ouvir de pessoas próximas que o problema era o meu cabelo, as minhas roupas e o meu estilo, internalizei isso como uma verdade absoluta. Já a cor da minha pele, por incrível que pareça, ainda não fazia parte do meu entendimento sobre quem eu era para o mundo à minha volta naquele momento. Discussões sobre padrões de beleza, negritude e racismo nem sequer faziam parte das conversas com meus amigos.

Ir para fora era quase como um recomeço. Eu esperava encontrar algo que não existia dentro de mim. Achava que alguém poderia me amar muito mais do que eu me amava, e era isso que eu estava buscando.

Amor negro

FOI ENTÃO QUE ALGUNS AMIGOS ME CONVIDARAM PARA um evento de design gráfico que reuniria vários profissionais da América Latina em Mar del Plata. O mais interessante dessa viagem era que todos que foram comigo tinham se formado graças às políticas públicas de inclusão, que de fato nos permitiram alcançar novos espaços. Mas, em meio a organizações e acontecimentos na preparação dessa viagem, conheci uma pessoa muito importante num dia que ficou marcado na minha memória.

Tudo começou com três curtidas no meu perfil. Eu curti o dele de volta e daquele dia em diante não paramos mais de conversar. Ao contrário de todas as relações que eu tinha tentado construir até aquele momento, a conversa era outra, meu desejo por ele era diferente.

O Luiz era de São Gonçalo, Rio de Janeiro, e eu da Vila Guarani, São Paulo, então para nos encontrarmos seriam horas de distância num trajeto feito de ônibus. Tudo isso duas semanas antes da minha viagem, poucos meses depois que eu havia decidido fazer intercâmbio, no meio da elaboração da primeira edição do meu livro. Ele falava sobre a vida dele, os problemas e as alegrias de morar no Rio, o TCC que estava desenvolvendo para a faculdade. Já eu tentava não encher meu coração de esperanças, mesmo sabendo que era tarde demais. Embora sem nada definido, o que tínhamos ali com certeza não era uma amizade. Rolava desejo, atração, conversas mais quentes, só que com ele era muito mais agradável do que com as pessoas com quem eu já tinha conversado por aplicativos.

Numa dessas conversas, comentei que iria para a Argentina com amigos e que, apesar de nunca termos nos visto, eu precisava dizer que estava muito mexido. Não tínhamos absolutamente nada concreto. Éramos apenas dois homens negros, periféricos e gays trocando ideia, nos aproximando, ficando felizes por gostar de alguém, mesmo que à distância. Até então, nada nos garantia que aquilo iria para a frente.

Eu tinha medo de que a minha relação com o Luiz esfriasse com a viagem, e eu não poderia garantir fidelidade a ele, uma vez que o que havia entre nós dois era apenas desejo. Mas o Luiz me disse uma coisa que ficou guardada na minha memória: "Só não desista de mim e de um possível nós antes de me conhecer pessoalmente".

Foram quatro ou cinco dias inesquecíveis na Argentina, de imersão em design ao lado de amigos que haviam estudado com bolsa do ProUni como eu, que eram LGBTs como eu, todos com o sonho de mudar a sua realidade. Dias em que aprendi muito e conheci várias pessoas — uma delas tirou cartas de tarô para mim e me disse que o meu amor viria de longe. Em todos esses momentos, porém, o Luiz me acompanhou, fosse nas mensagens trocadas, fosse nos meus pensamentos. Voltei para São Paulo decidido a visitar o menino que havia um mês não saía da minha cabeça e das minhas conversas.

Conheci o Luiz quando tinha 26 anos, a idade que ele tem hoje, enquanto escrevo a nova versão deste livro. Eu era imaturo, sem autoestima, e não percebia o quanto ainda não me aceitava. Mesmo fazendo academia e aulas de dança, meu corpo não era grande, musculoso; na minha visão, era pouco atraente. Além disso, como um reflexo das rejeições afetivas que tive por conta da minha cor, eu ainda via a minha negritude como um fardo, mesmo que naquele momento isso não estivesse claro para mim.

Nunca fui uma pessoa segura e não queria arriscar perder o homem que havia conquistado à distância por algum descuido. Assim, uma semana antes de encontrá-lo, fiz o que sempre fazia quando ia conhecer alguém com quem tinha travado contato pelos aplicativos: tentei ser o que eu não era, para agradar ao outro e não ser rejeitado. E foi por isso que peguei muito mais pesado na academia do que estava acostumado e desloquei a rótula, pressionando o nervo ciático, tudo para surpreender o Luiz pessoalmente. Eu ainda acreditava que as pessoas não eram capazes de gostar das outras pelo que elas eram, mas sim pelo que viam nelas — como por exemplo um corpo musculoso.

No dia 11 de outubro de 2016, depois de seis horas sentado no ônibus, cheguei ao Rio de Janeiro para conhecer aquele rapaz que preenchia os meus sonhos e pensamentos. Já tinha passado por tantas desilusões que foi só pisar no Rio para os medos aparecerem. E se eu não gostar dele pessoalmente? E se ele não gostar da minha voz? E se não rolar nenhum beijo, atração ou sentimento? Parecia que tudo poderia acabar ali, mas algo me dizia que aquilo era apenas o começo.

Pai, estou namorando

DEPOIS QUE ME ASSUMI, NÃO QUIS MAIS ESCONDER QUEM eu era. Quando voltei do Rio de Janeiro, contei para a minha mãe que estava namorando, mas não tive coragem de contar para o meu pai. Eu ainda estava reconstruindo a nossa relação e compreendia que ele estava no processo de entender o que acontecia comigo.

Eu também estava passando por um processo difícil no trabalho, que me trouxe complicações de saúde. Aquilo que eu pensava ser apenas um mau jeito na coluna se tornou a pior experiência que tive na vida e me causa dores até hoje. Tudo por conta da chegada de um novo gestor, que mudou a minha vida profissional do vinho para a água, me deixando deprimido e com a coluna travada.

Eu jurava que a mudança proposta pelos donos da agência seria boa para todos que trabalhavam ali desde que tudo havia começado. Começamos pequenos e, com o crescimento, faltava mesmo uma pessoa para fazer a gestão. Mas a pessoa escolhida para o cargo se mostrou fria e sem tato. Só dava atenção para os colaboradores que a bajulavam. Empregou seis amigos, namorada, e notei que seu comportamento comigo mudou com o passar dos meses; eu certamente não lhe agradava. Sofria assédio moral todos os dias e era menosprezado por não desenvolver um trabalho à altura do que ele desejava. Passei a acreditar que não era bom em nada. Meus colegas de trabalho estudavam animação fazia muito mais tempo do que eu, eram brancos, de classe média, tinham computador em casa desde muito cedo e puderam fazer vários cursos. Realmente, eu estava atrasado, entendia a cobrança do meu gestor para ser melhor, mas esperava que ele me indicasse caminhos a seguir, e só encontrava barreiras que me faziam pensar em desistir da profissão todos os dias.

Esse jeito dele me deixava nervoso e me fazia errar por medo, algo que começou a reverberar também na minha vida particular e nos meus projetos pessoais. Eu não conseguia nem escrever o rascunho do livro, me sentia um lixo, cometia um erro e acreditava que aquele não era o meu lugar. Esse tratamento homofóbico, somado às dores que eu sofria pela lesão na coluna, me fez travar por completo, física e emocionalmente.

Ainda bem que eu tinha o Luiz, meu grande apoio nesse momento difícil. As dores físicas e emocionais nos aproximaram muito, e meus pais acompanhavam de longe minhas horas de conversas com ele pelo FaceTime e viam o quanto elas me faziam bem e me davam vontade de vencer o que eu estava enfrentando. Quando o Luiz veio a São Paulo pela primeira vez, eu estava usando uma cinta ortopédica para proteger a lombar. Como eu queria que a minha relação com ele fosse vista como qualquer outra relação amorosa, fiz questão de que ele dormisse comigo no quarto. Não houve uma conversa prévia, eu entendia que aquele espaço era meu e que, se uma pessoa que me amava tinha vindo me visitar, ela não dormiria em outro lugar que não comigo.

Na primeira vez que fui à casa dos pais do Luiz tive medo da rejeição, mas eu não estava sozinho: aquela situação era inédita para os dois. Começamos a namorar no mesmo ano em que o Luiz se assumiu para os pais, então era tudo novo para ele também. Assim como ele fez na minha casa com os meus pais, levei uma lembrancinha como forma de agradecimento pela hospedagem. Fui muito bem recebido pela mãe dele, a dona Silvinha, que logo me mandou deixar a mala no quarto do filho. Com certeza não era fácil para nossos pais, mas com muita paciência e informação fomos ensinando a eles a normalidade dos afetos, que não têm gênero ou sexualidade. Minha irmã, Miriã, e o Matheus, irmão do Luiz, ajudaram muito nesse processo.

Há males que vêm para o bem, como diz o ditado popular. Minhas dores nas costas não só me aproximaram do Luiz como aproximaram as nossas mães, que muitas vezes estavam por perto enquanto falávamos por vídeo. Elas trocavam conselhos de cuidados parentais, uma vez que a minha mãe estava me ajudando em todo aquele processo doloroso, principalmente quando fiquei sem andar.

O amor dos meus pais, dos amigos e do Luiz me deu forças para viver aquelas semanas. Eram tantos remédios fortes que às vezes eu me perdia nos pensamentos. Voltei a andar depois de alguns dias. Fui com a minha mãe a vários médicos, um dos quais sugeriu uma cirurgia. Mas antes resolvi tentar a acupuntura, que me ajudou muito. E foi numa das minhas últimas consultas que a acupunturista me disse que, para melhorar, achava que eu tinha que sair daquele emprego, que estava sofrendo por estresse acumulado.

Com todos os boletos para pagar, plano de saúde, o empréstimo que havia feito para construir minha casa, e sem poder contar com a ajuda de ninguém para isso, pensar em sair do trabalho me dava uma sensação de derrota. Como era possível que eu não estivesse aguentando trabalhar? Era tão fraco que não suportava a pressão? Eu tinha um emprego na área em que havia escolhido atuar, enquanto meus amigos enfrentavam dificuldades para conseguir um trabalho, e ia abandonar a minha fonte de renda e sustento? Além disso, pedir demissão sem ter outro trabalho parecia suicídio.

A verdade é que chega uma hora em que aprendemos que o que vale não é ser forte, mas reconhecer suas fraquezas e limites. Se naquele momento me senti derrotado ao pedir demissão, mesmo precisando do dinheiro para comprar meus remédios, hoje vejo que fiz a escolha mais sábia. A culpa não era minha, eu só tinha que ficar bem.

O Luiz passou o Ano-Novo comigo em casa, com meus pais, primos e tios. Estava lá como meu namorado, e não como amigo, e esse foi um momento importante. Eu entrei no ano de 2015 desempregado e pedi para passar as férias de verão na casa dos pais dele. Logo na primeira noite, fui parar embaixo da cama com medo de bala perdida — apesar de ter crescido num bairro periférico e violento, eu nunca havia ouvido tiros —, o que rendeu muitos risos e também muita reflexão da minha parte. Ficar na casa dele me ajudou a entender minha realidade social em São Paulo, mas também me fez repensar e querer voltar para o jogo. De alguma forma, a resiliência e a luta para permanecer vivo em meio a tantas adversidades me deram forças para procurar um novo emprego.

De volta ao jogo

EU ESTAVA TRAUMATIZADO E TINHA MEDO DE TER UM GESTOR como o do meu último emprego, mas estava decidido a tentar. Do Rio, entrei em contato com um amigo e pedi ajuda para encontrar trabalho em animação para mídia indoor, assim teria mais chances de trabalhar em um veículo de mídia, em vez de uma agência. Ele me deu o nome de algumas empresas e me disse algo que até hoje tenho dificuldades em ouvir: que sou talentoso e conseguiria um emprego se mostrasse meu portfólio.

E foi simples assim: entrei no site de uma das empresas, peguei o número da recepção, liguei, pedi o e-mail do responsável pela área de criação ou marketing e escrevi. Eu já tinha um pequeno portfólio para apresentar, então marquei uma conversa. Para minha surpresa, fui recebido por essa pessoa, e trabalhei nesse lugar por quase dois anos e meio.

No novo emprego, fiquei bom da coluna e retomei o ânimo que me permitiu tocar o projeto Guardei no Armário. Naquele momento, ele era um blog e um rascunho no Google Docs de um canal que eu queria criar no YouTube. O primeiro vídeo que fiz foi com a minha amiga Vanessa, uma mulher cis negra que naquele momento se entendia como lésbica e hoje se encontrou como bissexual. Ali, criei o que viria a ser o estilo do canal por quase dois anos. Eu atrás da câmera como diretor, entrevistador e editor, enquanto do outro lado a pessoa contava sobre o seu processo de aceitação.

Isso apenas reforçou a certeza que eu tinha de que o meu livro não era um manual de saída do armário, mas a história de um caso dentro de um recorte específico. Mesmo usando as minhas economias, eu entendia o privilégio que era poder escrevê-lo. Por isso, como comunicador, gostaria de ampliar o debate para que outros também pudessem falar. A expressão "lugar de fala" ainda não havia se popularizado, mas eu compreendia que o processo de escuta e a troca de vivências que havia tido na ONG Projeto Purpurina poderiam fazer parte desse momento com o canal. Essa ideia também me ajudaria na divulgação do livro, que estava quase pronto.

Bem nessa época, tive acesso a uma pesquisa da professora Regina Dalcastagnè que mostrava dados assustadores sobre a literatura nacional. Mais de 72% dos escritores eram homens e mais de 90% eram brancos. Mais de 80% dos personagens na literatura nacional eram heterossexuais, quase 80% brancos e mais de 70% homens; e a maioria dos que não eram homens brancos tinha papel coadjuvante. Um dado ainda mais assustador é que mais de 55% dos romances não têm sequer um personagem que não seja branco. Além disso, mais de 55% dos adolescentes negros retratados nos romances brasileiros são dependentes químicos. Isso me levou ao passado, ao tempo da escola, e me fez pensar que as coisas teriam sido muito diferentes se eu tivesse tido exemplos positivos sobre ser quem sou; que a minha única referência de homem negro e gay nos anos 1990 era o Jorge Lafond; que eu nunca havia lido um livro escrito por um autor brasileiro negro, periférico ou gay.

Pois o meu livro estava pronto e ia fazer a sua parte contra esses números. Para concluí-lo, tive o apoio de muitas pessoas que passaram pela minha vida, tantas que não tive dúvida de que o lançamento estaria lotado. E assim aconteceu, numa noite com a minha família, a família do Luiz, meus amigos da faculdade, da Igreja, do trabalho novo e outras pessoas que conheciam o meu projeto. Uma noite fria, mas que com o amor dos meus amigos virou a noite mais aconchegante e calorosa que já tive. Alguns vieram de outros estados só para me prestigiar, outros emprestaram equipamentos e mão de obra para fazer o registro da noite; uma amiga fez exposição dos quadros que ela pinta com rostos de mulheres negras.

Pensei muito no que escreveria como dedicatória, e com a ajuda do Luiz cheguei à seguinte frase: "Te dedico este pedacinho de mim. Espero que este livro possa tocar o seu coração". Essa era mesmo a minha maior vontade, e foi o que senti quando encontrei o filho de um cooperador da igreja que eu frequentava. Num primeiro momento achei que ele estava lá para me espionar e depois contar na igreja, mas tive a maior das surpresas quando ele fez a seguinte declaração:

— Samuel, eu conheci o seu projeto graças a um aluno gay que está passando por um processo similar ao que você relata no seu livro, e que te conheceu através dos vídeos de entrevistas que você fez. Quando vi os vídeos de divulgação do lançamento do seu livro e te vi ali, tive certeza de que deveria estar aqui hoje. Por isso vim. Vim para te parabenizar pelo belo trabalho de amor e aceitação que você está desenvolvendo. Crescemos na mesma fé e doutrina e nunca pensei que alguém teria coragem de fazer o que você está fazendo agora.

Fiquei muito emocionado. Era revolucionário saber que, no ano em que ouvíamos da nossa primeira presidenta mulher que educação sexual era ensinar sobre "opções sexuais" e não era tema para ser debatido nas escolas públicas, naquele lugar se criava uma célula de resistência, pois estávamos celebrando a existência de um livro que fala sobre a vivência de um homem gay no país que mais mata negros e LGBTs no mundo.

Dali para a frente, tudo mudou

DALI PARA A FRENTE, UMA SEQUÊNCIA DE ACONTECIMENtos muito bem alinhados com a força desse projeto fez com que os meus dias se transformassem. Deixei de ser um rapaz que tinha acabado de começar a namorar, trocado de emprego e que achava que a única mudança em sua vida seria o fato de ter se assumido e saído da Igreja para me transformar em um militante negro e LGBT, criador de conteúdo na internet, consultor, apresentador e palestrante sobre diversidade.

Pouco tempo depois, minha amiga Julia Bueno me falou que conhecia a Jessica Tauane, do Canal das Bee. Era um dos maiores canais de temática LGBT do Brasil, um dos poucos que falavam sobre a vivência do jovem brasileiro. Eu já assistia a alguns vídeos deles, e a possibilidade de gravar com ela me deixou muito animado. A importância do Canal das Bee e a validação de ser convidado por eles me mostraram que eu estava no caminho certo. O que era para ser um vídeo se tornou um marco na minha trajetória. A Jessica me concedeu também uma entrevista, na qual falou sobre o seu processo de aceitação. Chorei atrás das câmeras do começo ao fim. Isso acontecia com frequência nas gravações e entrevistas que eu fazia: nossas histórias se pareciam e o sofrimento era o mesmo.

Nesse momento, a temática da sexualidade e do gênero tomava as telas de todo Brasil e fazia um contraste com uma bancada de políticos cada vez mais conservadora. Não tínhamos um Congresso tão conservador desde a ditadura militar. Eles usavam táticas tão perversas e discursos moralistas tão bizarros que em alguns momentos eu dizia para os meus amigos que temia por esse novo Brasil que dava as caras. Um país mais conservador, intolerante, que usava da fé para a alienação. Uma mistura de fanatismo religioso, moralismo da boca para fora e um desejo de controlar as pessoas pela fé.

Do outro lado, tivemos movimentos e manifestações em favor da democracia e contra os desmontes de conquistas históricas. Vários nomes ajudaram a abrir a mente e esclarecer a visão de muita gente. Na internet, principalmente no YouTube, pessoas como Nátaly Neri, Murilo Araújo e Ana Paula Xongani, e canais como o Canal das Bee e o Põe na Roda falavam sobre aceitação, homoafetividade, inclusão no mercado de trabalho e empreendedorismo, racismo, discussões que antes eram exclusivas de alguns espaços intelectuais. Essas pessoas eram seguidas por mais e mais pessoas, e assim os debates foram se democratizando ainda mais.

As nossas discussões não ficavam apenas no mundo virtual. Saímos para as ruas, participamos de rodas de discussões, debates, palestras. Logo depois da minha participação no Canal das Bee, fui a um bate-papo sobre sexualidade com autores independentes em um hostel na Vila Mariana, bairro nobre de São Paulo. Dois dias depois, participei da feirinha LGBTQIA+ na Parada de 2016, que aconteceu no Anhangabaú. Tudo isso resultou em um crescimento gigantesco do meu canal, que saiu da marca de mil inscritos para quase 6 mil em poucas semanas. Isso chamou atenção do YouTube, que me procurou para conversarmos.

Dentro da Google Brasil existem grupos de discussão, e um deles é o Afro Googlers, composto por pessoas negras que analisam o que pode ser feito ou melhorado em relação aos profissionais negros. No

YouTube, esse grupo pensava em ações e conteúdos que eram produzidos dentro e fora da plataforma. Naquele ano de 2016 tivemos um boom de criadores de conteúdos negros. A inserção dos negros só foi tardia por conta do racismo estrutural e sistêmico que sofremos. Muitos de nós faziam vídeos e editavam no próprio celular, mas nem por isso faltava embasamento acadêmico a esse material. Eram os nossos tentando mudar as estruturas para que mais pessoas pudessem avançar, falando sobre cabelo, autoestima, militância, música, cinema e tantos outros assuntos que dizem respeito às pessoas negras. Embora saibamos que mais de 50% da população brasileira é negra, essa conta é diferente nos espaços de mídia. Isso não seria diferente no YouTube. Por isso a importância de um grupo como o Afro Googlers dentro da plataforma. Eles conseguiram reunir nomes para um evento realizado todo mês de novembro para valorizar esses criadores, o YouTube Black Brasil.

O ano de 2016 estava quase acabando, faltava pouco mais de dois meses, mas estavam acontecendo tantas coisas que parece que vivi muito mais que um ano. Fui para Joinville palestrar sobre o recorte sexual e racial na orientação dos indivíduos. Na ocasião, conheci pessoalmente o João Nery, e almoçamos juntos. Conversamos sobre a lei de nome social que a Dilma havia assinado naquele dia para pessoas que trabalhavam no serviço público, sobre a importância da militância digital e quanto ele estava feliz de ver mais pessoas com coragem de lutar pela comunidade. João Nery morreu oito meses antes de eu escrever estas novas páginas, e fico feliz por ter tido a oportunidade de conhecer esse homem que fez história para a comunidade transexual brasileira. A Lei João Nery terá que ser uma realidade incontestável no futuro que espero para este país.

Em novembro aconteceu o encontro YouTube Black Brasil, e fui convidado a participar para conhecer pessoalmente a galera que via só pela internet. Naquele dia me senti parte de um movimento que era maior do que tudo que já tinha vivenciado. Pessoas com suas agendas, pautas, anseios e vontades finalmente tendo voz. Acreditávamos que a democracia na comunicação on-line enfim havia chegado, mas, até concluir este livro, a realidade de muitos negros no YouTube não é a das melhores. Assim como eu, vários precisam manter mais de um emprego para poder continuar com o sonho de falar sobre o seu lugar na sociedade, seus projetos de entretenimento ou sua música. Não é nada glamoroso ter que virar noites para editar um vídeo, usando equipamentos muitas vezes de qualidade ruim e sem poder almejar algo melhor. Mas hoje conseguimos falar o que a TV não teve coragem de falar em anos, pautamos assuntos em programas como *Encontro*, da Fátima Bernardes; pressionamos políticos para mudanças de leis; amplificamos alguns discursos que são latentes para a comunidade. Minha contribuição nesse debate é falar sobre o recorte da nossa sexualidade enquanto corpos negros. E essa é uma grande conquista.

Do meu lugar

EM 2017, RECEBI UM E-MAIL DA GOOGLE ME CONVIDANDO para dar uma palestra ao lado da Jessica do Canal das Bee e da Lorelay Fox. O fato de ter aparecido no Canal das Bee fez com que as equipes do YouTube e da Google me olhassem com mais carinho e percebessem, antes mesmo que eu tivesse noção, como era importante ter um rosto negro por trás de um projeto como o Guardei no Armário. Só fui entender isso anos depois.

    A palestra na Google aconteceu no começo do ano, no mesmo dia em que conheci os meninos do canal Diva Depressão e a Maíra Medeiros. E desse encontro surgiu a ideia de uma colaboração mútua. O Edu e o Fih, donos do canal, gravaram um vídeo sobre a saída do armário deles para o meu canal, o mais visto até hoje. E eu fui convidado a participar de um vídeo deles sobre a Vera Verão, o personagem icônico de Jorge Lafond, algo que significou muito para mim. Foi uma forma de ressignificar o xingamento e transformá-lo em troféu. Foi também graças a esse personagem e ao seu criador que cheguei até aqui, pois, se não fossem as bichas pretas como ele, que não se renderam ao sistema que os oprimia, eu não teria o espaço que tenho hoje.

    Depois dessa colaboração, meu canal conseguiu passar de 10 mil inscritos e mais pessoas conheceram o meu projeto. Participei de inúmeras reportagens, para veículos independentes e grandes. E, com o meu livro circulando, fui convidado pela Faculdade Zumbi dos Palmares para participar da Bienal do Livro de São Paulo. Como a primeira edição já estava acabando, decidi fazer uma nova, dessa vez com ilustrações de um amigo, o Hugo Romero, que conheci na empresa em que estava trabalhando. O Hugo, que é hétero e branco, apesar de ter tido alguns privilégios por ser branco, cresceu numa periferia, o que o deixou mais próximo da diversidade e facilitou a nossa identificação. O importante naquilo tudo foi ver que ao longo do caminho eu construía pontes, e não muros. Tinha do meu lado não só negros e LGBTs, mas pessoas que queriam mudar a realidade em que vivíamos.

    Já no trabalho, as coisas não fluíam tão bem. Apesar de estar numa empresa que me ensinou muito em termos profissionais, após dois anos lá, crescendo no que fazia, percebi que não valia o mesmo que um funcionário branco. Depois de pedir aumento algumas vezes e não ter resposta, numa conversa de almoço com os meus colegas de trabalho fiquei sabendo que o meu salário era o menor da equipe inteira, até mesmo que o do meu assistente branco. Era mais baixo que o das pessoas que tinham uma posição abaixo da minha. Todos os negros naquele lugar ganhavam bem menos que seus colegas brancos na mesma função e cargo. Por mais que isso renda textos fortes, discussões acaloradas, vídeos potentes, palestras de peso, nenhum negro quer se ver numa situação como essa. Somos tão capazes quanto qualquer pessoa que se dedica a uma profissão, e nos desdobramos para pagar os boletos como todos os outros, negros e brancos, mas perceber que enfrentamos racismo financeiro e na maioria das vezes não podemos mudar a nossa própria realidade é doloroso demais.

    Apesar de identificar no trabalho o racismo na remuneração de negros e mulheres, eu nunca tinha me preparado para lidar com isso na vida real. Uma coisa é discutir como o sistema é racista, outra é vivenciá-lo diariamente tendo consciência dele. O sistema não quer saber se você tem livro publicado, se tem canal no YouTube, se é uma pessoa pública ou não. O racismo não protege nenhum negro.

Certas coisas acabam se costurando de uma forma mágica, porém racional. Os laços que desenvolvi na minha carreira me permitiram muitas vezes mudar de emprego por meio de indicações. E assim aconteceu mais uma vez. Pelo meu amigo Adriano, fiquei sabendo de uma vaga em uma empresa que acolhia a diversidade de forma natural, e, apesar de não estar com a autoestima lá no alto, depois do que tinha vivido em meus dois empregos anteriores, resolvi ir atrás. Eu tinha certeza de que não conseguiria a vaga, por isso já no e-mail em resposta ao pedido de entrevista comentei sobre todas as minhas ocupações e deixei claro que não abriria mão do Guardei no Armário.

Mesmo assim eles quiseram conversar comigo. Parte do mercado publicitário já estava entendendo que o movimento por diversidade, equidade e representatividade tinha vindo para ficar. De que adiantava Leões em Cannes se o seu prêmio não fazia a sua peça ser realmente representativa? Muitas pessoas mudaram seus hábitos de consumo de modo a priorizar marcas que de fato as vissem. Afinal de contas, era o nosso dinheiro que estava sendo empregado naquele produto ou serviço. Nada mais justo que elas nos representassem na sua comunicação oficial.

Essa mudança veio como uma resposta às marcas e ao mercado. A sociedade civil, os acadêmicos, a militância entraram num movimento de não invisibilidade. Pessoas negras, LGBTQIA+, mulheres, PCDs e vários outros grupos reivindicaram sua existência nos meios de comunicação, no mercado e de voz.

Não aguentando a pressão, as marcas começaram a pressionar as agências, que, por sua vez, começaram de forma muito lenta a contratar esses profissionais com vivências diferentes e lugares de fala distintos. Esse movimento não foi e ainda não é unificado e bem-aceito pelos grandes nomes da publicidade tradicional. Dava para entender que muitos deles achavam que os cursos que haviam feito e as oportunidades adquiridas pelo privilégio bastavam para entender a sociedade. O que eles não estudaram foi a capacidade que a população tem de se reinventar. Graças ao acesso à informação, muita gente começou a consumir mais conteúdos de nicho em redes diversas. Esse movimento mudou o nosso modo de consumir, e eu, que me entendia como um peixe fora d'água nesse mercado, comecei a ser visto como peça fundamental para a construção dessa nova narrativa. Não só a minha presença, mas a de vários coletivos em diversas agências, agora tinha o propósito de deixar a publicidade mais diversa.

Essa nova agência com a qual fui conversar parecia entender esse movimento do mercado e fui contratado como *motion designer*. Eles me incentivavam a produzir mais conteúdo, falando sobre mim para os clientes e me dando toda a abertura para tratar de qualquer tema. Mas, até isso acontecer, tive que lutar contra um inimigo que me acompanhava desde muito cedo: o meu eu impostor.

O impostor

EU TINHA A FANTASIA DE QUE AO SAIR DO ARMÁRIO, ASSUmindo a minha sexualidade, grande parte dos meus problemas estaria resolvida. Sair da Igreja seria uma libertação que me permitiria finalmente ser quem eu era. Mas, com essa suposta "liberdade", comecei a transitar num mundo que eu mal conhecia e para o qual não estava tão preparado. E eu não tinha ideia dos desafios que iria encontrar e ter de vencer. Além de ser negro retinto, ter morado na periferia de São Paulo e ter sido criado rigidamente dentro dos dogmas da Congregação Cristã no Brasil, comecei a perceber que não tinha o instrumental emocional para enfrentar esse novo mundo, onde não havia mais um roteiro a seguir, papel que os dogmas da Igreja cumpriam na minha vida antes.

Ao sair da Igreja, comecei uma batalha diária de conflitos internos intensos, que passaram desde a aceitação da minha sexualidade até o fato de ser negro, características geradoras de repulsa e ódio em parte da população brasileira. Tive de enfrentar os meus demônios, que eram bem diferentes daqueles descritos pela Igreja. Era muito doloroso ir descobrindo aos poucos que toda a rigidez que eu atribuía à Igreja estava também enraizada dentro de mim. Eu era, naqueles momentos iniciais, um homem-menino, muito imaturo emocionalmente, e, à medida que não contava mais com aquele "pai-pastor", passei a contar comigo mesmo, mas sem muitos recursos para o enfrentamento dessa nova realidade.

E assim caí num ciclo de sofrimento mental, que produziu um quadro de ansiedade aguda, com espirais de pensamentos, delírios persecutórios e um agravamento do quadro da doença de Crohn. Eram tantas coisas acontecendo ao mesmo tempo que não dava para processar. Mudei de emprego, o Luiz veio morar comigo, apareceram alguns freelas bem-vindos. Além disso, eu tinha os vídeos do canal para fazer, palestras para ministrar e livros para entregar. Tudo isso ia acontecendo, e eu não podia mostrar que estava exausto, pois sempre ouvi que a vida do negro é infinitamente mais pesada, então era preciso ser forte e aguentar.

Para quem via de fora, as minhas conquistas é que sobressaíam. Quantos dos meus amigos haviam tido a oportunidade de morar com o namorado em cima da casa dos pais? No país que mais mata LGBTs no mundo, eu estava cercado de pessoas que me aceitavam e me amavam. Mas quem disse que aquele momento era só de alegrias? A verdade é que eu estava em pedaços. Tudo o que aconteceu comigo nos primeiros anos de projeto foi incrível, mas me abalou muito. Eu recebia pedidos de ajuda o tempo todo, e-mails de pessoas que enxergavam em mim uma esperança, e procurava não absorver tudo que lia, mas era difícil não sofrer com o que os meus irmãos e irmãs negros e LGBTs estavam passando. Mesmo me vendo em uma trajetória de crescimento profissional, eu sabia que essa não era a realidade dos meus parentes e amigos negros e/ou LGBTQIA+. Ocupar um lugar minimamente de destaque sem estar preparado me levou ao limite do caos.

O fato é que, bem no momento em que eu estava conseguindo conquistar tantas coisas, a minha cabeça estava em frangalhos, e cheguei a ter pensamentos suicidas. Um vídeo que não tinha um bom desempenho, um comentário ruim, um convite para um evento que não chegava, qualquer coisa me fazia acreditar que tudo que eu fazia, por mais que me esforçasse, não era o bastante. As poucas oportunidades que me apareciam eram para festas, e eu já estava cansado das festas sem resultados. Eu precisava de recursos para continuar o projeto, mas continuava pagando tudo com os freelas que conseguia, o que me fazia voltar a duvidar da qualidade do meu trabalho.

Minha caminhada até aqui me mostrou que esse sentimento de impostor não é exclusividade minha, mas algo comum a grupos reconhecidos como minoritários. Meus primeiros dias na nova agência foram carregados de insegurança. A única certeza que eu tinha era de que estava no lugar certo, mas de que era a pessoa errada. Eu era o único ali a fazer *motion*, mas não me achava bom o suficiente. Ficava pensando que tinha tomado o lugar de alguém muito melhor do que eu.

Quando somos confrontados sobre as nossas qualificações profissionais, nunca nos lembramos do privilégio que é ter uma família com dinheiro para investir na nossa formação e pagar um curso; não lembramos que o acesso à tecnologia não é democrático. No meu caso, descobri tardiamente que havia uma área chamada design gráfico. Apesar de tudo isso e de muito mais, fui atrás de cursos baratos, promoções e qualquer oportunidade de compensar o que não havia tido chance de aprender antes. Mesmo assim, me ver como o único dentro desses espaços me fazia entender como era privilegiado.

Não ter referencial nas coisas que fazia me colocou num lugar de exceção da minha própria história, e assim, em todas as áreas em que trabalhava, eu me sentia um impostor.

Fosse no trabalho formal, nas palestras ou nos vídeos do YouTube, eu não achava que estava avançando como deveria. Meus vídeos não tinham visualização expressiva quando não havia neles pessoas brancas. Eu tentava de alguma forma colocar mais o meu rosto no projeto, pois comecei a perceber a importância de uma cara preta, mas ver que os vídeos tinham mais visualizações quando eu não aparecia me deixava deprimido.

O processo de autoaceitação e autoestima na minha vida foi construído paralelamente à evolução do projeto. Sair do lugar de rejeição e de baixa autoestima não foi algo que aconteceu do dia para a noite, muito pelo contrário. Mas os comentários positivos que eu recebia e uma teimosia que tenho desde que nasci me colocaram na frente das câmeras com um quadro que pensei para o meu canal chamado "Chá com S", algo que não foi fácil. Tive medo de ser julgado e humilhado da mesma forma que acontecia no colégio, quando me chamavam de macaco feio, palito queimado, sujo e tantos outros comentários racistas. Mas aos poucos fui ganhando segurança no que fazia, e isso foi me dando mais confiança não só na frente da câmera, mas na minha vida em geral.

Mais que uma carteirinha

NO MEIO DE TODOS ESSES ACONTECIMENTOS, HAVIA A MI-nha vida com o Luiz. Ele estava fazia alguns anos sem conseguir emprego no Rio, como vários outros jovens recém-formados, até arrumar um trabalho aqui em São Paulo. Para encurtar uma história longa, meu pai conseguiu, graças às políticas de incentivo e crédito do governo, construir mais um andar com mais duas casas em cima da nossa. Nos anos anteriores, ele havia alugado essas casas para gerar uma renda extra para a família. Mas eu estava com planos de morar sozinho e perguntei se ele a alugaria para mim. E foi assim que consegui o meu cantinho.

Logo o Luiz chegou e começamos a nossa vida juntos. Não importava se não tínhamos os melhores talheres, todos os eletrodomésticos, ou se a nossa casa não estava mobiliada como desejávamos. Estávamos felizes, pois éramos dois gays pretos vivendo uma realidade que até pouco tempo antes não era possível sequer imaginar. E esse era apenas o começo.

É claro que a nossa relação também enfrentava dificuldades. Com o tempo, desenvolvi um ciúme nada saudável, um sentimento ruim que só entendi recentemente, depois de muita terapia e estudo. Entendi que essa reação tinha a ver com vários aspectos da minha vida: o fato de ser um negro de pele escura que não havia tido a oportunidade de experimentar sua sexualidade quando adolescente, que ouvira da Igreja que era errado gostar de homens, que quando assumiu a sua sexualidade achando que ia encontrar um amor só encontrou sexo em todos os perfis on-line. Só percebi quanto disso estava entranhado em mim na convivência com o Luiz.

Namorar alguém com a pele bem mais clara do que a minha me colocava num lugar de exceção. O acesso do Luiz ao meio gay foi bem diferente do meu. Ele nunca teve dificuldades relacionadas ao tom da pele para ficar com alguém nas baladas ou nos aplicativos e, ao contrário de mim, já havia namorado. Seus conflitos eram outros; não passavam pela questão racial, tão central no meu caso. Foi depois de muita reflexão que percebi como o racismo nos afetava de forma diferente até dentro da comunidade LGBT. O colorismo me jogou em cheio num mundo de incertezas, medos, inseguranças e ciúmes.

Mas, apesar de tudo isso, eu sabia que ele era o homem com quem queria dividir a vida. E, numa tarde de quinta-feira de um feriado prolongado de setembro, demos mais um passo nesse sentido. Saímos de casa para fazer carteirinha de sócio no Sesc 24 de Maio, uma unidade nova no centro de São Paulo, e, depois de enfrentar uma fila de quase uma hora, ficamos sabendo que a empresa em que o Luiz trabalhava na época aqui em São Paulo não contribuía para esse benefício. A recepcionista, que percebeu que éramos um casal gay, sugeriu que fizéssemos a união estável, para que o Luiz pudesse ser meu beneficiário. Anos antes de decidirmos nos casar, o Brasil finalmente reconhecera a união afetiva de pessoas do mesmo sexo graças a uma decisão do STF.

No dia seguinte, procuramos um cartório. Liguei para a minha mãe para avisar. Ela ficou perplexa e pediu que eu ao menos avisasse o meu pai. Sem pedir autorização ou presença, pois se tratava de um assunto meu e do Luiz, liguei para ele e comuniquei sobre a nossa decisão. Foi um dia mágico, lindo, e a nossa festa de casamento foi um almoço num restaurante perto do cartório. Ao chegarmos em casa, fomos questionados por todos os nossos familiares, e contamos sorridentes sobre a nossa união. Nossos amigos não entenderam, nossas famílias também não, mas sem dúvida fizemos aquilo que tivemos vontade de fazer naquele momento, e temos esse dia guardado para sempre em nossa vida, junto com as carteirinhas.

Medo político

ENTRAMOS EM 2018 COM A CERTEZA DE QUE NÃO VOLtaríamos a ter uma mulher como presidenta. Já acompanhávamos os claros sinais de polarização doentia, e o diálogo entre as classes estava cada vez mais difícil. Por conta disso, o Luiz enfrentava dificuldades de socialização no ambiente em que trabalhava, enquanto eu tive a sorte de naquele momento trabalhar numa agência em que havia predominantemente pessoas mais progressistas. Não só por isso, mas também por motivos de âmbito pessoal, o Luiz decidiu deixar seu emprego e se dedicar mais à saúde mental e física. Foram meses intensos, em que tivemos que apertar as nossas economias, mas conseguimos sobreviver. Estávamos muito tristes com o que acontecia no Brasil, com as dificuldades que enfrentávamos financeiramente, mas ao mesmo tempo mais pessoas me chamavam para palestrar, para debater, para dar entrevistas, me tornando assim um ser mais político.

Minha ansiedade triplicou naquele momento, e o que era para ser uma fase difícil ficou ainda mais impossível, pois a instabilidade do país me fazia acreditar que a qualquer momento eu iria implodir, como vi acontecer com muitas pessoas próximas. Assim como elas, eu também tinha dívidas e contas para pagar, e agora estava recém-casado e era o único em casa a trabalhar.

Até aquele momento o canal não me rendia nada financeiramente. Apesar de ter uma assessora que tentava, sem sucesso, conseguir contratos para mim com marcas, a minha fonte de renda, fora o trabalho na agência, eram os freelas que eu pegava e as palestras que ministrava a valores baixíssimos.

O que me manteve firme durante esse tempo e me impediu de desistir de tudo foram as mensagens que eu recebia a cada vídeo postado, a cada entrevista que fazia e a cada palestra que ministrava. Tudo o que eu investia não era e não é por ego, e sim para ajudar outras pessoas a terem minimamente um pequeno momento de paz. A intenção sempre foi levar um pouco de identificação para uma galera que se sente diferente de todos desde que se percebeu LGBTQIA+.

Apesar de todo esse amor e carinho, com tantas coisas para fazer, me preocupar e cuidar, acabei surtando. Tive uma crise de ansiedade e depressão muito forte. Chorava muitas vezes abraçado ao Luiz, dizendo que estava muito cansado e queria morrer. Brigava com ele em outros momentos, pois não conseguia perceber que quem estava mal era eu. Me culpava e me cobrava por várias situações que só depois fui entender que tinham a ver com uma criação doutrinatória. Naquele momento da minha vida, eu achava que tinha que ter as respostas para todos os meus problemas, que sabia lidar com todas as situações que surgissem e que não me decepcionaria mais. Essa crise me mostrou o quanto sou frágil e errante.

Naquela hora, se eu não procurasse ajuda profissional, não teria conseguido chegar até aqui. Esse momento me colocou nos limites dos meus sentimentos, me fazendo confrontar até o que eu pensava ter superado. A Igreja, por exemplo, não era mais uma realidade na minha vida, mas muitas vezes me vi com hábitos, falas e pensamentos condicionados ao que eu tinha vivido lá. Aos poucos, percebi que havia um fundo falso no meu armário, e nele estavam escondidas situações e pensamentos mais pesados. Se antes eu tinha a Igreja para me dizer o que comer, vestir, com quem namorar e casar, naquele momento eu só tinha o caos.

A polarização tinha chegado a níveis assustadores, e logo no começo de 2018 tivemos um acontecimento político que veio abalar a estrutura brasileira: o assassinato de Marielle Franco. Até agora, enquanto escrevo estas linhas, não sabemos quem mandou matar Marielle. Aquilo nos assustou muito enquanto militantes, sobretudo as pessoas que, assim como eu, colocavam o seu rosto na internet.

Em uma conversa com outros criadores de conteúdos digitais, nos apoiamos e nos consolamos diante da barbárie com a vida negra. Uma ativista negra, lésbica, que cuidava de pautas tão urgentes, tinha acabado de ser morta de maneira brutal. Isso nos deixou com muito medo. Se ela, que era uma parlamentar, não fora poupada, o que seria de nós, meros comunicadores? Naquele momento, eu me perguntava se mostrar o meu rosto tinha sido a melhor saída.

É difícil falar de 2018 sem falar de política. Respirávamos as eleições. Nossos medos da incerteza, devido à quantidade de acontecimentos, só aumentavam. Desde o impeachment até a queda de um avião que levava um membro do STF, passando pela morte de Marielle e a prisão de Lula pouco depois, que o impediu de disputar as eleições, fui ficando cada vez mais angustiado com o nosso futuro.

Para piorar, um personagem que até então era visto como piada pelos meios de comunicação começou a ganhar a simpatia das pessoas. Jair Bolsonaro não participou de praticamente nenhum debate público: suas ideias e pretensões foram disseminadas em massa pelo WhatsApp e por outros meios de comunicação — ele ganhou notoriedade nacional com frases curtas e polêmicas, que agradavam a uma parte da população que se sentira excluída da narrativa nacional durante os anos petistas.

Como comunicador, eu sempre me perguntava o que poderia fazer para que um futuro desastroso não acontecesse, e me culpava por não conseguir mudar o voto nem das pessoas mais próximas. Pessoas que, assim como eu, eram negras, gays e periféricas, e que sem dúvida eram o alvo desses que estavam tentando chegar ao poder.

Ainda naqueles meses que antecederam as eleições me juntei ao coletivo Me Representa e Vote LGBT. E assim nasceu a série Vote LGBT, em que pude entrevistar a Bancada Ativista representada por Raquel Marques, assim como a primeira deputada estadual trans da história de São Paulo, Erica Malunguinho.

O candidato que mais me dava medo cresceu nas pesquisas de forma assustadora, e junto com ele a violência contra a população dita minoritária. Houve muitas mortes, ataques, muita gente parando de falar com os parentes. Nesse momento de polarização familiar, pude conversar com alguns amigos héteros, que aprenderam que muitas pessoas que possuem o seu sangue não compactuam com os seus ideais e valores. LGBTfóbicos, machistas, sexistas, racistas, xenofóbicos, gordofóbicos e vários outros grupos de extrema direita saíram juntos do armário.

Lembro como se fosse hoje onde e com quem eu estava quando Bolsonaro venceu as eleições. O que seria do meu trabalho, da minha vida, do meu casamento, do meu futuro profissional? Será que eu ainda teria emprego? Morar no Brasil sendo LGBT sempre foi muito perigoso, mas e agora? Tudo que eu tinha feito até ali com a minha exposição me deixara muito vulnerável. Tremi por dentro só de imaginar que os brasileiros haviam escolhido aquele homem como líder. Me aterrorizava saber que no dia seguinte eu teria que pegar o transporte público e talvez me sentar ao lado de uma pessoa que provavelmente aplaudiria a minha morte.

Naquela noite falamos em deixar o país, em fugir, em recomeçar em outro lugar. Eram medos legítimos de pessoas que, como eu, já estavam cansadas de lutar. Mas também lembramos algumas vitórias: colocamos muito mais mulheres, negros e LGBTs no poder e evoluímos como comunidade, abraçando causas que muitas vezes não são as nossas, mas que entendemos que para o bem coletivo são de extrema importância.

Entrar de cabeça na militância política não foi uma escolha, mas uma necessidade para permanecer vivo. Em 2019, entendi que precisava ocupar esse espaço e reforçar a existência de pessoas como eu na sociedade. Descobri, na política, um lugar em que não havia só luta, mas também acolhimento, e conheci pessoas inspiradoras e cheias de força para lutar por um mundo melhor. Além disso, o que cresceu ainda mais em mim foi a esperança de que, se continuasse firme, poderia chegar tão longe quanto elas.

A cor da minha família

É NOTÓRIO O FATO DE EU TER CRESCIDO NUMA FAMÍLIA estruturada, que se mantém assim até hoje. Meus pais têm mais de trinta anos de casados e são afrocentrados — termo utilizado atualmente para designar casais negros. O amor entre pessoas pretas e seus relacionamentos têm sido motivo de muita discussão quando o assunto é a "palmitagem" — nome dado ao homem ou à mulher negra que só demonstra interesse por pessoas brancas, com o seu olhar condicionado a enxergar na branquitude a beleza e o afeto. Costumo dizer que essa discussão não deve ser feita a partir da história de um casal ou uma pessoa específica, mas de maneira estrutural, pois assim respeitaremos os sentimentos legítimos de cada indivíduo.

Pensando na minha família e na nossa história, vejo que a ideia de que o amor afrocentrado nos fará entender melhor quem somos e consequentemente dar a devida importância à cultura negra não é sempre verdadeira. Apesar de serem ambos negros, meus pais abdicaram de sua cultura pela fé em uma religião, nos afastando da nossa ancestralidade. Isso fez com que eu reconhecesse minha negritude tardiamente, mesmo sendo retinto. Afinal, quando se vive em um mundo racista, que procura o tempo todo separar a pessoa da sua própria história e cor, fica difícil enxergar com clareza. Fui entender o que de fato é ser negro depois de me entender como homem gay. Isso só aconteceu porque, ao me assumir, comecei a me libertar dos paradigmas religiosos, e junto com eles foram embora preconceitos construídos por uma sociedade que não respeita a cultura afro-brasileira.

O trabalho político de base, pelo menos no ambiente em que eu cresci, era todo feito pelas igrejas evangélicas, que transformavam a melhora econômica e social em vontade divina, como resposta aos dízimos e doações dos pobres aos seus pastores. Enquanto a esquerda foi se tornando mais acadêmica e ingressando num debate mais elitista, a base e o povo sempre foram bombardeados por sensos comuns e uma visão excludente e simplista da sociedade. Sei disso porque vivi na pele a construção de uma sociedade de extremos.

Numa sociedade moldada nesses termos, é difícil encontrar espaço para o plural, o diferente e o novo. Por isso a dificuldade de compreender que a sexualidade humana não é binária. Que o gênero não é definido no nascimento. Que casais podem se separar. Que existem outras configurações de família. Que outras religiões são tão valiosas quanto a nossa. Que, na política, para termos uma sociedade sadia, não se deve atender apenas à vontade de um grupo, mas olhar para todos, sobretudo os mais desfavorecidos.

Nos anos dourados da economia brasileira, quando o pobre e o preto começaram a ter crédito para fazer compras, a oportunidade de entrar na faculdade, conquistar sua independência financeira, fazer cursos e se especializar, a relação dos meus pais com o que acontecia à sua volta mudou. Eu percebia um discurso muito pautado pelo que a Igreja dizia: sejamos apolíticos. Eu não concordava com isso. Como podemos ser contra a política se a nossa existência é política? Isso sempre fez parte do meu pensamento, mas, como a minha única relação com a vida adulta eram referências dentro da Igreja, eu aceitava. Com esse processo de amadurecimento e aceitação, entendi que poderia, sim, questionar as "verdades" que haviam me contado.

As consequências de me informar mais, ser curioso e questionar tais doutrinas não só me libertaram, mas também libertaram a minha irmã. A Miriã entendeu que o problema não era ela, a pele dela, o cabelo dela, o corpo dela, e sim o sistema racista de que fazíamos parte.

O empoderamento da minha irmã contagiou a minha mãe, que se viu mais bela. Costumo dizer que, desde que me afastei da Igreja e vi meus pais mais racionais, tenho outra família. São visivelmente perceptíveis essas mudanças. Minha mãe andava sempre cabisbaixa, submissa, vivia sendo humilhada por às vezes errar alguma nota no teclado ao tocar na igreja, e hoje não existe mais esse peso na vida dela. Afastou-se dessa obrigação e aprendeu a encontrar novas formas de ser feliz. Meu pai encontrou um novo olhar para entender o mundo sem precisar julgá-lo.

Em 2019, eu me tornei embaixador de uma das maiores marcas de beleza do Brasil. E, graças a isso, consegui trabalhar em mim uma autoestima que não havia antes. Um homem negro retinto, gay e de dreads numa marca de beleza não é pouca coisa. O retorno que tive foi tão positivo que a própria marca me dava feedbacks, dizendo que a minha autoestima tinha se elevado tanto que era visível nos vídeos. Por conta deles pude vivenciar experiências jamais sonhadas.

Mas uma das minhas maiores alegrias desde que decidi sair da casa dos meus pais e me casei não foi postada nas redes. Agora, graças ao canal, a algumas palestras e ao contrato que consegui em 2019, pude comprar um box para colocar no banheiro e um chuveiro novo. Isso é mais significativo para mim do que ir a eventos e conhecer gente famosa. Na casa dos meus pais, nunca tivemos box, eram sempre as cortinas de plástico. Essa era a realidade, e todas as vezes que tomava banho eu tinha que secar o banheiro inteiro. Box era coisa de rico. Quando o box e o chuveiro foram instalados, eu me orgulhava dizendo que tinha um banheiro de hotel, de tão lindo que havia ficado. Mas essa é uma conquista pequena perto de tantas outras que hoje se acumulam no meu currículo.

Nos próximos anos, meu principal objetivo é ser remunerado pelas minhas qualificações e pelo que represento. Não dá mais para viver na corda bamba todos os meses e achar que isso é normal. Espero que projetos inovadores de pessoas fora dos padrões sejam cada vez mais aceitos e colocados na rua. É como o Barack Obama disse em sua última passagem pelo Brasil: "A sociedade é que está perdendo ao não contratar pessoas diversas, ao não contratar negros, mulheres, LGBTs, PCDs — e não eles. A cura do câncer, a solução para a sua empresa voltar a crescer, a renovação que você espera para a sua carreira podem estar na cabeça de uma dessas pessoas".

Hoje, com mais de trinta anos, tenho finalmente o reconhecimento pelo qual lutei desde muito cedo, seja na vida pessoal ou no mercado. Que isso não aconteça só comigo, mas também com outras pessoas negras, periféricas e LGBTs. Que a sociedade olhe para o que elas vêm fazendo. Que faça o recorte social e racial quando for avaliar a sua bagagem profissional e intelectual. E que, quando contratadas para algum trabalho, remunere essas pessoas para que elas possam construir também um legado, e não só um momento.

Um filho gay, relato de um pai

Eu imaginava, mas não sabia como lidar com a situação. De todas as intempéries, de todas as coisas pelas quais passei na vida, isso para mim era algo novo. Eu não sabia como me comportar. Eu não sabia. E sei que tem muito pai e muita mãe por aí que também não sabem.

Meu nome é Benedito Gomes. Nasci no interior de São Paulo, em Araçatuba, e morei em vários lugares do interior antes de ir para Mato Grosso do Sul. Eu e minha família nos mudamos para lá em busca de uma vida melhor. Nessa época, eu tinha dez ou doze anos. Acho que chegamos a Campo Grande em 1969 e saímos em 1975. Quando voltamos para São Paulo, eu ainda era menor de idade. Minha mãe estava com câncer e veio fazer o tratamento aqui, no Hospital São Paulo. E aí a família foi se separando, cada um foi para um lado. Os que eram menores de dezoito anos vieram acompanhando.

Eu não tinha uma vida boa, não. Nunca tive essa facilidade. Sempre precisei buscar o sustento através do trabalho, e com muita dificuldade. E o racismo a gente sempre percebe, né?! O racismo é uma coisa que está aí, só não enxerga quem diz que não existe. Mas como o negro tem que ser um lutador nato, eu sempre encarei essa situação e não me deixei abater.

Com 24 anos decidi que ia ter uma família. Conheci minha esposa, conversei com a família dela e decidimos casar. E como a situação financeira era precária, não havia recurso, nos casamos rápido. Namorei, noivei e casei em oito meses. Depois do casamento, fomos morar num barraquinho de madeira na Vila Joaniza, em São Paulo. Após seis meses de casados, em um dia de serviço, a Ligia me ligou dizendo que a casa tinha sido arrombada. E como o casamento havia acontecido fazia pouco tempo, ainda tínhamos muitos presentes, aquelas coisas que a gente ganha. Acho que o ladrão meteu o pé de cabra na porta, que era um pouquinho fraca, e pegou tudo o que aguentou levar. Quando retornei do trabalho, foi aquele desespero. Porta arrombada, janela arrombada e o barraquinho vazio. A gente já tinha mais ou menos cinco meses de casados, e Miriã, nossa primeira filha, já estava fazia três meses na barriga da Ligia.

Depois disso, fui morar na sala da minha sogra, que foi a minha casa por uns seis ou sete meses, até ela me ceder um espaço em seu quintal para construirmos um outro barraquinho de madeira, que mais tarde virou uma casinha de alvenaria. Deixei de trabalhar como segurança e me tornei metalúrgico. Entrava às sete da manhã e saía às sete da noite para poder construir aquela casinha, que não passava de um quarto e cozinha. Em meio a todos esses acontecimentos, nasceu a minha primeira filha, e, uns dez ou doze meses depois, minha esposa já ficou grávida do nosso segundo filho, um menino.

Acompanhei de perto as reuniões de pais no colégio dos dois. Não deleguei essa tarefa a ninguém. Nem à minha sogra, nem a nenhuma tia deles, nem à própria mãe. Também observava os cadernos, as matérias.

Samuel, o meu menino, deu os primeiros passos em Campo Grande. Ele não tinha nem um ano quando andou pela primeira vez. Começou a andar cedo. Assim como a irmã, nunca foi filho de desobediência ou aborrecimento. Em nossa primeira ou segunda viagem para Mato Grosso do Sul, foi tudo encantador para mim e principalmente para ele, que foi parar lá na frente da cabine para fazer amizade com o comandante e com o copiloto. Mas ele gostava mesmo era de dançar. Gostava tanto que dançava com música ou sem música. Dançava até com o barulho da máquina de lavar. Certa vez, fomos para um sítio passar o dia. Havia ali uma piscina. Acho que ele tinha uns dez ou doze anos. Passamos na beira da piscina e eu disse: "Aqui é a parte dos adultos e aqui é a parte das crianças. Se você pular, eu não sei nadar... Vou ficar ali com a sua mãe comendo um churrasquinho". Daqui a pouco ele vem em alta velocidade e se joga dentro da piscina na parte dos adultos. Uma abelha tinha dado uma ferroada na cabeça dele e, naquele desespero, ele se jogou na piscina. Aí foi só grito e confusão. Saí correndo, parei na beira da piscina e gritei para as pessoas que nadavam lá no meio: "TIRA ESSA CRIANÇA DAÍ. TIRA O SAMUEL QUE ELE NÃO SABE NADAR. ELE SE JOGOU AÍ, MAS NÃO SABE NADAR". E fiquei na beira da piscina esticando a mão para ver se o pegava, gritando. Consegui alcançar a mão dele e tirá-lo de lá.

O Samuel era diferente, todo pai e toda mãe percebem. Eu percebi. Eu imaginava o que iria acontecer, mas ao mesmo tempo não queria que isso acontecesse. Por quê? Por causa da minha própria criação, da minha própria formação. Eu não aceitava. E achei que, quando ele viesse falar comigo, realmente não ia aceitar. Então, para poder aceitar, eu tive que tentar entender de verdade o que estava acontecendo. Eu imaginava, mas não sabia como lidar com a situação. Era uma questão de falta de conhecimento e de vontade de encarar a realidade. Tem coisas que a gente não entende e não quer entender. Não que eu tivesse medo de alguma coisa, é que o mundo é assim. Eu vejo que o mundo sempre rejeitou, sempre judiou, nunca aceitou. Meu filho veio e me disse que era gay.

Hoje eu não entendo tudo, mas pelo menos já estou mais confortável, mais seguro disso que conto aqui. Mas, se fosse naquela época, eu não saberia o que dizer. Não teria palavras... Eu parei para analisar a verdade. Ele não me chamou para falar uma mentira, mas para contar a sua verdade, e eu tinha que entender. Antes desse acontecimento, antes de tudo, na convivência de pai e filho, nosso combinado era sempre falar a verdade. E ele estava fazendo isso. Depois que parei para analisar, percebi que o meu filho veio com a verdade e eu quis jogá-lo fora. Só quem podia estar errado nessa história era eu, então precisei refazer tudo.

Miriã veio conversar comigo enquanto filha e irmã. Ligia veio enquanto esposa e mãe. Mas quem tinha que entender o que estava acontecendo dentro de mim era eu. Só eu. Porque eu tenho uma vida, uma história, uma criação, assim como todo mundo. Para a mãe e para a irmã do Samuel foi mais fácil, mas para mim foi mais difícil mesmo. Eu não apenas quase joguei o meu filho fora, eu quase joguei a minha vida fora. Eu havia construído uma família e não podia permitir que ela fosse destruída só porque o meu filho tinha se assumido gay.

Pensei em amigos, na Igreja e fora dela, que tinham filhos gays e cuja família fora destruída por isso. Era sempre a mesma história. Não é fácil digerir uma coisa dessas, tive que buscar forças dentro e fora de mim. Mas, graças a Deus, eu consegui entender e resistir ao impulso de jogar fora a minha família e o meu filho.

São poucos amigos, poucos parentes que entendem. Eles estão com a cabeça voltada para o passado. Tem muita gente que entende a situação do outro porque se coloca no lugar do outro, então tudo fica mais fácil. Mas, quando a pessoa se recusa a fazer isso, fica mais difícil. Não são todos os amigos com quem você pode conversar e dizer: "Meu filho é gay". Você não pode falar; se falar, vira chacota. Você tem que falar para quem vai dar valor, para quem vai considerar. Não para humilhar. Se humilham o meu filho, me humilham também.

Hoje em dia, tem gente me procurando para conversar com outros pais: "Conversa com ele para ele não fazer uma desgraça". O primeiro passo é entender que a pessoa não vai mudar um milímetro. Se ele expulsar o filho de casa, a culpa vai ser dele por fazer o filho morar na rua porque é gay. O filho não vai deixar de ser gay. Ele tem que ter essa consciência. Ele o acompanhou quando criança, o viu nascer. Veio dele. Ele tem parte naquilo. A pessoa muitas vezes pensa que se fizer alguma pressão a coisa vai mudar. Que tudo vai ser simples assim. Na verdade, ela só está criando mais dificuldade, mais sofrimento para o filho e para si mesma. A primeira coisa que o pai tem que entender é o seguinte: é a sua família, é o seu filho, a sua filha. Não jogue o seu filho fora só porque ele se declarou LGBT. Não jogue fora! Para ir é fácil, para voltar é mais difícil. Não ter onde morar, o que comer, não ter o carinho do pai nem da mãe dentro da própria casa... a tendência é que ele se afunde, e isso não vai mudar nada. Ele vai continuar sendo o seu filho gay. E, se morrer, vai ser o seu filho que era gay e hoje é um defunto. E, sendo um defunto, você vai ter que enterrá-lo. Então, ame o seu filho e dê a ele o apoio de que ele precisa. Com amor, tudo se resolve.

Pertencendo

Sei que não estou sozinho quando digo que 2020 está sendo diferente de tudo o que eu poderia imaginar. O que começou como um ano que parecia promissor e cheio de novas oportunidades foi, aos poucos, se revelando um período sombrio e triste para o mundo inteiro. Sei que meu lamento não é solitário, que nesse momento famílias choram pelos seus entes queridos que se foram por conta da covid-19, e que tantas outras temem o que vem pela frente. Eu pertenço a ambos os grupos, e ainda tenho uma visão embaçada do futuro — às vezes vejo alguma esperança; outras vezes, não.

Hoje, passamos por um período de isolamento social nunca antes imaginado, e sei quantos desafios vêm com a restrição de sair de casa. Eu precisei realizar uma mudança com meu marido e meu mundo virou de ponta-cabeça para conseguir lidar com a ansiedade de toda essa situação. Sei que muitos jovens LGBTQIA+ estão, nesse momento, tendo que lidar com famílias que não os acolhem, que não os aceitam, que os reprimem. A dor que isso causa e o medo que acompanha são meus conhecidos, e gostaria de fazer mais do que simplesmente torcer para que tudo fique bem, para que eles tenham força para passar por esse momento — que alguma hora chegará ao fim.

    A minha história é, desde que nasci, marcada pela busca de pertencimento. Fosse quando eu era apenas uma criança e adolescente, crescendo na periferia de São Paulo e tentando me encaixar na Igreja evangélica, obedecendo aos meus pais e respeitando todas as doutrinas que me eram apresentadas e impostas, sem questioná-las — apenas temendo-as. Depois, mais crescido, dentro da faculdade e dos ambientes de trabalho, tentava encontrar o meu lugar sem ter uma referência fixa à qual seguir — por mais que eu procurasse, eram poucas as pessoas parecidas comigo, com a minha história e com a minha cor. Mesmo no meio LGBT, demorei para me sentir de fato pertencente, quando muitas vezes mesmo os ambientes que se autodenominavam diversos eram, simplesmente, brancos e padronizados. Levei algum tempo para perceber que, na falta de referências externas, eu deveria ser a minha própria referência — mas isso exige coragem, força e determinação, coisas que sei que tenho dentro de mim hoje, embora tenha demorado muito para descobrir isso.

    Este livro pode ser lido como uma história pessoal, a história de como um homem se tornou quem é. Mas hoje acredito que essa narrativa não é apenas minha, mas de muitos outros que passaram e passam pelas mesmas coisas que eu. Os assuntos de que tratei nas últimas páginas, os desafios do mercado de trabalho, a busca por um amor verdadeiro, o entendimento meu e da minha família da nossa cor, o racismo estrutural que enfrentei e enfrento perpassaram os últimos anos da minha vida e fizeram de mim quem hoje sou.

    Uma das grandes motivações da minha vida é dar voz às pessoas que muitas vezes não são ouvidas. A nossa diversidade é gigantesca e linda. Por isso, achei que deveria incluir, além da minha história, a de outras pessoas neste livro. A seguir, há uma série de entrevistas que realizei entre 2019 e 2020 com brasileiros LGBTQIA+, cada um contando sobre o próprio processo de descobrimento e aceitação. São histórias diferentes, fortes, que merecem ser ouvidas e abraçadas por todos. Uma delas pode ser parecida com a sua — ou todas. Porque só nós sabemos tudo o que guardamos no armário por tantos anos, com medo de sermos rejeitados de tantas maneiras diferentes. E ajudar a colocar essas narrativas para fora dele é um grande privilégio para mim. Principalmente se isso fizer a diferença na vida de algum leitor.

Tenham fé e contem comigo. Vamos pertencer e nos encontrar juntos, sempre mais fortes.

Com amor,
Samuca

ENTREVISTAS

ANA CLAUDINO

> **PERFIL:** Pesquisadora, ciberativista e colunista do Mídia Ninja, Ana Claudino é criadora do canal do YouTube Sapatão Amiga e do podcast LesboSapiência, que refletem sobre a presença e os desafios da mulher lésbica nos dias de hoje.

SAMUEL GOMES: Fala para mim seu nome, sua idade e de onde você é.

ANA CLAUDINO: Sou Ana Claudino, tenho 28 anos e sou do Rio de Janeiro, capital.

S.G.: Com quem você cresceu, como foi a sua infância?

A.C.: Fui criada pelos meus avós maternos, e não pelos meus pais porque eles me tiveram muito novos, por volta de vinte, 22 anos. Os dois são negros, minha mãe é negra e meu pai é negro. Na época, meu pai era usuário de droga, tinha vários problemas, e minha mãe se afastou dele. Nesse processo, minha avó materna me pegou para criar, é como se ela de fato fosse minha segunda mãe. Então na infância fui criada pelos meus avós nesse cenário: minha avó materna, uma mulher branca, e meu avô, um homem negro. A base da minha infância familiar foram meus avós.

S.G.: E na sua infância com seus avós você era a única criança?

A.C.: Não, tinham meus primos, filhos da minha tia, irmã da minha mãe. Eles são um pouco mais novos do que eu, mas vinham todo final de semana e a gente brincava; era basicamente como se fôssemos irmãos, nossa criação foi bem próxima. Até hoje é assim, minha tia é uma grande amiga, falo tudo para ela, ela me apoia, apoia meu canal, minha mãe também, súper.

S.G.: Nossas primeiras engajadoras. Nessa infância, enquanto vivia lá com a sua avó, com seus primos e primas, você percebia o que estava acontecendo no seu entorno? Toda essa questão do seu pai, da sua mãe, de não morar com eles, do problema do seu pai com o vício em drogas, isso de alguma forma te afetou ou afetou a forma como você vivia?

A.C.: Eu sempre achei muito estranho quando era criança, apesar de compreender hoje, como vejo aos 28 anos, porque na escola, no Dia dos Pais e no Dia das Mães, por exemplo, quase todo mundo levava seus pais e suas mães, e eu levava minha avó e meu avô. Então na escola foi o primeiro momento em que vi que aquilo era diferente. Na escola foi onde aconteceu o primeiro estranhamento, tanto das professoras, que não sabiam lidar com a situação, quanto dos coleguinhas. Minha mãe, até 2014, morava aqui em casa também, em uma casa de fundo, e sempre foi como uma irmã mais velha, mesmo eu sabendo que era minha mãe; quem decidia tudo da minha vida era minha avó, era como se eu fosse a filha mais nova da minha avó, cresci nesse ambiente. Meu pai sumiu, eu tenho alguns flashes bem raros dele na infância, depois ele sumiu, e quando fiz dezoito anos ele veio falar comigo, me procurou novamente, hoje em dia tenho contato, mas não é um familiar muito próximo, não consegui criar vínculo de afeto mesmo que ele tenha aparecido quando fiz dezoito anos. Acho que sempre achei estranho não ter mãe e pai igual aos meus amigos, mas por outro lado tive meus avós, então na minha infância era estranho, mas eu aceitava e ia levando desse jeito.

S.G.: Na sua infância, o único momento de estranheza, em que as pessoas achavam que você era diferente, ou que você mesma se achava diferente, era em relação à sua família ou você já pensava também que era diferente das outras meninas?

A.C.: Vamos colocar deste modo para a gente ter uma linha de tempo: até a quarta série, mais ou menos, não rolava, não me viam de forma diferente, mas teve um episódio na terceira série, eu tinha acho que oito ou nove anos, fui a primeira menina da escola a entrar no judô, porque sempre fui uma criança muito agitada, então fazia natação, mas quis sair, minha avó me tirou da natação e me colocou no judô. Só que naquela época nenhuma menina fazia judô, só os meninos, mas minha avó não ligou para isso. Essa questão de entrar no judô e ser a primeira menina, já naquela época as outras meninas da escola acharam estranho uma menina fazer judô, mas por outro lado outras meninas da escola, que hoje acho que são LGBT, também entraram no judô comigo, eu fui a primeira e elas foram atrás de mim depois.

S.G.: Mas na sua família, dentro da sua casa, porque sua avó e seu avô são de outra geração, como foi saber que você queria fazer judô? Foi de boa também?

A.C.: Foi, sabe por quê? Quando eu era criança não gostava de usar rosa, nem de usar roupa de menina. Minha avó foi a primeira pessoa que me levou a uma seção masculina e me deu as roupas que eu queria usar, então aqui em casa sempre foi natural. Como eu sou Ana Carolina, eles me chamam de Carolina, e minha avó dizia, "Carolina é sempre assim". Ela me levava para comprar roupa de menino e eu usava na rua, não achavam estranho.

S.G.: É legal que, pelo que você está falando, mesmo eles sendo de outra geração, não houve julgamento por conta de roupa, porque entendiam que roupa é roupa, não tem gênero.

A.C.: É, e acho que pelo fato de eu ser uma pessoa do subúrbio, de bairro pobre do Rio. Aqui até hoje é meio assim, a gente, pobre, normalmente ganha muita roupa dos mais velhos, aqui na minha casa não era uma questão ter que usar rosa, ter que ser uma menina e usar roupa rosa, a gente usava o que tinha, apesar de eu ser a que doava roupa, porque sou a prima mais velha, minhas primas são mais novas. Meu primo mais novo usava roupa minha. Acho que talvez a questão tenha vindo quando fui ficando adolescente, foi quando eles começaram a perceber, mas na minha infância eu não tive essa questão.

S.G.: Interessante você falar isso, porque na infância dentro de casa você não teve questões, mas quando começou a entrar na adolescência isso passou a aparecer, porque já não era mais sobre a roupa. Foi antes mesmo de você falar alguma coisa, antes até de ter certeza ou saber de fato o que estava acontecendo, o que sentia? Você começou a reparar ou perceber que gostava de meninas na adolescência, então?

A.C.: Foi mais ou menos na quinta ou sexta série, porque na quinta eu mudei de escola, mas para aqui perto de casa também, e já naquela época, na quinta série — a gente estava com uns onze, doze anos —, as meninas começavam a falar de meninos, aí tinha a revista *Capricho*, lembra? Colírio da *Capricho*, essas coisas, as meninas ficavam olhando os meninos, e eu achava esquisito porque não me sentia atraída pelos meninos, via os meninos como amigos, e naquela época já comecei a me sentir atraída pelas meninas, mas não sabia o que estava acontecendo comigo porque não sabia que existia sapatão, por exemplo, nem gay.

S.G.: Você nunca tinha visto nem no bairro?

A.C.: Não. Não existia na minha realidade, na minha época, mal a gente tinha internet, não tinha YouTube como tem hoje, tudo o que tem por aí.

S.G.: Só para completar esse momento da sua vida, por você não ter visto nenhuma mulher gay antes de começar a se entender, você achava que era a única que sentia atração por meninas?

A.C.: Sim, tanto que fiz um fake na internet me passando por um menino chamado Luiz. Na minha cabeça, se eu gostasse de meninas, tinha que ser um menino, mas, como na realidade eu não podia ser menino, criei um na internet e durante alguns anos da vida eu tive fake no Orkut, MSN. Naquele momento ali na internet pude ser livre, fiz amigos, eu era quem eu queria ser, mas fora da internet tinha que ser a Ana, tinha que ir para a escola, ser menina, porque na minha época era tão absurda a falta de informação que eu não sabia que existiam pessoas LGBTs, não me passava pela cabeça. Eu tive um tio, irmão da minha avó, já falecido, que era gay, tinha namorado, e o namorado ia lá na casa da minha bisavó, só que para mim falavam que era amigo dele, e lembro que eu gostava muito dele porque ele tinha um cachorro enorme, eu brincava com o cachorro, ele também já faleceu, mas para mim falavam "não, ele é amigo do seu tio", e só fui descobrir que meu tio era gay e morreu devido a complicações do HIV quando eu tinha 22 anos. A família tratava como amigo do meu tio e eu achava "tá bom, é amigo"; então nessa época não tinha como saber que existia, que eu podia ser lésbica, que era uma mulher que gostava de mulheres em geral, que estava tudo bem. Aí na internet eu podia ser assim, tanto que tenho uma amiga hoje que conheci nessa época, ela é de São Paulo, nós somos amigas há quase vinte anos, ela me conheceu como Luiz, enfim, depois soube que eu era Ana e continuamos aí. Mas só na internet tive espaço para começar a pensar que estava tudo bem eu ser do jeito que eu era.

S.G.: Mas, me diga, quando fazia esses fakes e conversava com essas pessoas, você conseguia falar em algum momento, conseguia expressar que gostava de meninas? Houve algo que fez você conseguir sair do on--line e ir para o off-line? Onde foi e com quem foi seu primeiro beijo em uma mulher? Seu primeiro beijo foi em uma mulher ou um homem?

A.C.: Isso tem que ir lá para trás. Quando dei meu primeiro beijo, eu tinha cinco anos de idade e foi na minha vizinha de cinco anos de idade também, a gente era criança, viu na novela e imitou. Na época, a avó dessa menina pegou e foi o maior bafafá no prédio em que eu morava, enfim, me afastaram um pouco da menina, afastaram a menina de mim. Foi muito doido, depois aos nove anos beijei outra menina, mas tudo a gente imitando a novela, a gente via na novela o beijo hétero, não é o beijo gay que ensina as pessoas a beijar como os conservadores falam, a gente viu beijo hétero na novela e imitou para saber como era. Mas beijar uma menina sabendo que eu era sapatão e que estava tudo bem foi só aos vinte anos.

S.G.: Antes disso, você tinha ficado com algum menino? Você se obrigou a vivenciar, ou se permitiu — use a palavra que achar melhor — um romance ou uma experiência heterossexual?

A.C.: Eu só beijei um menino até os dezoito anos. Beijei um menino aos dezoito anos por causa da questão da heteronormatividade, que uma hora pesou para mim. Na internet eu era o Luiz, e para mim estava tudo bem ser ele e gostar de meninas, porque eu era o Luiz, então, como acho que não conseguia viver sendo Ana e gostando de meninas, fugi para a internet. Criei uma fantasia na minha cabeça e fiz um fake no Orkut, no MSN, na época peguei até foto de um menino da escola, do ensino médio, que era roqueiro, tinha uma banda e todas as garotas queriam ele. Eu roubava fotos dele e na época o menino descobriu, deu a maior merda, mas ele não soube que era eu. Então era dessa forma, vivia uma fantasia, na internet podia ser o Luiz, mas aí aos dezoito anos eu queria beijar de novo, comecei a entender o que era sexo, comecei a descobrir que tinha LGBTs, acho que a partir daquele momento comecei a aceitar que eu podia ser sapatão.

S.G.: Como você começou a descobrir que existiam LGBTs? Você fazia amizade fora do colégio, amigos novos? Teve uma rede de apoio? Você foi sozinha para os lugares?

A.C.: Comecei a descobrir que existiam LGBTs na internet por causa de uma amiga que, na época — hoje em dia não é mais minha amiga —, já andava nesse meio. A gente tinha acho que dezesseis, dezessete anos, e ela foi a primeira pessoa em quem vi que era possível ser LGBT. Na época ela era bi e começou a me falar, e comecei também a ver pela MTV, eu assistia muito à MTV na época, e quando vi no canal e vi minha amiga, comecei a pensar que estava tudo bem ser quem eu era.

S.G.: Pelo que está me contando, até então duas mulheres se beijando era algo impossível.

A.C.: Sim, para mim não existia, no meu convívio social, porque minha vida era, até entrar na faculdade, ficar na escola, ir para a academia e para a aula de reforço, mas tudo no meu bairro. Em São Paulo também acredito que seja assim. Naquela época, nas áreas pobres da cidade, as pessoas LGBTs estavam mais escondidas, então por eu ser de um bairro pobre, não via pessoas LGBTs na rua e não ia muito para a Zona Sul, o centro, ficava muito aqui onde moro até hoje, e comecei por aí. Terminei a escola já passando a pensar que talvez gostasse de meninas, então quando entrei na faculdade, em 2011, comecei a achar que era bi. A possibilidade de ser bissexual me passou pela cabeça nessa época, mas como é que sou bi se não suporto homem, homem cis, não gosto? Gosto deles como amigos, acho bonitos, mas são meus amigos.

S.G.: E todos esses questionamentos você tinha sozinha, nunca dividia isso com ninguém?

A.C.: Comecei a dividir no ensino médio, quando conheci minha outra melhor amiga, que é minha amiga até hoje, porque até então eu tinha medo de falar para as pessoas, porque frequentei uma escola católica, cuja professora passava vídeos em VHS dizendo que aborto é pecado. Foi ali que passei a conhecer homossexuais, ela falava coisas como "homossexualismo". Ser homossexual é pecado, tudo é pecado, então eu tinha medo de falar. Em 2009, quando estava terminando o ensino médio, conheci essa amiga e aí comecei a falar com ela. Em 2008, o pessoal da internet descobriu que eu era menina; tenho outra amiga, hoje em dia que é uma mulher trans, que naquela época também estava se descobrindo, e a gente começou a trocar sobre isso também, ela é de Pernambuco. Quando comecei a me descobrir, ela também começou, e foi a primeira pessoa que me mostrou que eu podia ser uma pessoa normal, a gente conversava. Mas só fui me descobrir sapatão mesmo em 2011, na faculdade, quando outra sapatão virou para mim e falou: "Você é sapatão". Eu fiquei assim: "O quê?". Aí comecei a pesquisar e foi, 2011. Olha só quanto tempo.

S.G.: Então na faculdade alguém te fala: "Você é sapatão". Ao longo da vida você não tinha dado nome para aquilo que sentia, desejava e gostava, e alguém te disse isso. Foi fácil ouvir?

A.C.: Sempre foi uma questão na minha casa. Na adolescência começaram a crescer pelos no meu corpo, tenho até vídeo no canal falando sobre isso, e eu não queria me depilar porque incomoda, eu não gostava, e chegou uma hora que a minha avó cansou de insistir e me deixou ser quem eu era sem me depilar. Na rua, o pessoal me chamava de sapatão, só que eu não sabia o que era isso, para mim era uma pessoa com o pé grande. Eu passava na rua, me chamavam de sapatão ou então perguntavam: "Você é menino ou menina?", isso era constante na minha vida, e até então o único contato que tinha tido com essa palavra era de forma pejorativa e de um negócio que eu nem sabia o que era, as pessoas me falavam que eu era sapatão antes de eu saber quem eu era. Antes de eu ter construído meus desejos, meus afetos, minha forma de querer ser, a sociedade virou para mim e falou: "Já que você não tem namorado, já que não performa feminilidade, você é sapatão". E eu ficava: "Gente, mas o que é isso? Nem eu sei quem sou ainda". E aí quando essa mulher na faculdade falou para mim — porque a faculdade, Samuel, foi um mundo de possibilidades, eu entrei na faculdade que era um pouco mais longe da minha casa, conheci gente de todo canto, até então eu tinha meus amiguinhos do ensino médio, todos católicos ali, apesar de minha família ser católica não praticante, e todo mundo ali no mesmo perfil. Quando fui para a faculdade, minha cabeça explodiu de possibilidades de existir e ser no mundo, e eu estava ficando mais velha, maior de idade, acho que isso foi favorecendo para eu descobrir quem eu era.

S.G.: Você acha que a faculdade, por conta de todo contexto em que estava inserida, era um ambiente mais seguro, que permitia também que você pensasse nessas possibilidades? Porque fico achando que os referenciais próximos não te davam possibilidade de ser LGBT nem de se imaginar sendo uma mulher lésbica.

A.C.: É, acho que foi um pouco disso também, por eu estar na faculdade, um pouco mais distante do controle da minha família, que pude vivenciar outras experiências, porque estava longe de casa. Até então era muito controlada pelos meus avós, principalmente pela minha avó, horário de ir para a escola, de estar em casa, da aula de reforço, da academia. Então, nesse meio do caminho eu não tinha muitas possibilidades de conhecer outras pessoas. Só conhecia as da escola, os católicos, os héteros da academia. Na aula de reforço, só tinha minha explicadora, que talvez falando com você, agora eu perceba que pode ter sido minha primeira confidente de que eu era sapatão, mesmo que a gente nunca tenha falado exatamente sobre isso na época, acho que ela foi uma das primeiras pessoas que falaram para mim: "Olha, está tudo bem você ser do jeito que é". Mesmo assim sem ter falado, "está tudo bem ser sapatão", sabe?

S.G.: E eu acredito que isso tenha sido muito importante, por você ter lembrado agora e ter entendido o recado que ela te passou, não é? Mas como foi, quando você estava vivendo tudo isso na faculdade, trazer essa realidade e essa verdade para dentro da sua casa, sendo que, pelo que você diz, no seu bairro, na sua redondeza, você não encontrava pessoas LGBTS? É como se fosse uma estranha no ninho. Voltando para lá, você teve medo? Como foi o processo da sua volta para o seu bairro?

A.C.: Eu sempre fui assim do jeito que sou, não exatamente, mas nunca performava a feminilidade que se espera de uma mulher, então para a minha família não foi um choque quando resolvi cortar meu cabelo, por exemplo. Aos vinte anos, tive cabelo curto pela primeira vez, eu queria cortar e minha avó não deixava, aí fui lá e cortei, e ninguém falou mais nada porque eu tinha vinte anos e cortei com o meu dinheiro. Mas, como sempre fui desse jeito, acho que eles já esperavam que uma hora isso ia acontecer; hoje em dia minha mãe sabe, minha tia sabe, tenho namorada, sabem do canal, mas eu nunca contei diretamente para os meus avós. Minha avó já faleceu e meu avô está vivo, só que eu nunca contei nada diretamente por questão de geração, mas eles sabem. Eu lembro que em 2012 contei para o meu primo que foi criado comigo, e ele achou tudo normal, meu primo sabia já. Aí, em 2014, contei para a minha mãe, porque eu estava de olho em uma menina, queria namorá-la, e falei: "Bom, vou querer trazer aqui para casa, vou ter que contar para a minha mãe pelo menos, para ela me apoiar". Fiquei tão nervosa quando fui contar para a minha mãe que consegui quebrar a cadeira da casa dela, eu me tremia toda na cadeira do computador falando com ela; eu disse: "Mãe, tenho que te contar uma coisa". E ela: "Fala".

S.G.: Espera, antes de contar, você estava com medo de quê?

A.C.: Medo da reação dela, medo de ela, sei lá, falar para todo mundo, medo de isso ser anormal ainda, porque mesmo aos 23 anos eu ainda achava muito estranho, porque eu não tinha muitas amigas sapatões, e isso foi fundamental na minha vida, mas a gente pode falar desse ponto depois. Eu tive muito medo, medo de como ela ia reagir, se ia me bater, olha a minha cabeça, medo de ela me internar num hospício. Enfim. Fiquei nervosa e quebrei a cadeira. Ela falou: "Mas o que está acontecendo?". Eu disse, na minha cabeça da época: "Você não vai ter netos". Ela: "Como assim? Do que você está falando, maluca?". Eu falei que não ia me casar com homem. Ela falou: "Ah, não vai casar, tudo bem". Eu disse que ia me casar com mulher, que era sapatão. Aí ela falou: "Tá, tudo bem". Foi a reação dela, já sabia, e eu com a cadeira quebrada no chão assim: "O quê? Já sabia e nunca me falou nada?"; depois ela começou a perguntar quem dos meus amigos era gay e sapatão, ela queria saber e pronto. Falou: "Ah mas fulano é gay, não é? Ah, não é? Que pena", não sei o quê; supernatural assim.

S.G.: E como foi para você depois de contar? Porque imagino a pressão, já que quebrou uma cadeira de tão nervosa. Depois viu que não tinha sido tão complexo quanto imaginava. Foi um alívio?

A.C.: Foi, na época me senti aliviada, e para mim foi fundamental essa aceitação. Logo depois veio a aceitação da minha tia, nem lembro como ela ficou sabendo, só lembro desse episódio da minha mãe. Meus primos ficaram sabendo, minhas outras primas de longe, depois que tive essa aceitação dentro da minha casa, fiquei mais forte para ir para a rua porque, se estava tudo bem para mim ser sapatão dentro de casa, ninguém na rua ia poder me dizer o contrário, e acho que essa aceitação da minha mãe naquele momento foi fundamental até para o que sou hoje, para ter canal, ser ativista, para tudo, porque, se para a minha família dentro da minha casa estava tudo bem, não é nenhum lesbofóbico na rua que vai me intimidar. Acho que esse momento foi um divisor de águas na minha vida; está tudo bem, então não vou mais ligar para o que falam, não vou mais achar que é doença, não vou achar que vou ser internada, e daí começou.

S.G.: Você acha que sua vida mudou depois de ouvir da sua mãe que estava tudo bem? E queria que você voltasse naquela parte sobre como foi importante na sua vida ter contato com outras meninas lésbicas, as suas amigas, porque durante uma grande parte desse processo você teve amigos muito distantes, on-line, depois amigos de faculdade que também eram distantes, porque ficavam em outro lugar, mas nessa sua volta você teve que refazer amigos ou mesmo encontrar aqueles que já tinha, mas com um novo você, com você na verdade sendo verdadeira com você mesmo. Onde você encontrou esses amigos? Como eles saíram do digital e vieram participar da sua vida realmente, sabe, você ligar e mandar mensagem, como foi?

A.C.: Contei para esses amigos virtuais em 2008 que eu era Ana e eles acompanharam esse processo comigo, digitalmente. A Céu, no Recife, e a Nanda, em São Paulo, mas elas estavam junto comigo. Ficaram sabendo quem eu era antes de pessoas próximas, antes da minha melhor amiga, por exemplo, e aí depois fui contando para as pessoas. E, Samuel, sabe aquele senso comum que fala que "o corno é o último a saber"? Depois que contei para todo mundo, as pessoas falavam: "Ué, achei que você já fosse". E eu ficava sem entender, porque antes as pessoas ficavam meio me olhando e perguntavam: "Você é roqueirona né, bem Pitty?", querendo me perguntar se eu era sapatão. Eu dizia que não tinha nada a ver com essas mulheres, porque na minha cabeça não tinha. Então, quando voltei para falar com essas pessoas, a maioria levou numa boa, porque eram amigos que eu já tinha, e quando contei pra elas foi o.k., porque acho que como sempre fui assim, não era aquela coisa que o pessoal fala "Barbie que virou caminhoneira", todo mundo dizia: "Ah, já era de se esperar de você". E para mim foi importante depois fazer amizade sapatão porque levo elas comigo até hoje, é o que me dá força de ver que não estou sozinha, porque em muito desse meu processo fui eu sozinha, sem nem ter nada na internet, era muito solitário, acho que um dos motivos de o meu canal ser Sapatão Amiga é para ser esse farol para começar a ajudar alguém, não que eu tenha pretensão de iluminar a cabeça de ninguém nem de transformar os outros em sapatão, mas de ser uma referência, porque eu não tinha, tive que criar e me virar. E quando comecei a ter essas amigas e a andar em ambiente sapatão, para mim foi mais ainda "eu sei que não estou sozinha e está tudo bem". Hoje para mim é supernormal ser quem eu sou, não tem esse questionamento, mas acho que, se eu tivesse elas antes, mais cedo, teria vivido minha vida sapatão mais cedo, e não só a partir dos vinte anos.

S.G.: Até pelo nome do seu canal, como você mesma disse, você entrega essa amizade para que outras meninas e mulheres enxerguem ali um espaço seguro; ou seja, de uma mulher que na infância, entre muitas aspas, se escondia na internet, hoje você é aliada da internet, dando voz e tendo voz pras outras. Em que momento essa chave virou?

A.C.: Acho que foi todo um processo, mas o que me motivou mais ainda foi porque, primeiro, sempre fui muito tímida, mas na faculdade que fiz na Zona Sul, em Botafogo, tinha uma oficina de teatro, acho que fiz dois, três meses, e a partir dali comecei a perder a timidez, comecei a falar, comecei a bem inicialmente entender o que era feminismo, conhecer a Simone de Beauvoir, conhecer essas feministas clássicas. Comecei, a partir dali, a ver que tinha pessoas lutando, acho que foi através da militância que comecei a querer falar, perder o medo, e foi todo um processo de eu começar no ativismo em 2015, mais ou menos.

S.G.: Antes mesmo do canal?

A.C.: Antes do canal, que criei em 2017, entrei no ativismo em 2014, 2015; isso foi possível quando comecei também a me entender como negra, porque, como sou negra de pele clara, fui tratada durante toda a minha infância, até quase o início da vida adulta, como morena, não me via como negra. Então quando comecei a entender que eu era negra, lésbica, o peso que isso tinha na sociedade, o quanto a gente sofre, me despertou uma vontade de lutar contra desigualdades, acho que a Ana, quando saiu do armário de vez, saiu com tudo, pronta para lutar e ir para cima. Acho que esse momento é marcante, 2015, quando entro no ativismo e começo a conhecer outras lésbicas. Não me sentindo tão sozinha, consegui falar mais, comecei a entender o que era errado, comecei a estudar e acho que foi essa questão, o ativismo me deu esse caminho, mas o momento exato, exato, acho que não sei. Eu já via na época, por exemplo, o Canal das Bee, a Louie, mas não tinha vontade de botar a cara no YouTube assim; acho que foi no ativismo, e entendendo esse conceito de que qualquer pessoa pode fazer comunicação e de que se a gente não falar ninguém vai falar pela gente, que fui.

S.G.: Isso é muito bonito porque você refez sua amizade, seu laço, e aí fico me perguntando hoje, com todo o espaço que você tem, o crescimento que tem o seu projeto, a oportunidade de falar por e para muitas pessoas, quanto tudo isso te mudou e te moldou? Quanto isso tudo te transformou? Como você se vê hoje? O que a Ana de hoje diria para aquela garotinha do passado a respeito da qual você começou a contar sobre pais que se separaram, problemas com drogas, ter morado com os avós, estudado em escolas muito rígidas, católicas?

A.C.: Nossa, tão fundo assim. Acho que falaria para ela que está tudo bem ser quem ela é, em gostar do que ela gosta e que ela é muito corajosa por ter enfrentado tudo isso e que se não fosse por ela eu não estaria aqui hoje. Acho que pensando no conceito de ancestralidade, a gente tem o nosso eu do passado, que traz a gente para cá e passa por coisas inimagináveis. Então eu diria que ela é muito corajosa porque ser LGBT antes de a internet bombar, com internet discada, Orkut, MSN, não era fácil, eu agradeceria muito a ela e falaria que ela é muito corajosa. Hoje em dia me vejo outra pessoa, não ligo para essas coisas para as quais eu ligava antes, de ter medo de ser quem eu era, acho que isso foi fundamental, quando parei de ter medo de ser quem eu era, quando comecei a aceitar que eu era bonita, comecei a aceitar que tudo bem eu ser gorda. Cada vez é um processo novo, cada vez a gente vai tendo dilemas diferentes de aceitação, porque essas coisas não são dadas para a gente, mesmo com muitas lutas a gente não se vê totalmente na televisão, na novela, a gente não tem referenciais dizendo que tudo bem ser negro, ser LGBT, ser indígena, ser PCD, então fico pensando muito nessas questões, e hoje em dia vejo essa evolução pela minha coragem que continua até o presente, essa coragem e essa esperança de não desistir e achar que é possível, sim, mudar a sociedade, de achar que é possível, sim, acabar com o genocídio do povo preto, com as mortes das pessoas LGBTs. Acho que é isso que vai me movendo, vejo uma evolução enorme, outra pessoa, às vezes sinto falta um pouco da inocência da adolescência, do início da fase adulta, porque a gente começa a ficar meio cabreiro, na defensiva.

S.G.: A gente fica calejado com o tempo.

A.C.: Fica calejado, não vê mais aquelas coisas de borboleta no estômago, mas acho que é isso.

S.G.: E me fala, para finalizar, hoje existem mais gays e sapatões aí na sua região, trans e travestis, tem mais gente? Você começou a ver que não está sozinha aí também? Como é hoje? A gente sabe que a periferia ainda enfrenta vários problemas, mas a população LGBT hoje na sua região pode existir?

A.C.: Existe, eu tenho uma vizinha muito poderosa, uma mulher trans negra, ela passa na rua com a bicicleta dela, os caras transfóbicos ficam enchendo o saco dela, ela passa pleníssima, nem olha na cara deles, poderosíssima. Tenho um vizinho também que é gay e, olha o bafo, filho do pastor, é gay assumidíssimo. Não tenho contato com essas pessoas, mas vejo de longe, até porque hoje em dia não fico mais tanto no meu bairro, fico mais fora, só venho mais em casa às vezes para dormir. Vejo mais gente na rua, vejo muita sapatão na rua aqui no meu bairro, e aqui perto tem o Baile Charme de Madureira, tem o parque Madureira, como se fosse o Ibirapuera de São Paulo, só que menor, e lá no parque de Madureira agora tem um gramado em que fica um monte de LGBT, sapatão marcando date de Tinder, maravilhoso, tem para todo lado. Acho que hoje, em geral, por causa dos movimentos sociais, das lutas LGBTs, a gente na internet também está fazendo com que as pessoas saiam do armário, e não sair do armário porque são obrigadas, porque é confortável, porque não estão sós, porque estão sabendo que tem gente lutando pelos nossos direitos, que os movimentos sociais estão presentes. Quer dizer, as pessoas esperam que nada de ruim aconteça com elas porque tem a gente ali como ponta de lança, seja no YouTube, como no nosso caso, seja como ativistas, como políticos, tem uma galera que está lá dentro, seja no movimento social em geral. Por isso acho que hoje em dia é mais fácil, porque tem essa proteção que até então talvez não estivesse exposta. Hoje em dia tem na novela, acho que para algumas pessoas isso é bobeira, mas para mim é importante pra caramba, queria ter nem que fosse o Félix, aquele personagem, queria ter um Félix na minha época para saber que estava tudo bem. Acho que é muito isso, e a tendência é melhorar, acho que as pessoas cada vez mais cedo vão se descobrir e saber que está tudo bem e não vão sofrer tanto quanto a gente sofreu.

S.G.: Isso é muito bonito e muito importante. Quero te agradecer por esta entrevista, você foi incrível. Queria que você me falasse como se sentiu, se ficou à vontade, se lembrou de coisas, como foi para você.

A.C.: Eu me senti na terapia, adorei. Adorei e lembrei de coisas aqui que tinha esquecido, que tinha deixado passar, e, por mim, ficaria aqui horas falando com você. Foi muito bom, adorei.

MURILO ARAÚJO

> **PERFIL:** Youtuber brasileiro, criador do canal Muro Pequeno, mora no Rio de Janeiro e é cristão, militante e gay. Em seu canal, ele discute temas como racismo, LGBTfobia e a relação desses temas com a religião. Seu trabalho mais recente, durante o mês da consciência negra, em novembro de 2019, foi com o projeto Potências Negras, para o qual produziu vídeos diários entrevistando trinta pessoas negras de diferentes tipos de projetos.

DEPOIMENTO DADO EM 2017 AO CANAL GUARDEI NO ARMÁRIO

Eu sou Murilo, estou em São Paulo agora, mas moro no Rio de Janeiro. Nasci em Ipiaú, interior da Bahia, e sabia que era uma criança diferente, tinha um pouco daquela história que muitos gays contam de não gostar das mesmas brincadeiras que os outros meninos, não gostar de fazer as mesmas coisas, não gostar de jogar futebol etc. Na escola eu era o menino que gostava de arte, gostava de participar das apresentações do colégio, só que, curiosamente, sempre tive segurança, acho, em relação à minha sexualidade. Acho que não passei pelo processo de me enganar em relação a quem eu era porque tinha uma consciência que eu achava muito genuína a respeito do fato de que eu me entendia enquanto hétero, e eu era muito tranquilo em relação à minha "heterossexualidade". Eu sabia que sofria bullying homofóbico, sabia que existia determinado estereótipo de masculinidade, e que os colegas achavam que eu era gay por eu gostar de arte ou de não gostar de futebol, mas eu mesmo achava que não era gay; falava: "Se pra mim, que sou hétero, já é um saco sofrer esse tipo de preconceito, imagina para os meninos que são gays de verdade".

Fui me descobrir no começo de 2009, logo que fiz dezoito anos, levou um tempinho. Eu tinha saído de casa havia ano, e acho que isso foi um pontapé importante em relação à minha sexualidade, foi quando me vi confrontado com outras visões de mundo, só que com um pouco mais de espaço e de coragem para poder assumir essas outras perspectivas. Quando cheguei à faculdade, estava me defrontando com milhões de possibilidades de ser assim, de experimentar a vida, a sexualidade, a identidade, a militância, a política, tudo isso. Eu estava morando em outro estado, não mais perto da casa dos meus pais, e isso me dava muita liberdade para poder viver minha vida dessa maneira. Isso foi importante para que eu amadurecesse muito e começasse a pensar sobre quais eram as amarras que eu tinha.

Daí, depois desse primeiro ano de faculdade, na virada de 2008 pra 2009, fui pra Bahia nas férias e resolvi fazer um curso de teologia que rolava por lá, sempre em janeiro. Durante esse curso, conheci um padre muito querido, uma pessoa por quem tenho uma admiração enorme até hoje, e que por acaso era pai adotivo da menina com quem eu namorava na época. Eu tinha namorado essa garota por um tempo quando ainda estava na Bahia, daí antes de eu ir pra Viçosa a gente terminou; só que a gente manteve contato durante esse primeiro ano em que eu estive lá, e, quando voltei para as férias, começamos a namorar de novo. E nesse tempo eu nunca tinha conhecido o pai dela, porque ele era padre, trabalhava como pároco em outra cidade e só aparecia em Ipiaú nas manhãs de sábado, que era um horário em que eu nunca estava com a minha namorada, porque a gente se via sempre à noite, no cursinho. E eu só fui conhecê-lo pessoalmente no tal curso de teologia. Foi um contato muito engraçado, porque a gente teve uma identificação muito grande em relação a um monte de coisas, e ele provocava alguns debates interessantes inclusive sobre a questão da sexualidade. Ele era o coordenador do curso, e uma das linhas temáticas se referia à questão do respeito às "diferenças sexuais", e eu me lembro também que quando ele foi fazer um exercício de releitura de letras de músicas, nos provocou a pensar umas coisas sobre a questão da sexualidade etc.; então esse debate aconteceu ali no curso, e foi bacana ter participado daquelas discussões dentro do contexto da Igreja.

No final do curso, ele me abordou e disse que precisava muito conversar comigo; achei que estava querendo falar sobre o meu namoro com a filha adotiva dele e entrei um pouco em pânico. Nessa época eu tinha acabado de reatar com essa namorada, só que esse rolo de volta não estava dando certo, e eu queria terminar de novo. Fiquei naquela situação, pensei: "Ele vai querer conversar comigo, e eu vou ter que dizer para ele: 'Olha, não se preocupe porque eu acabei de terminar com a sua filha' ou 'Não se preocupe que eu vou terminar com a sua filha daqui a pouco', dependendo só da ordem em que as duas conversas acontecerem". Mas eu já estava determinado a resolver isso. E aí quando ele veio conversar comigo, pra minha surpresa, falou o seguinte: "Foi muito bom ter conhecido você nesses quinze dias em que estivemos no curso, e eu estava te observando muito e pensando; fiquei com a impressão de que você é uma pessoa muito livre, mas que tem muitos medos. Quais são os seus medos, Murilo?". Eu falei para o Tião (que é o nome desse padre): "Mas por que você está me perguntando isso?"; ele disse: "Porque acho que você é uma pessoa muito livre, mas tem muitos medos e acho que você devia pensar sobre isso. Não precisa conversar comigo, pode ser com alguém da sua confiança, mas acho que devia pensar um pouquinho sobre isso, seus medos".

Aquilo me fez perder o chão completamente, como assim pensar sobre meus medos? Fiquei em crise e fui conversar com a minha melhor amiga. Na conversa com ela — que também foi ótima porque ela dava umas indiretas sobre coisas que achava que eu tinha receio de enfrentar —, eu sabia perfeitamente do que ela estava falando, ela sabia que eu sabia do que ela estava falando, mas a gente ficava naquele assunto genérico porque ninguém ia tocar na palavra sexualidade. Mas as pistas estavam muito evidentes para mim. Elas vieram também de uma conversa com a minha tia, que deve ter acontecido uns dois, três anos antes disso; pouco depois, no meu primeiro ano de faculdade, essa tia faleceu, mas um dia ela estava muito louca, bêbada, drogadona, e me falou: "Murilo, eu quero que você saiba que quando todo mundo fechar a porta e virar a cara pra você, até as pessoas mais próximas, seu pai, sua mãe, as pessoas que mais dizem que te amam, quando todo mundo virar a cara pra você, eu vou estar aqui. E você sabe por que eu estou tendo essa conversa com você". E eu sabia. Eu sabia por que ela estava tendo aquela conversa comigo. Eu falei: "Ai, tia, eu sei que você acha que eu sou gay, mas não tem nada a ver, sei que as pessoas pensam isso, mas não é bem assim"; e ela respondeu: "Ah, Mu, um dia você vai encontrar alguém". E eu me desarmei, porque na hora eu de fato pensei em alguém. Eu não tinha nenhuma noção de que era gay na época, mas pensei em um garoto. Um colega que eu tive, também na igreja, na época da crisma, com quem eu tinha uma relação que era muito próxima, mas que eu achava um pouco estranha, porque era uma relação que eu não tinha com nenhuma outra pessoa... e como não passava pela minha cabeça a ideia de ser gay, eu também não tinha um nome pra dar àquela relação. Pra mim era meio que uma amizade muito próxima, mas também muito esquisita. E aí quando a minha tia me disse aquilo, acho que foi a primeira vez que dei um nome para aquela relação, que entendi melhor o que podia ser aquilo que eu sentia por aquele menino.

E aí depois da conversa com esse padre, depois da conversa com essa amiga e muito marcado por essa conversa com a minha tia, comecei a lidar aos poucos com a ideia de que minha sexualidade podia ser muito mais aberta do que aquela que eu estava acostumado a experimentar. A primeira coisa que eu disse pra mim mesmo foi que se naquele ano rolasse a oportunidade de ficar com um cara, e eu sentisse vontade, eu ficaria. "Acho que está tudo bem, acho que está tudo o.k."

Até que veio uma bela manhã ensolarada de sábado, no fim de fevereiro de 2009. Eu tinha acabado de chegar a Viçosa de volta das férias e fui passear pelo campus da universidade, que é lindo; estava um dia muito bonito. Passou por mim um rapaz que eu achei uma gracinha; pensei: "Cara, que bom poder achar um cara uma gracinha sem sentir que é um problema". Foi então que pensei e cheguei à conclusão: "É isso, então, eu sou gay. É esse o nome, é isso. Ai, que legal, que bacana". Esse foi o primeiro pensamento. O segundo foi: "Cara, e como fica a religião? Como vai ser na igreja? Como eu fico com Jesus nessa hora?". Então achei que Jesus devia estar muito de boa, que Jesus ia adorar, e pensei: "Obrigado, Deus, pelo que foi esse momento".

Eu sou mesmo muito grato a Deus por isso, porque acho que em todo o meu amadurecimento, inclusive na minha relação com a religião, eu não teria maturidade para enfrentar a parada do jeito que enfrentei se tivesse acontecido em outro momento, se eu fosse mais novo, enquanto ainda morava com os meus pais; se tivesse sido uma outra realidade da vida, eu teria sofrido muito, inclusive com a questão religiosa. Só que eu vivi um processo de amadurecimento na Igreja que foi muito empoderador, acho que a palavra é essa mesmo, porque eu participava de pastorais superprogressistas, movimentos religiosos que iam na contramão dos segmentos mais tradicionais, e sempre foram abertos pra discutir questões de raça, classe, gênero, sexualidade, inclusive a pauta LGBT. O começo da minha militância, minha entrada na militância, aconteceu no espaço da Igreja.

Já com a minha mãe foi um pouco ruim no começo, porque não fui eu que contei para ela. Eu tinha conversado com um primo, porque era uma pessoa ali da família com quem eu achava que podia compartilhar, eu confiava muito nele, porque a gente tinha crescido junto; só que ele deu uma surtada, acho, e a história da nossa amizade de infância não deu em muita coisa nessa hora, porque ele era evangélico recém-convertido — hoje é pastor. Ele surtou um pouco. Tenho a impressão de que ele ficou muito mal com a ideia de ser bem próximo de alguém que ia para o inferno, acho que foi por aí. Então ele falou com um tio meu sobre aquilo, e esse tio, muito preocupado com a reação que meu pai teria, foi conversar com a minha mãe em vez de vir falar comigo. Aí foi uma *bad*, porque minha mãe não soube por mim e ficou muito magoada, e na época eu estava com alguns desentendimentos com ela por outras questões, então a gente já não estava numa situação muito boa, e ela descobriu que o filho era gay, e descobriu por um terceiro, então com a minha mãe o começo foi tenso.

Mas hoje a relação com ela é muito tranquila, muito gostosa, a gente nunca teve muita dificuldade de lidar com isso do ponto de vista religioso. As pessoas da igreja sabem, na comunidade em que eu cresci lá em Ipiaú minha mãe sempre foi aberta em relação a essa questão, e com ela é muito tranquilo e muito gostoso, a gente amadurece a nossa relação todo dia. Com o meu pai tem sido um processo constante de crescimento, que, inclusive, está andando mais rápido do que eu imaginava. Ele continua sem querer saber muito da minha vida, mas a gente vem conseguindo ter conversas cada vez mais abertas, e é um constante exercício de calma e de paciência para poder provocar uma coisa ali, falar outra coisa aqui etc.

O cristianismo ainda não se abre pra entender a experiência da gente e, sem entender, acaba nos condenando a algumas situações muito difíceis, mas a gente sabe quanto essa realidade é profunda, quanto ela é nossa, quanto a nossa sexualidade é uma parte importante de quem a gente é. E se conhecemos a honestidade do nosso coração, do nosso desejo e da nossa identidade, Deus também conhece, e se Ele conhece, entende, compreende, aceita e ama. A experiência mais profunda que tive no meu contato com Deus até hoje foi o dia em que saí do armário. Foi a ação mais profunda e verdadeira do Espírito Santo na minha vida, essa experiência de conseguir dizer "eu sou gay" e me sentir livre com isso. Queria muito que a gente pudesse experimentar essa liberdade também para que não precisasse se condenar e para que não achasse que Deus deixou de nos amar por causa da maneira como Ele mesmo nos criou.

SILVETTY MONTILLA

> **PERFIL:** Drag queen, ator, cantor, compositor, repórter, dublador e dançarino. Nasceu em 1967, em São Paulo, e já se apresentou diversas vezes nas principais boates gays da cidade. É figura presente no cinema, na televisão e no teatro, além de estrelar espetáculos de *stand-up comedy*. Atuou no filme *Do lado de fora* e no musical *Cartola: o mundo é um moinho*. Também apresenta o *reality show* chamado *Academia de Drags*. Atualmente possui shows fixos em sete boates de São Paulo, onde se apresenta durante a semana, e reserva os sábados para apresentações em outros estados.

SAMUEL GOMES: Eu vou até fazer aqui um resuminho sobre a Silvetty. Desmontada, é Silvio Cassio Bernardo — mais conhecido como Silvetty Montilla. É uma lendária drag queen, ator de comédia, cantor, compositor, apresentador, repórter, dublador, dançarino brasileiro, considerado um dos maiores artistas da noite LGBT brasileira. Isso é incrível! Como foi que aconteceu essa construção?

SILVETTY MONTILLA: Foi do nada, porque eu nunca imaginei fazer o que faço. Entre a Silvetty e o Silvio existe uma diferença muito grande. É lógico que no decorrer desses 32 anos eu já mudei muito; mas o Silvio é uma pessoa quieta, tímida — a Silvetty é tudo aquilo que as pessoas conhecem no palco. Eu atuava como auxiliar de promotoria, era concursado, e durante quatro anos fiquei trabalhando na noite, junto com meu emprego do dia. Quando vi que financeiramente — eu sempre fui boêmia, sempre gostei da noite, nunca gostei de acordar cedo — isso estava dando certo, fiquei só com a Silvetty. Mas eu não imaginava... não vou falar "sucesso" porque pode ser que eu esteja me gabando, mas não imaginava trabalhar tanto! E para você estar há 32 anos trabalhando para a comunidade — porque a comunidade é como uma pessoa para quem, assim, "você é bom ou você é bom", é muito exigente. Então eu fico muito feliz por ter escolhido a profissão certa porque é uma coisa que faço e que eu amo.

S.G.: Eu queria conhecer um pouquinho mais do Sil: onde você nasceu? Com quem você viveu nos primeiros anos? Conta um pouco desse início, vamos relembrar!

S.M.: Eu nasci e fui criado na Casa Verde, que é um bairro bem próximo do centro de São Paulo. Sou de uma família de quatro irmãos: duas mulheres e dois homens. Há dezoito anos não tenho mais minha mãe, que é a pedra mais rara que eu tive, tenho, porque vai continuar sendo na minha vida. Hoje eu tenho este apartamento aqui, mas continuo na Casa Verde, sou muito família. Moram comigo, lá na Casa Verde, meu pai, que está com 84 anos, e duas irmãs. Eu sou muito família. Passo o dia todo aqui no meu apartamento, mas estou sempre na Casa Verde.

S.G.: Eu, que acompanho você pelas redes sociais, imaginava que ficasse mais na Casa Verde. Vejo muitas fotos... e você fica, não é?

S.M.: Fico, sim! Lá é minha casa — aqui também é minha casa, porque me pertence, mas eu durmo todo dia lá, eu termino meu show, venho, me desmonto, e então o Silvio volta para casa. Aqui seria a casa da Silvetty; lá, a casa do Silvio.

S.G.: O Silvio da casa em que ele cresceu, o Silvio criança, daquela época — ainda na infância, antes de entrar na adolescência —, já entendia que era diferente dos seus irmãos, dos amiguinhos?

S.M.: Não sei. Não sei se na infância, porque acho que me descobri mais na adolescência. Eu era uma pessoa muito restrita, muito quieta, muito tímida.

S.G.: Gerava alguma estranheza, por parte das pessoas, você ser um menino tão quieto, tão tímido, tão na sua?

S.M.: Ah, para a minha família, para as minhas irmãs, eu era muito educado, muito na minha, mas eu nunca cheguei para a minha família e falei o que eu era. Tive um relacionamento durante oito anos; ele morou comigo na Casa Verde. Nessa época eu ainda tinha minha mãe viva, então eu tinha meu quarto lá, uma cama de casal... Mas nunca ninguém perguntou: "Ah, o que ele é seu?". Todo mundo adorava ele, então nunca teve aquela questão de eu falar assim: "Pai, mãe, olha, eu sou gay".

S.G.: Mas para você, antes mesmo dessa pessoa com quem você contou que se relacionou, com quem ficou, morou junto... Você começou a se questionar antes dele, como foi?

S.M.: Muito tardiamente.

S.G.: Muito tardiamente? Com quantos anos, mais ou menos?

S.M.: Acho que com dezoito anos, porque foi quando eu comecei a sair. É lógico, já tinha meus amigos gays no bairro.

S.G.: Mas você não se via...

S.M.: Não me via, não sabia, não entendia. Até que aconteceu de um amigo meu, chamado Natalino, que é meu amigo até hoje, me trazer aqui na Marquês de Itu — porque antes não era a Vieira de Carvalho esse reduto, era a Marquês de Itu. Tinha três bares, chamados Plutus, Cheguei e Euclides, e a rua ficava tomada de gays, era bicha a dar com o pau.

S.G.: Foi tranquilo para você ir lá pela primeira vez?

S.M.: Não! Não foi nada tranquilo. Porque quando eu cheguei lá e vi aquele monte de homem, homem se beijando, eu pensei: "Gente!". Era aquilo que eu queria, mas nunca imaginei que teria.

S.G.: Sim. Você ficou com medo?

S.M.: Muito, porque era outra coisa o que eu estava vivendo... Eu sou uma pessoa, como falei, caseira, venho de uma família católica — hoje são evangélicos —, eu participava de grupos na igreja, grupo de jovens. Então aquilo para mim foi, assim: tá! Eu me assustei, realmente, porque nunca tinha visto aquele monte de homem se abraçando, se beijando, uma rua em que não dava nem para passar carro direito.

S.G.: Conseguiu fazer amizade com alguém naquele dia, conversar com alguém sobre a sua...?

S.M.: Não, eu não lembro, não sei; mas eu ficava muito com os meus amigos. Nós somos amigos até hoje: Natalino, que me levou, e meus amigos do bairro, que eram duas gays também, o Duílio e o Roberto, somos amigos até hoje. O Duílio morou fora durante dezesseis anos, em Londres, mas voltou, se casou, mora com seu companheiro aqui; o Roberto é um amigo que trabalha comigo numa boate, a Blue Space, somos amigos até hoje. Nós três temos a mesma idade, 52, só que eu falo: eu sou a mais nova.

S.G.: Eles te ajudaram naquele processo de você se entender? Acredito que muitos LGBTs, ainda hoje, aqueles que estão dentro do armário, passam por esse processo de procura por identificação. E acho que o LGBT, ou o gay, a gente só vê em cima do palco, só vê na TV, e é mais difícil trazer para a nossa realidade. Então você, com seus amigos LGBTs, com seus amigos gays, você chegou para eles e disse: "Olha, acho que eu também gosto de meninos"?

S.M.: A gente não teve essa conversa assim, mas sentia que era daquilo que a gente gostava, nós éramos muito de bairro, não conhecíamos o centro, até a oportunidade de ir à primeira boate, de se encantar... Tempos completamente diferentes. Então nessa mesma Marquês de Itu, nós estávamos conversando em uma rodinha, e em outra rodinha estava outro menino, do outro lado da rua, que eu achei simpático, bonito. Aí ele ficou me olhando, eu fiquei olhando, até que uma pessoa de lá veio e disse: "Ele quer falar com você" — só que não falou para mim, falou para o Natalino. Aí o Natalino foi conversar com essa pessoa, que disse: "Não, não é você..." — e esse era o Roberto. Eu e o Roberto começamos a nos conhecer, ficamos um ano juntos, nunca tivemos relações, nunca fomos para a cama, e depois ele sumiu, nunca mais vi. Quando o reencontrei, ele me reconheceu, eu já estava fazendo show na boate, já estava dançando como bailarino, ele quis dar na minha cara, falou: "Poxa, a gente ficou um ano, comigo você não podia fazer nada, não podia sair". Só que aí o tempo passou, fui ficando mais velho, voltei a ver ele acho que depois de três anos, já estava com 21, já estava uma bichinha mesmo, sabe, bem pintosa, mas foi o que aconteceu na minha vida naquela época.

S.G.: Eu fico indagando aqui sobre essa questão de antes de entrar na noite. Na maioria das suas entrevistas a que assisti, você fala sobre todos esses anos memoráveis mesmo. Mas o que nos aproxima muito dessa galera que está chegando agora, principalmente tirando o eixo Rio-São Paulo, é que a gente acredita que — não só acredita, mas sabe — quanto as pessoas ainda estão "atrasadas na aceitação", não é?

S.M.: Sim, sim. Até porque, eu vejo, vi muito isso, durante esses 32 anos. Vinte e cinco anos passei viajando pelo Brasil, até para alguns países fora, então eu conheci muitas pessoas, é muito diferente, não existem as oportunidades que a gente tem aqui em São Paulo — como você falou, no eixo Rio-São Paulo. Então as pessoas têm aquela dificuldade de poder sair do armário, conversar com a família. Hoje em dia, eu acho que está tudo muito mais fácil, até porque nós estamos em tudo, na televisão, no cinema, no teatro, em novela, e isso é legal, abriu um pouco a cabeça das pessoas. Mas ainda estamos longe, na minha opinião, de poder falar: "Ah, o preconceito acabou"; ele está mais é sendo meio maquiado, não sei nem se teríamos saúde para viver até esse momento, em que as pessoas são todas iguais.

S.G.: É verdade. E aí eu fico me perguntando também se, na época, você e os seus amigos tinham algum sistema de proteção. Porque a informação chega com mais dificuldade, se ir pro centro também não era uma coisa tão recorrente. Como vocês se ajudavam para entender que, o.k., ser LGBT, ser gay é normal, é legal, está tudo bem, eu não vou pro inferno por conta disso. Vocês tinham isso em mente?

S.M.: Tínhamos, tínhamos, mas nossa aprendizagem foi acontecendo com o tempo, indo conhecer os lugares, os bares, as boates. É como eu falei, era muito diferente. Naquela época, a droga não era tão pesada, tão maciça. É lógico que tinha aquelas droguinhas, maconha, pó... Mas graças a Deus eu trabalhei muito tempo com pessoas e pessoas, porém nunca ninguém falou: "Olha, para trabalhar, você vai ter que fazer isso". A gente foi descobrindo as coisas na noite, com o tempo. E eu comecei a trabalhar muito cedo, então...

S.G.: Sem falar sobre o trabalho da noite, mas com quantos anos o Silvio começou a trabalhar?

S.M.: Ah, uns dezesseis, catorze, quinze — eu sempre trabalhei, desde pequeno.

S.G.: É muito da nossa história, como homens negros. A gente começa a trabalhar muito cedo, para ajudar em casa, ter o nosso dinheirinho.

S.M.: Sim, lógico.

S.G.: E você tinha a preocupação de não aparentar ser gay naquele momento, por conta da...

S.M.: Eu era uma bichona! Uma bichinha, né, porque eu era nova ainda. Eu usava aquelas calças rasgadas, camisetinha.

S.G.: Em que ano era isso?

S.M.: 84, 85... Hoje em dia os gays têm um pouco de receio de sair na rua. Naquela época a gente às vezes era apedrejada, era xingada, era muito mais difícil.

S.G.: Você já passou por isso, então?

S.M.: Já, já...

S.G.: E o começo da sua vida, ainda como homem gay, mesmo sendo pintosa, ali, enfrentando a sociedade, te ajudou a ser a Silvetty?

S.M.: Sim, lógico. Até na minha rua, mesmo, meus amigos iam me chamar em casa, às vezes, debaixo de pedrada, porque tinha aqueles meninos que ficavam falando para eles: "Ah, olha os viados!". Mas comigo mexiam menos, porque eu era dali, tinha meu irmão, que costumava me proteger. Uma vez, um amigão, o Carlos, foi me chamar em casa, e o vizinho mais novo passou. Logo eu ouvi aquele: "Ah, viadinho". Só que eu tinha que me dar ao respeito também, porque se eu não o fizesse, eles iam montar em mim sempre. Aí eu voltei — estavam em uma rodinha de quatro — e falei: "Algum de vocês chamou a gente de viadinho, não é? Olha, deixa eu falar, deve ser você, porque é novo aqui, moro aqui já há tantos anos, não vou lembrar, dez, quinze, vinte. Eu nasci e fui criado aqui. Então você errou, não sou um viadinho, sou um viadão, olha o meu tamanho e olha o tamanho deles também. Não somos viadinhos, somos dois viadões! Duas bichonas enormes. Então vou continuar andando. Da próxima vez que eu passar e ouvir qualquer um cochichando 'viadinho', vocês vão conhecer o viadinho — viadinho, não. Como eu disse, viadão". Depois daquilo, nunca mais. Porque eu me dei ao respeito. Porque se a gente não falasse nada, sempre que a gente passasse ia ser chacota.

S.G.: Você sempre teve essa força? Porque eu fico pensando na minha história também. Eu sentia muito medo quando as pessoas falavam de mim, tinha medo de cochicharem a meu respeito, acho que por eu ter ouvido tanto que era errado ser quem eu era, eu tinha medo de estar sendo errado mesmo!

S.M.: Medo, acho que eu, todas nós tínhamos. Mas você precisava se impor.

S.G.: O que te dava força?

S.M.: Não sei. Mas eu nunca, vamos dizer, levei desaforo para casa. Na escola eu era sempre muito protegido, meus amigos sabiam que eu era gay. Quando alguma turma nova entrava e ia zoar comigo, meus amigos me defendiam. Às vezes eram expulsos, levavam suspensão, por causa de mim. Mas eu também nunca fui de ficar quieto — nunca fui de briga, mas nunca deixei ninguém me desrespeitar.

S.G.: Eu acho que essa sua construção de identidade combativa, se dando ao respeito diante da galera e não deixando eles crescerem pra cima de você, te ajudou a passar por uma época diferente da atual, quando havia menos entendimento em relação à questão LGBT.

S.M.: E hoje você vê que essa molecada nova, que vem de periferia, vem montada, é totalmente diferente! Então é legal, porque as pessoas estão vendo que a coisa mudou, não é?

S.G.: Você já contou um pouco sobre a sua transição, sobre sair do meio corporativo para ir trabalhar na noite. Só que você fez isso enquanto estava lá, no seu último emprego, no qual era concursado, certo?

S.M.: Sim, sim. Eu pedi exoneração.

S.G.: Como você passou por isso?

S.M.: Foi como contei, eu fiquei trabalhando, durante quatro anos, à noite e de dia. Quando vi que financeiramente compensava para mim — como eu disse, eu gostava da noite —, falei: "Vou chutar o balde!".

S.G.: Deixaram você sair assim, tranquilamente?

S.M.: Sim, sim. Eu pedi exoneração, falei: "Não, não quero, não é isso que eu quero para a minha vida, entrei num ramo em que não sei se vai dar certo, mas eu vou tentar".

S.G.: E esse "não sei se vai dar certo" está dando certo há quanto tempo? Há muito, né? Deu muito certo!

S.M.: Trinta e dois anos, eu fico feliz. É muito gratificante.

S.G.: Me fala, rapidamente também, sobre a sua trajetória na noite, porque muitos veem você hoje ali, como mestre de cerimônias, subindo no palco, falando, fazendo *stand-up*, fazendo TV, fazendo cinema...

S.M.: É gostoso!

S.G.: É gostoso, mas quando você começou, lá atrás, não deve ter sido fácil.

S.M.: Não, longe disso! É uma coisa que estava dentro de mim, já tinha virado minha profissão, então eu falei: "Ou é isso, ou é isso". É lógico que tinha uma outra profissão: eu trabalhei no Ministério Público, fui decorador, fazia vitrines em lojas. Eu tinha outra profissão, mas não ia ser muito mais fácil, entende? Então eu falei: "Não, é isso que eu quero, vou!". Tinha vontade de que, poxa, as pessoas ficassem felizes com meu crescimento — nem digo sucesso, digo crescimento, por eu estar fazendo uma coisa legal, de que as pessoas estivessem gostando. Portanto foi muito difícil, mas eu aprendi com isso. Acho que é um aprendizado. E fui conquistando. Hoje em dia, por exemplo, a noite mudou muito, então fico feliz por ter aberto o leque, ido para o *stand-up* — que é uma coisa que a gente já fazia havia muito tempo, foi depois que surgiu o nome —, feito alguns programas de TV, ido para o cinema, feito musical, *Cartola*, que foi um divisor de águas na minha vida. Você chegou a assistir?

S.G.: Eu tenho foto, vídeo com você lá no teatro!

S.M.: Então você assistiu...

S.G.: Eu acompanho seu trabalho! Você não está entendendo como é uma referência para mim!

S.M.: É uma coisa que me deixa muito feliz, porque *Cartola*, vou contar assim bem rapidamente, foi demais. Eu sempre gostei de musicais. Sempre, quando ia para o exterior, assistia a dois, três. Eu ligava para o meu amigo em Londres — porque eu sempre ia para lá, e de lá ia pra outros países — e falava: "Ó, compra aí; se eu não tiver dinheiro a gente vai pondo na cadernetinha". Eu sempre gostei! Um dia eu estava com um antigo assessor meu, Vinícius, jantando em um restaurante e encontrei o Jô Santana, que é o idealizador do projeto da trilogia, que foi *Cartola*, *Dona Ivone*, e agora vai ter audição, no ano que vem, para *Alcione*.

S.G.: Não sabia que fazia parte de uma trilogia!

S.M.: Sim! É uma trilogia. Então nós estávamos no restaurante, aí encontrei o Jô, fazia tempo... "Oi", "oi", conversa vai, conversa vem...

Não sei como surgiu o assunto de musical, e ele falou: "Ah, Silvetty, vai ter o musical *Cartola*". Falei: "Que bom! E o que eu tenho a ver com isso?", bem doida! Até que ele disse: "Vai fazer o teste!". Eu falei: "Tá louco!", mas ele trocou telefones com o meu assessor. Na semana do teste, meu assessor me escreveu. Resumindo: foram 5 mil inscritas, 3 mil selecionadas, aí foi caindo, quinhentas... Foram três dias de testes: canto, dança, interpretação. No primeiro dia, cheguei lá, vi aqueles atores negros maravilhosos, que eu via na televisão, e falei: "Gente, o que eu estou fazendo aqui?". Você tinha que cantar duas músicas do Cartola, que eles passavam. Fui lá, comecei, foi horrível, fiquei nervoso, não saiu. Até que o maestro falou: "Vai, Silvetty, tenta de novo", de uma forma, não sei... Aí fui, fiz, saí. Alguns atores, como o próprio Eduardo Silva, Flávio Baruaqui, Adriana Lessa — representatividade mesmo, ali —, me cumprimentaram, disseram: "Sou seu fã".

S.G.: É muito lindo isso!

S.M.: É muito bom! Aí passou, foi a pior semana da minha vida, a semana da Parada Gay.

S.G.: Ah, estava muito corrido, muito trabalho!

S.M.: É, a vida estava... porque foi sexta, sábado, domingo. Na sexta foi canto; no sábado, dança; no domingo, que era interpretação, falei: "Ah, estou na minha área de conforto". E a concorrência já tinha caído, eram só sessenta pessoas — e eu estava lá. Os testes eram cada um por si, ninguém viu o teste de ninguém. Só no dia da interpretação todos ficaram na sala, e pudemos ver o teste um do outro. Acho que não eram nem sessenta... é, eram umas sessenta pessoas, por aí. Então o Gamba, que hoje trabalha comigo, é um amigo, uma pessoa que eu quis na minha vida, disse assim: "Silvetty, você não quer ser a primeira? Porque você tem a Parada e é na Paulista". Eu falei: "Você está louco, eu ser a primeira!". A gente tinha três minutos para fazer um texto. Podia falar da vida do Cartola, ou já ter um texto. Eu falei: "Você está louco que eu vou ser a primeira". Aí passou, teve uma menina, a oitava, que falou: "Olha gente, meu nome é tal tal tal, eu sou cantora, não sou atriz, mas, se por acaso eu passar, vou me entregar para vocês, estou contando a minha vida, não tenho texto". Eu falei: "Sabe de uma coisa? Também vou falar de mim!", eu não tinha decorado nada. E nesses três minutos, eu me lembro até hoje, comecei assim: "Oi, gente, tudo bem? Meu nome é Silvetty, modelo-manequim, trabalho com produtos de beleza — mas beleza pra quem precisa, que vocês podem olhar...". O povo aplaudiu. Nesses três minutos, fui aplaudida três vezes.

S.G.: Nossa, que ótimo!

S.M.: Saí de lá, meu assessor tinha entrado, invadido a sala, o que não era permitido, me parabenizando. A Adriana Lessa foi lá fora: "Olha, você foi maravilhosa". Tudo bem, passou. Aí, desses sessenta ficaram trinta. Esses trinta, o diretor, Roberto Lage, dividiu em duas mesas, eu estava na primeira, e depois, mais tarde, haveria outra com mais quinze pessoas. Íamos ler o texto; ele falou: "Olha, aqui vocês vão ler o texto, vamos ver se vocês gostam, se o salário é o que vocês querem etc.". Terminamos a leitura — e para isso tudo eu fui montada; para a leitura eu não ia, mas o Jô falou: "Não, vai montada". Então eles já sabiam de alguma coisa, né. Então eu fui montada, aí o Roberto Lage falou: "Olha, gente, nesses três dias de testes nós tivemos uma pessoa que sobressaiu, que eu não conhecia, não sabia quem era, mas que é um talento etc.; ela é a primeira que está em *Cartola*, é a Silvetty Montilla". Aquilo, para mim... Ele disse: "Só que não tem personagem"; e nisso eu falei: "Ai, que horror, de que que adianta ter...". Então o Artur Xexeo, o escritor, criou um personagem, a Aurélia Pitanga — que foi uma divisora de águas —, uma professora, um elemento fictício que eles colocaram na história do Cartola, que foi muito bom!

S.G.: Quando eu fui, lembro que entre o primeiro ato e o segundo, você aparecia e falava.

S.M.: É, sim, sim... foi muito bom! E aí passou, teve o *Dona Ivone*, eu fui fazer o teste, não passei — fiquei tão nervoso, tão nervoso... não saiu nada. E eu saí de lá com um amigo meu e falei: "Não passei".

S.G.: Você já tinha sentido...

S.M.: Você sente quando não está bem. Já foi, e agora vou me preparar, porque eu quero fazer o *Alcione*. Quando vejo o Miguel Falabella, eu falo: "Ai, Miguel, eu sei fechar uma cortina como ninguém!".

S.G.: Maravilhosa! E Silvio, Silvetty, ao longo da sua vida, da sua trajetória, você viu muita coisa acontecer, viu a comunidade LGBT no Brasil e no mundo passar por várias transformações. Hoje, o que você diz da atual situação do movimento LGBT e de tantas conquistas? Como você vê o cenário?

S.M.: Muitas conquistas, mas faltam tantas coisas para nós conquistarmos. Eu acho que precisa ter um pouquinho mais de respeito, de união entre a classe mesmo. Falo da questão da hierarquia. Eu sou uma pessoa que sempre respeitou aqueles que vieram antes, então a gente tem que ter isso. Hoje, o movimento drag, por exemplo — transformista mesmo, que é o que eu faço, artista da noite —, está muito escasso, hoje elas não têm tanto trabalho como tinham. O que está em cena atualmente, que eu respeito, aplaudo muito, é Pabllo Vittar, o nosso maior nome hoje, e todo mundo sabe... Ela deu o empurrão e depois vieram essas outras drags, que fazem o estilo dela — que eu respeito também. Então, acho que tinha que ter um pouquinho mais de união entre todas — não importa se ela é nova, se eu sou mais velha, tem aquela mais velha que eu. Acho que o respeito entre a classe está muito difícil e, digo, para todo mundo. E tem a situação do país também.

S.G.: Você teme que, até por conta dessa desunião, a gente acabe perdendo mais coisas do que já está perdendo?

S.M.: Eu adoraria que não estivesse, que não acontecesse isso, só que a gente vê coisas e vai ficando muito triste. Mas eu sou uma pessoa guerreira, sou uma pessoa que estou ali, não desisto da minha luta, do meu dia a dia. É resistência mesmo.

S.G.: E agora, para finalizar, eu gostaria muito que você falasse para quem ainda está passando por esse processo de aceitação, de saída do armário, levando em conta que, apesar de todas as evoluções que a gente acumulou, tem uma galera ainda sofrendo muito por causa da

Igreja. Recebo relatos muito fortes, e acredito que você também, de pessoas que falam o quanto a nossa existência, como homens negros e gays, é importante, então eu gostaria muito que você falasse com esse menino, com essa menina que ainda está ali, sofrendo.

S.M.: Eu vou até ser meio curta e rápida. Eu sempre falei: tudo na vida vem com uma única palavra para mim, que é respeito. Todo mundo tem o seu momento, todo mundo tem a sua hora. Eu, como falei, nunca precisei abrir armário, sair do armário para falar: "Pai, mãe, irmãos, eu sou isso". Vai no seu tempo, respeite a sua família, seja família, porque, para mim, família é tudo. Às vezes é tão emocionante, tão gratificante pra mim quando eu estou num show e alguém manda uma mensagem — antigamente falavam pessoalmente, hoje é por WhatsApp, *direct* —: "Silvetty, que legal, eu estava brigada com a minha mãe, com a minha família, eu vi seu show, me deu vontade de reatar"; eu sempre falei muito disso. Então respeite, seja família, tenha o seu momento, não faça nenhuma loucura para querer falar: "Ah eu sou isso ou aquilo...", não. Tudo tem a hora certa, e com respeito tudo vai dar certo.

S.G.: Obrigado, obrigado por essa entrevista!

S.M.: Eu é que agradeço!

SPARTAKUS SANTIAGO

> **PERFIL:** Youtuber baiano, negro e gay. Por meio de suas redes sociais, debate acontecimentos recentes que possam levar a uma discussão sobre racismo e LGBTfobia. Devido a sua grande visibilidade nas redes, foi convidado a apresentar o programa *Cine Clube* da TV Futura. Hoje, acumula mais de 100 mil inscritos em seu canal no YouTube.

DEPOIMENTO DADO EM 2018 AO CANAL GUARDEI NO ARMÁRIO

Meu nome é Spartakus, tenho 24 anos. Eu sou de Itabuna, Bahia, mas moro no Rio de Janeiro.

Moro no Rio há seis anos. Vim para cá porque passei no vestibular, vim fazer publicidade, na minha cidade não tinha nenhuma faculdade pública. Tive que vir para o Sudeste, que é onde o mercado de publicidade fica — eu me mudei pra cá em 2012.

Fui criado pela minha avó e pela minha tia, duas mulheres negras. Eu também tinha minha prima — ela era minha vizinha —, era como se fosse minha irmã. Fui criado nesse ambiente de mulheres incríveis.

Na minha infância, eu era um nerd que não tinha muitos amigos — era aquele que sofria bullying no colégio. Hoje as pessoas têm noção de que bullying é errado, mas naquela época elas tinham a noção de que o errado era eu, que tinha algo errado comigo. Um garoto especificamente fazia muito bullying comigo, da segunda até a quinta série; ele foi responsável até por colocar pessoas da sala contra mim, que ficavam me chamando de "viado" — eu nem entendia minha sexualidade direito na época, nem tinha sexualidade, eu era uma criança! Mas já era "viado".

Aconteceram vários episódios, mas o pior foi quando eu estava na quarta série, e ele fingiu que era meu amigo e me chamou pra ir até a casa dele. Fiquei megafeliz, porque finalmente o meu inimigo ia parar de ser meu inimigo, eu ia ter paz; quando cheguei lá, ele começou a jogar pedras em mim. Era uma armadilha pra me machucar. Foi horrível, foi revoltante. Acho que eu tinha onze, dez anos... Quando eu era mais jovem, quando estava na segunda série, eu falava e não adiantava nada. Houve um dia que foi assim: meu colégio tinha uma ligação muito forte com teatro, então um dia os professores resolveram fazer uma encenação em homenagem aos alunos. A minha professora da quarta série fingiu que era eu no palco, como se eu fosse um personagem. Ela falou assim: "Ah, professora, fulano tá enchendo meu saco". Eu me senti horrível, porque eu estava só falando o que acontecia comigo, o que me incomodava, e vi que a professora achava aquilo ridículo. Depois disso parei de falar.

Fui me fechando. Eu me lamentava por ser quem era. Me lamentava por ter jeito de viado — esse era o ponto principal, porque eu não tinha pedido a Deus pra ter jeito de viado. Na época eu não entendia minha sexualidade, mas todo mundo já falava que eu era viado. Eu dizia: "O que eu fiz para ser viado? Para parecer viado? O que eu fiz para as pessoas me julgarem tanto?", sendo que eu nunca tinha pegado um cara na vida, nem pensava nisso na época.

Eu tinha muito problema de autoestima por causa disso. Porque sentia que tinha alguma coisa de errado comigo. Quando estava no segundo ano, eu tinha uma amiga on-line — por eu ser muito isolado, fazia muitos amigos pela internet — que também era muito deprê, como eu. Então um dia, conversando com ela pelo MSN, notei como ela era deprê e falei: "Não quero isso pra mim, cansei de ser nerd, de ninguém gostar de mim, de ser essa pessoa...". Eu sentia que ia acabar sozinho na vida, sem ninguém. Eu falei: "Tenho que mudar". Uma semana depois — era início das aulas —, decidi que ia ser outra pessoa. Peguei meus CDs de música pop e dei para a minha prima. Minhas roupas, eu mudei — usava corrente, comprei tudo igual. Eu falei: "Eu vou ser igual a essas pessoas, não quero mais ser eu". Foi um ano muito horrível, péssimo, porque tive que cortar amizade com todos os meus amigos próximos, deixei de falar com eles e comecei a andar só com as pessoas que faziam bullying comigo. Durante um ano, eu sentava junto com elas, fazia o dever junto com elas — e elas não estudavam, então eu as ajudava nos trabalhos etc. Porque eu falava: "Esses caras são felizes, esses caras namoram, eles pegam as garotas, e eu não consigo nada". Foi um ano de muito esforço, muito desconfortável, horrível. Mas foi um ano importante para eu desenvolver habilidades sociais — hoje sou uma pessoa extrovertida porque fui forçado a ser extrovertido. Quando esse ano acabou, vi que eu não estava feliz, que não tinha chegado aonde queria. Tinha perdido a BV, tinha pegado uma garota, mas não era um deles.

No segundo ou terceiro ano, eu já via pornô gay, mas, como morava em uma cidade pequena, Itabuna, era o tipo de coisa sobre a qual eu pensava: "Posso ver, posso ter vontade, mas nunca vou fazer isso na minha vida. Eu vou morrer com vontade de fazer e sem fazer". Só quando eu fui para a faculdade comecei a me conhecer.

Eu sempre aprendi que viado era algo ruim. Meu pai me abordou um dia para perguntar se o filho dele era viado. Um dia nesse ano, em que eu estava tentando ser amigo desses garotos, a gente estava no colégio e quando foi tirar uma foto, um garoto botou a língua na minha orelha; eu postei essa foto no Orkut. Meu pai não me criou, sempre foi muito ausente. Só que ele viu a foto no meu Orkut. Ele morava a duas quadras da minha casa, então saiu da casa dele e veio até a minha, porque naquele momento ele entendeu que tinha que ser pai. Aí ele veio me criticar. Falou: "Quer dizer que você virou viado? Eu vi uma foto no Orkut, o garoto botando a língua na sua orelha". Naquele momento fiquei revoltado. Cheguei a jogar na cara dele: "Você é um pai ausente, que moral você tem para falar alguma coisa para mim, você não está do meu lado para me ensinar nada, mas quer estar do meu lado para cobrar macheza". Só que foi horrível, porque meu pai saiu de lá sem mudar de opinião e muito mal pelo que eu tinha falado para ele, e eu saí ainda pior.

É uma coisa que tento levar para a minha vida hoje, até para o meu canal, que a abordagem para mudar a cabeça das pessoas que têm preconceito não é violenta. Eu ter enfrentado meu pai e falado todas aquelas verdades, aqueles argumentos que estavam totalmente certos, não o tocou, só machucou mais ainda. Até porque não conheço a vivência do meu pai. O meu pai é um cara que só concluiu o ensino médio, é um cara pobre, motorista de ônibus; não posso, também, esperar muita coisa dele. E, por fim, ter feito isso não resolveu a situação, só o machucou mais e me machucou também.

Eu saí da minha cidade, vim pro Rio de Janeiro estudar publicidade. Aqui fiz um grupo de amigos. No Rio de Janeiro, foi totalmente diferente, eu estava longe da minha família, a mentalidade da cidade é diferente, é um lugar muito mais livre. No primeiro ano fui totalmente hétero. Eu ia para chopadas, ficava com meninas etc. Quando acabou o primeiro ano da faculdade, estávamos eu e os meus amigos, e um deles lançou a pergunta: "A gente já viveu 25% da faculdade; vocês já fizeram 25% do que vocês queriam fazer?"; fiquei com aquilo na cabeça. Nesse mesmo dia, a gente foi a uma festa. Cheguei em uma garota e ela não quis ficar comigo — cansei. Eu estava meio bêbado e falei: "Não aguento mais, não tenho sucesso com as garotas, tento ficar com elas porque é a forma como eu acho que tenho que existir no mundo, mas não funciona, não dá certo, tá doendo, tá horrível". Eu tinha um amigo gay e falei para ele: "Arranja um cara pra eu pegar hoje". Aí ele disse: "Como assim?"; e eu falei: "É, quero tentar". Então ele falou com um cara que tinha uns quarenta anos, eu tinha uns dezoito — e eu peguei o cara. Eu estava desesperado, falei: "Me leva para a sua casa agora". Enfim, fui para a casa dele, só que, quando falei que era virgem, o cara não quis fazer nada comigo, porque tirar a virgindade de alguém é sempre muito complicado. E essa foi a minha primeira experiência; depois comecei a me abrir para esse mundo. Eu me descobri, descobri que podia ser feliz.

Eu sabia que a minha família não ia lidar muito bem com isso, eu tinha na cabeça que "o maior medo de todo gay é ser expulso de casa", por isso me dei conta de que só ia contar para a minha família quando eu estivesse pagando minhas contas. Eu ia esperar até ter um emprego e conseguir me bancar para sair do armário. Só quando eu tivesse segurança financeira e entendesse que eles não iam brigar comigo e me punir por ser quem eu sou, ia poder dividir isso com eles. Minha tia me criou — minha tia é como se fosse minha mãe, porque minha mãe não me criou, ela mora em outro lugar do Brasil, a gente nunca teve muito contato —, e minha tia sempre foi a pessoa que me deu amor no mundo, essa pessoa maravilhosa que eu amo. Era Natal, e a gente tinha preparado uma ceia. Fui levar a minha tia embora, a casa dela era perto da minha. E, no Natal, fica aquele clima de amor com a família, né? Eu senti que minha tia me amava, então quando chegamos ao portão da casa dela, eu falei: "Tia, quero te contar uma coisa, não sei como você vai lidar com isso, mas queria te falar — eu sou gay".

A gente sempre fala que mãe sabe; ela disse que não desconfiava. Eu dançava Lady Gaga, fazia colar de miçanga com as minhas amigas, dançava Rouge, só ouvia música pop — e ela falou que nunca tinha desconfiado. Eu acredito nela. Ela lidou superbem com isso, pelo menos foi a impressão que me passou, e isso é o mais importante. Depois ela me falou que ficou meio ressabiada, mas na hora ela agiu com tanta naturalidade, como se fosse algo normal, aquilo para mim foi ótimo — alguém em quem eu podia confiar.

Em 2015 eu estava de férias com a minha família em uma viagem pelo Nordeste. A gente estava no hotel, antes de ir pra um restaurante, e vi que o Facebook tinha liberado o filtro de arco-íris para as pessoas colocarem no perfil, porque era o dia em que o casamento gay havia sido legalizado nos Estados Unidos. Comentei com a minha avó, porque eu estava no quarto com ela; falei: "Vó, que legal, o Facebook fez isso, porque o casamento gay foi liberado nos Estados Unidos"; e minha avó disse: "Que pouca-vergonha, que coisa nojenta, Deus me livre, aonde é que o mundo vai parar?". Foi horrível, ouvir aquilo me machucou muito.

Na época, eu tinha listas no Facebook, tinha uma lista só de viados, eu publicava conteúdos que só as pessoas LGBT viam. Fiz um post só pra essas pessoas contando o que tinha acontecido, falando que eu estava muito triste porque havia tido a certeza de que a minha avó ia morrer sem saber quem eu era. Então uma pessoa, não lembro quem era, comentou: "Talvez sua missão seja exatamente chegar na sua avó e fazer uma desconstrução, talvez sua missão seja essa"; e eu fiquei com aquilo na cabeça. Quando a gente voltou do restaurante, eu contei para ela: "Vó, eu tenho que te falar uma coisa". Ela: "O quê?". "Então, eu sou gay." A minha avó ficou petrificada. Então eu conversei com ela — porque o outro filho da minha avó é gay, e ele lidou com isso se afastando da família. Ela perguntou se era verdade, eu falei que era, e ela aceitou — mas não expressou nada positivo, só aceitou. E aos poucos, com a convivência, ela foi tratando a questão com mais naturalidade. É outra geração, minha avó tem oitenta anos. Mas há uma, duas semanas, eu estava dando um TED, falando sobre eu ser gay em um palco, e a minha avó estava batendo palmas. Eu falei isso para ela: "Olha, vó, olha como você se desconstruiu, olha aonde a gente chegou — há três anos você estava falando que isso era repugnante, agora você está batendo palmas pra mim por eu falar sobre isso".

Por essa razão acredito muito que é um processo. Eu jogar na cara dela que ela é obrigada a me aceitar não vai fazer com que isso aconteça. A gente também tem que entender o contexto que forma as pessoas.

E fui ver meu pai — porque eu tinha que ver meu pai, é meu pai, não é? Eu tinha feito uma tatuagem e fui mostrar para ele. Só que meu pai já tinha ouvido boatos de que eu era gay, e ele estava totalmente fechado. Cheguei lá cheio de afeto, e meu pai não olhava na minha cara. Eu falava: "Pai, e aí, como você tá? Olha o que eu fiz no braço"; ele: "Sou contra". "Não, pai, mas é só uma tatuagem"; "Não, eu não concordo" — então me lembrei de quando eu tinha dezesseis anos e ele jogou na minha cara que eu era viado. E eu pensei comigo: "Cara, não dá mais". A diferença é que dessa vez eu resolvi contar para ele de uma forma não tão violenta, de uma forma mais didática e afetuosa: "Pai, eu sou gay". Fui com a mesma abordagem que tinha usado com a minha avó, falei: "Olha, eu sou gay, mas eu te amo. O fato de eu ser gay não muda nada. Sempre fui uma pessoa responsável, dedicada, sempre... e outra coisa: você é ausente, mas eu sempre me espelhei muito em você, porque você sempre foi um cara muito honesto e batalhador". Meu pai trabalhou muito a vida toda, foi praticamente explorado, sempre foi um cara muito honesto, e sempre tentei trazer isso para a minha vida. Quando falei isso para ele, ele começou a chorar. E eu comecei a chorar também. Ele falou que me amava, e eu falei que amava ele também. Então meu pai falou que lamentava meu destino, e eu pude dizer para ele que não tinha que lamentar. Pela primeira vez pude falar sobre isso com meu pai, com ele aberto para ouvir; pude falar: "Pai, não tem o que lamentar, eu tenho orgulho do que sou, isso não é um problema, e se você vir outra pessoa, um filho de um amigo seu, que também esteja passando por isso, que também seja gay, diga para o pai dele aceitar, por favor, porque você vai estar me ajudando também". Eu pude conversar com meu pai, e foi a única conversa que tive na vida com ele sobre o assunto. A única. Porque meses depois eu voltei para o Natal e ele já tinha erguido a barreira de novo. Mas, por eu ter usado outra abordagem, ele me ouviu uma vez na vida, e isso para mim já é o bastante, já fiz a minha parte.

O mundo trata a gente com violência, ao falar que temos problemas. Que a gente não é capaz, que é menor, porque é viado — e o problema é que a gente acredita nisso. E acreditar nisso faz a gente se privar de muita coisa. Faz você não ter confiança para se relacionar, não ter confiança pra realizar coisas. Quando entendi que as pessoas se interessavam sexualmente por mim, que as pessoas viam valor em mim, que eu mesmo via valor em mim e que não depositava o meu valor no julgamento das pessoas, quando entendi que era bonito porque eu via minha beleza no espelho, e não porque as pessoas se interessavam por mim, quando isso aconteceu, houve uma virada na minha vida. Foi o momento em que me empoderei, em que entendi que eu era livre.

Primeiro: não há nada de errado com você. A vida disse o contrário; seus amigos do colégio, que fizeram bullying com você, disseram o contrário; as pessoas que o rejeitaram sexualmente nas festas disseram o contrário; todo mundo disse o contrário — mas você precisa acreditar que é incrível, porque você é. As pessoas só agem assim porque a sociedade é escrota.

Digo mais: tudo pelo que você está passando vai te deixar forte demais. Você vai amadurecer de um jeito que essas pessoas "normais" nunca vão entender. Tenha paciência e acredite em você. Não se ache horrível, não ache que vai morrer sozinho, não pense assim, porque a vida vai mostrar que você é incrível, que você vai chegar aonde quiser.

JONAS MARIA

> **PERFIL:** Nasceu no interior de Minas Gerais, mas atualmente mora em São Paulo. É escritor atuante no fomento à discussão de gênero e transgeneridade. Compartilha sua experiência como pessoa transexual em seu blog DEGENERADS, seu podcast de mesmo nome e sua conta no Instagram, na qual mostra seu dia a dia.

SAMUEL GOMES: Vamos lá, Jonas, me fala seu nome, sua idade e de onde você é.

JONAS MARIA: Meu nome é Jonas Maria, tenho 28 anos, sou de Caxambu, Minas Gerais.

S.G.: Como a sua base familiar foi constituída? Com quem que você morava?

J.M.: Eu morei com minha mãe e meu pai, mas sempre foi muito instável porque eles se separavam e voltavam toda hora, então havia épocas em que eu morava com eles juntos e depois só com minha mãe. Com meu pai, nunca morei.

S.G.: Sempre foi filho único?

J.M.: Sim, nunca tive irmãos.

S.G.: E como foi crescer em meio a essa instabilidade familiar?

J.M.: É difícil para mim lembrar como era. Acho que, na época, não refletia sobre isso, não percebia o impacto que aquilo tinha em mim. Se hoje isso ainda é uma questão para mim, imagina na época? Talvez a gente nem perceba, não é, a gente passa por questões...

S.G.: E acaba naturalizando...

J.M.: Exato, naturalizando, e não percebe como aquilo pode ter impactado ou não, e talvez não só de modo negativo, sempre há os dois lados. Mas, na época, eu não tinha consciência de como a situação me afetava, e ela nunca foi uma questão pra mim. Na escola, comentavam: "Ah, seus pais são divorciados"; pelo menos na minha cidade isso não era motivo de estranheza.

S.G.: Mas, mesmo seus pais sendo divorciados, todos moravam na mesma cidade, então você não tinha que se deslocar muito para encontrá-lo, não é?

J.M.: Não, eu era ligado ao meu pai, a gente se via sempre, tinha um contato muito próximo e bom com ele, nunca foi um problema. Claro que existiam questões de pais que se divorciaram, momentos de conversas, aquela coisa que na infância é chato e que você acha que é uma obrigação. Mas é muito difícil para mim hoje em dia entender como isso pode ter afetado ou não a construção da minha identidade.

S.G.: E, nesse processo, você também vivenciou o início da sua sexualidade, começou a entender quem era. Você estava com seus pais que ora estavam juntos, ora separados, mas vivia também a sua vida fora de casa, com amigos e amigas. Como você lidava com isso e quando começou a entender que era diferente?

J.M.: Se não me engano, essa questão de sexualidade veio mais na adolescência. Quando eu era criança, não era uma questão.

S.G.: Não sofreu nenhum tipo de bullying, nada?

J.M.: Por criança quero dizer até uns dez anos, e se sofri também não me recordo. Foi mais depois, quando entrei na escola, acho que mais no ensino fundamental. Tenho uma lembrança muito grande a partir de 2010. Nessa época não existia muito esse orgulho LGBT de que a gente fala hoje; no passado era uma questão muito mais pesada, e a intenção era você esconder isso, não era algo de que se falava, era um problema.

S.G.: Sua cidade é grande?

J.M.: Não, é uma cidade pequena, no interior de Minas Gerais.

S.G.: Como é vivenciar a sexualidade em uma cidade tão pequena? Porque mesmo sem sair do armário você acaba tendo notícias de alguém que saiu ou de alguém que foi esculachado. Como você lidava com essas situações?

J.M.: Nesse período, como não existia essa questão de orgulho, a gente sabia quem era LGBT, sobretudo por conta de certa estética. Na escola, sempre teve aquele cara muito afeminado, então todo mundo dizia que ele era gay, apesar de ninguém nunca ter visto o cara ficando com ninguém — era uma questão estética. A gente também tinha as garotas masculinas que as pessoas sempre apontavam como sapatão, embora hoje em dia isso não seja uma regra, mas naquele tempo era. E eu sempre fui muito mais masculino do que as demais garotas, mas não totalmente, porque sofria controle dentro de casa, eu vim de uma família muito preconceituosa.

S.G.: Preconceituosa por conta da religião?

J.M.: Não tanto, talvez. Venho de uma família católica, mas não muito apegada. Íamos à missa às vezes, acho que a Igreja tem um impacto porque a minha mãe sempre teve a ideia de que isso é errado, algo que vem da Igreja provavelmente, e da cultura do interior também, onde a diversidade é um pouco mais reduzida. Acho que a gente pode falar nesses termos; provavelmente o preconceito dela venha daí.

S.G.: E esse preconceito chegou a respingar em você?

J.M.: Sim, totalmente. Minha mãe nunca foi de me bater ou expulsar de casa, nada disso, mas havia aquelas violências muito simbólicas. Às vezes eu cortava o cabelo curto e ela ficava me depreciando, falando que era feio etc. Foi esse tipo de preconceito que sofri a maior parte do tempo. E, na escola, tinha muito essa questão também de querer se expressar e ao mesmo tempo não poder porque você ia começar a ser falado, não era bem-visto, levei muito tempo para realmente começar a explorar tanto minha sexualidade quanto minha expressão de gênero por conta disso. Era uma cidade muito pequena, uma mentalidade muito pequena, e antigamente a gente não tinha apoio, a internet ainda estava começando, não tinha acesso a isso ainda, foi tudo muito vagaroso.

S.G.: Eu entendo também que, por falta de representatividade e referências, era muito difícil falar sobre gênero naquela época, porque não era o que estava posto. Era uma época em que ainda nem se falava em LGBTQIA+, era balada GLS, outro tipo de discussão, ainda estava muito distante do ponto atual.

J.M.: Não se discutia, e é até curioso a gente ver hoje em dia toda essa política que se faz para não se discutir gênero e sexualidade na escola, como se algum dia isso já tivesse sido discutido. Isso nunca foi discutido, sempre foi apagado. O que a gente tem é um movimento fora da escola, isso ainda não chegou lá. É completamente diferente, a gente está em um contexto hoje em que a pessoa LGBT consegue buscar referências fora da sua cidade, fora da escola, a internet ajudou muito.

S.G.: Naquele momento, o que fez você se enxergar como uma pessoa dentro do espectro LGBT? Como foi se enxergar não heteronormativo?

J.M.: Naquela época, cheguei a ficar com garotos, mas não gostei.

S.G.: Foi por pressão que você ficou?

J.M.: Acho que a pressão é dos jovens, aquela coisa da juventude, de ter que ficar com uma pessoa ou outra e tal. Fiquei e não me identifiquei, então levei um tempo, busquei na internet criar outra narrativa para mim, fazia perfis que na época eram fakes no Orkut. E lá eu sempre me relacionava com garotas.

S.G.: Você conseguiu se relacionar e conversar com essas garotas desde a primeira vez que fez o fake?

J.M.: Sim, mas elas não sabiam que eu era garota porque meu perfil era de um cara, então já começa a entrar um pouco na questão da minha transexualidade, que eu fui descobrindo e construindo a partir daí. Foi na internet que consegui mesmo explorar isso e foi só muito mais no final do ensino médio, talvez na faculdade, que eu realmente me assumi lésbica e conversei com a minha mãe.

S.G.: Naquele momento, você ainda se entendia como mulher lésbica ou era a forma mais confortável para você?

J.M.: Era a linguagem que eu tinha disponível, o trans ainda não tinha representatividade. Não era nem uma possibilidade.

S.G.: A gente tinha na TV no máximo a Rogéria, mas não tinha o homem trans, né?

J.M.: Não tinha, e antigamente, em cidade do interior, às vezes também tem aquela figura da travesti que é muito estigmatizada, que geralmente é vista como homem que se veste de mulher e se prostitui. É isso que se tem, e era essa referência que eu também tinha, era a única possibilidade. Na televisão tinha essas personas, a Rogéria, a Roberta Close, mas elas nunca despertaram em mim a questão trans, até porque essa representatividade na mídia também é muito sensacionalista, é fatalista, ela exotifica muito a pessoa trans, então é muito difícil olhar para a mídia e se reconhecer a partir dela.

S.G.: E, quando você saía do perfil on-line e se relacionava com garotas, se sentia incomodado de certa forma por não poder ser totalmente você? De não poder ser o Jonas? Ou ainda não era uma questão?

J.M.: Na época, não era uma questão para mim porque, como falei, não existia outra possibilidade de ser, era o que tinha. Era o que tinha, embora eu me incomodasse com essa ideia de ser lésbica, mas acho que era muito mais por preconceito, por lesbofobia.

S.G.: Me explica um pouco melhor isso.

J.M.: Acho que na época eu me incomodava com a noção de lésbica, mas hoje, olhando para o passado, acho que esse incômodo não se dava porque eu não era lésbica, era muito mais uma questão que foi construída, esse estigma em torno do que é uma sapatão, todo esse preconceito. Acho que foi muito mais lesbofobia interna da minha parte do que recusa total dessa identidade porque eu já me entendia como homem. Para mim não foi assim; quando conhecia alguém, sempre dizia que eu era mulher, na época. Felizmente, nunca tive problema com isso.

S.G.: Eu ia perguntar sobre isso, porque provavelmente algumas pessoas que vão ler o livro também estão nesse processo de descoberta ou namoro virtual, em que escondem algumas verdades. Nos encontros, você sentia medo da rejeição? Sempre foi seguro ou não?

J.M.: Eu tinha certo receio em relação a me apresentar, mas também tinha certa segurança na internet, no sentido de que eu estava muito confortável com a personagem que eu tinha criado e que, no fim, era eu de fato. Então era muito mais questão de quem eu era enquanto pessoa, e não de uma estética corporal, e isso me dava confiança. E tinha a pessoa, com quem eu me relacionava, eu sempre tive muita facilidade de comunicação, sempre conversei muito bem, escrevia muito bem na época. Consegui criar um laço forte com a pessoa, então não cheguei a esse ponto de ter receio porque senti que conhecia também a outra pessoa. Acho que tive sorte na minha trajetória por encontrar pessoas que também estavam abertas a isso, acho que para mim foi uma questão mais de sorte de conseguir me comunicar do que qualquer outra coisa.

S.G.: Como foi para você, nesse processo todo, ficar com a primeira mulher e entender que estava tudo bem? O que você sentiu? Se sentiu mais completo, entendeu que ali tinha um caminho de mais respostas, como foi? Porque você ainda morava em uma cidade pequena, não é?

J.M.: Sim, nessa época, quando comecei a ficar com as primeiras garotas, era em uma cidade pequena, mas eu também nunca fui de ficar com muitas pessoas, então não tinha uma experiência vasta, as que eu tive foram sempre positivas.

S.G.: E como era com seus pais?

J.M.: Ah, sim, isso era totalmente isolado, eu precisava me isolar e ter essa vida na internet, mais do que a vida real. Porque realmente era impossível, a minha mãe era muito preconceituosa.

S.G.: Estou me identificando com essa parte, porque é impressionante como a internet de alguma forma nos ajudou a ter uma vida que a gente não conseguia e não conseguiria ter fora dela, principalmente nesse processo quando ainda estamos nos entendendo. Então sua vida era muito mais on-line do que off-line?

J.M.: Totalmente on-line, a vida off-line era muito preconceituosa. Se hoje ainda é, naquela época era pior. Hoje a gente tem a sorte de conseguir entrar em contato com mais pessoas e fazer conexões, mas eu não tinha condições de viver plenamente o off-line, não tinha interesse. Para mim o on-line era muito mais interessante, eu conseguia ser quem eu era.

S.G.: O off-line te machucava?

J.M.: Machucava, porque eu saí de perto da minha mãe, e para mim a questão da minha mãe era o mais pesado, o preconceito que vinha dela. Depois também o meu pai já tinha falecido, acho que ele não pegou essa época em que eu estava explorando essa sexualidade.

S.G.: Sua mãe não aceitou quando você se assumiu como mulher lésbica?

J.M.: Eu não pedi a aceitação dela, apenas falei o que eu era.

S.G.: Sob pressão ou você quis?

J.M.: Eu quis. Para mim não era uma questão, eu falei, mas a violência estava justamente nela não querer falar a respeito, ela não conversava sobre, não tinha interesse, e sempre havia uma negação de que aquilo estava acontecendo, não se falava e pronto. A violência que sempre sofri dentro de casa era essa. A gente não conversava sobre essas questões. Ela não se interessava pela minha vida e ficava aquela coisa pendente.

"Quando é que você vai dar um jeito na sua vida?", ela perguntava, achando que isso era uma coisa errada, só um desvio, às vezes só uma fase da adolescência.

S.G.: E aí você foi percebendo que não era uma fase e mesmo assim a distância entre vocês continuou?

J.M.: Sim, até hoje a gente é distante e não conversa sobre essas questões. A gente nunca conseguiu entrar nesse assunto.

S.G.: Mas naquela época não falar sobre o assunto foi importante para você? Foi bom?

J.M.: Foi conveniente. Tanto nessa questão da sexualidade quanto na transexualidade, a minha mãe não querer falar sobre, e para mim era conveniente, eu não queria ter essa conversa e não queria ter esse desgaste. Então foi uma forma que busquei de defesa para não me expor, para não precisar ter esse desgaste constante.

S.G.: E nessa época você ainda não entendia que era um homem trans?

J.M.: Não entendia.

S.G.: E isso começou a se dar e se construir com o passar dos anos?

J.M.: Com o passar do tempo, foi uma construção para mim.

S.G.: Como foi quando você começou a se questionar, a pensar e a estudar sobre isso? Houve algum momento específico lá atrás em que você começou a falar: "Parece que é por esse caminho"?

J.M.: Como falei, a mídia nunca despertou isso em mim, não tinha como. E eu só conheci a transexualidade na internet porque, por acaso, vi uma página falando algo como "Os dez homens mais bonitos que nasceram mulheres", e aí cliquei, comecei a pesquisar, e me deparei com uma comunidade de pessoas trans na internet falando sobre suas experiências.

S.G.: Quantos anos você tinha?

J.M.: Foi mais ou menos em 2012, não lembro quantos anos, uns 22, por aí. Eu estava na faculdade, e foi a partir disso que comecei a pesquisar, me informar, e foi então que alguma coisa despertou em mim, que percebi que aquilo talvez trouxesse algo que eu estava buscando e não sabia, porque não tinha nome para dar para aquilo

S.G.: Mas você já sentia que havia algo que estava buscando?

J.M.: Sim, mas eu não conseguia identificar.

S.G.: Você não se sentia completo?

J.M.: Não sei se completo é a palavra, mas sentia que podia ser mais, achava que podia acrescentar mais, se bem que, na época, se você me perguntasse, eu ia falar isso, que não me sentia completo, mas hoje eu já ressignifiquei essa questão. Para mim era algo a mais que eu buscava, e senti que tornava possível eu poder ser eu mesmo plenamente. Quando surgiu a questão dos hormônios, percebi que a cirurgia era uma possibilidade, para mim se apresentou assim também, como possibilidade, porque eu também de imediato não me identifiquei com a narrativa trans que era apresentada. Se na mídia a gente tinha toda aquela fatalidade, aquela zombação, fora da mídia a gente tinha uma questão mais humana, mas ao mesmo tempo muito patologizada, a transexualidade era tratada como uma doença. Quando eu conheci, esse era o discurso que predominava — e ainda predomina.

S.G.: Quando você teve acesso a esse discurso, isso te causou incômodo?

J.M.: Sim, então eu também não me identifiquei com essa noção de ser uma doença, não via como tal, me enxergava nas narrativas de outras pessoas, mas não via assim, e isso fez com que eu demorasse muito para fazer as coisas; passei um tempo muito depressivo, foi um período complicado na minha vida, o mais complicado, acho, em que eu estava tentando entender.

S.G.: Faz muito tempo esse processo depressivo?

J.M.: Acho que foi nessa idade, de 22 e 23 anos.

S.G.: Você não conversou com ninguém sobre o que você estava passando? Tinha alguém para você conversar? Tinha terapia? Como você fez para lidar com a depressão?

J.M.: Pois é, a terapia é parte do processo trans, ela é uma fase obrigatória para você conseguir os laudos para tomar hormônio e fazer a cirurgia, então a terapia que me foi apresentada na época era uma obrigação, e eu não achava que precisava ou queria, porque estava mal por não conseguir lidar com a questão, não por ser trans. Então fiz terapia algumas vezes e foi péssimo, porque a gente chega a outro problema que é o profissional não capacitado para atender uma pessoa trans. A gente é que ensina esse profissional a falar sobre, a entender. Então a terapia era muito mais eu ensinando a psicóloga a entender o que ela estava falando do que ela me ajudando de fato.

S.G.: E quem era a pessoa com quem você conversava? Nessa época, você já estava com a Nátaly? Ou teve outro relacionamento?

J.M.: Não teve. Foi na faculdade, assim que entrei, que descobri a transexualidade e que toda essa questão começou, e na época a única pessoa que eu tinha de fato era a Nátaly, enquanto namorada. Nosso namoro também era recente, acho que tinha talvez um ano, por aí, então ela era a única pessoa, porque com a minha mãe... Ela foi morar comigo na outra cidade aonde eu fui fazer faculdade e rolou a mesma questão depreciativa, comentários violentos sobre mim, quem eu era, como vivia, porque eu já tinha uma aparência bem masculina nessa época e eu era uma sapatão. Minha mãe nunca aceitou, nunca soube lidar com isso, muitas vezes a gente saía na rua e as pessoas me confundiam, perguntavam se eu era filho dela, e ela ficava pra morrer. Então minha mãe não era uma opção para conversar, eu só tinha a Nátaly. Tinha amigos também, mas todo mundo estava distante, e nunca me aprofundei com eles sobre isso, eu ainda estava explorando.

S.G.: Você sentiu angústia por ter apenas a Nátaly para conversar?

J.M.: Foi um problema.

S.G.: Como foi isso?

J.M.: No começo, eu estava realmente entendendo e tinha até certa ingenuidade, porque eu assistia a toda a comunidade trans falando de si, e mandei pra Nátaly um vídeo de um cara trans falando, e ela percebeu muito antes de mim que aquilo seria uma questão. A princípio, eu só mandei para mostrar algo que achei interessante, e ela sacou na hora. A Nátaly estava no auge da sapatonice dela, estava bem no orgulho lésbico e tal. Nesse momento, diferente da minha época de ensino médio, a gente já tem o orgulho LGBT, então foi muito delicado nesse sentido, porque começou a ser um conflito de identidades que também ia se estabelecer aí, porque era ela enquanto lésbica e eu, um cara trans.

S.G.: Depois de mandar a reportagem, vocês conversaram sobre o que você estava passando?

J.M.: Não, porque eu também estava nesse processo de descoberta. Eu mandei assim, sem interesse de fato, não estava insinuando nada, ela entendeu por si só. Quando ela viu aquilo, falou: "Nossa, isso é uma questão em potencial". E aí teve um período muito difícil no nosso relacionamento, porque ela começou a perceber isso, ela não aceitou no começo e eu também. Foi um período bem tenso, porque eu gostava muito dela e ainda estava sem saber se aquilo era ou não para mim, e não tive o apoio dela nesse período. Foram alguns meses até que ela enfim começou a pesquisar, se informar, mas isso partiu dela. A gente não conseguia estabelecer isso, nosso relacionamento teve um período muito difícil nessa época, a gente não conseguia se relacionar de fato.

S.G.: Como foi isso para você?

J.M.: Eu me sentia muito abandonado e isolado, porque não tinha nem ela para conversar a respeito, então fiquei muito sozinho nesse período, muito imerso em mim mesmo, tentando refletir e entender o que estava acontecendo.

S.G.: E você estava de fato aos poucos entendendo o que estava acontecendo?

J.M.: Sim. Foram uns sete meses até ela entender e eu também, e por fim depois ela se conscientizou, mas ainda assim foi um período muito difícil. Depois de um tempo eu comecei a encarar a cirurgia e os hormônios como uma possibilidade real para mim, e não como algo imposto. Isso foi muito importante, porque quando me foi apresentado parecia algo imposto: "Você é trans, portanto você vai fazer cirurgia, vai tomar hormônios e tal", e isso é uma questão pra gente.

S.G.: Isso já te incomodava também? Não somente por questões financeiras, de saúde, ideológicas, mas também porque a pessoa transexual não é transexual só se toma hormônio, ou estou errado?

J.M.: Não, e há alguns anos isso era muito mais presente na comunidade, como se fosse de fato uma narrativa imposta, já que era um protocolo estabelecido pela medicina. Existia um passo a passo do que você devia fazer. Hoje a gente já discute isso mais, entende que nem toda pessoa trans vai querer se hormonizar ou operar, umas fazem umas coisas, outras fazem diferente, mas na época eu não tinha essa clareza, a comunidade ainda estava e ainda está construindo esse entendimento sobre si própria.

S.G.: Imagino que esse processo tenha sido bem doloroso, então.

J.M.: Foi bem difícil. Foi difícil porque a gente não tem apoio, não há suporte em lugar nenhum, é muito raro quando você encontra de fato alguém que está disposto a te ajudar e está ali por você. É muito complexo passar por tudo isso porque realmente é um procedimento, a gente está lidando com hormônios, e isso afeta não só a questão da aparência, mas a gente não sabe qual é o impacto disso na saúde a longo prazo porque não existem estudos suficientes ainda. Tem a questão da cirurgia, que também é pesada para quem vive e para quem está de fora, porque não se sabe se vai dar certo, pode dar alguma coisa errada.

S.G.: No processo de transição você estava na faculdade, então as pessoas que estudavam com você também acompanharam isso. Como foi?

J.M.: Eu mergulhei no mundo on-line e fiquei distante do off-line, ambiente em que estava a minha mãe e era problemático e tóxico.

Na faculdade, eu me encontrei muito, aprendi muito, e a faculdade me ajudou na minha construção, a me entender enquanto pessoa e a fazer críticas também.

S.G.: Então essa faculdade mais progressista ajudou você a se sentir menos isolado?

J.M.: Não me sentia totalmente isolado, acho que nesse sentido minha faculdade foi muito positiva, mas não me apresentei como trans lá. Só falei quando estava fazendo algumas poucas disciplinas extras do mestrado, mas durante a faculdade toda eu fiz esse procedimento de modo muito mais interno. Também comecei muito devagar, com doses baixas de hormônio, fiz a cirurgia primeiro, então não houve uma mudança brusca, e eu nunca me apresentei como Jonas, muito mais porque eu não queria do que por achar que a faculdade seria um ambiente hostil.

S.G.: Por que você não queria?

J.M.: Acho que vinha da minha relação anterior com a minha mãe, de achar que isso ia ser um desgaste, e eu não queria desgastes.

S.G.: Você escolheu viver a sua verdade, mas sem conflitos, sem precisar se explicar a toda hora.

J.M.: Acho que isso é uma pressão LGBT constante, você sempre tem que falar, explicar, é desgastante.

S.G.: Ser professor, né, a gente tem que ser professor e ensinar as pessoas o tempo todo. Hoje a sua construção familiar é muito você, a Nátaly, os cachorros, os amigos etc. Mas e você e a anterior, sua mãe e seus parentes, você se afastou por completo deles ou ainda mantém contato?

J.M.: Até hoje, e faz uns quatro, cinco anos que comecei esse processo, nunca falei para a minha mãe que eu sou trans, até hoje eu nunca falei. Ela sabe porque pessoas viram na internet e falaram para ela, parentes, inclusive, foram fofocar, então nunca tive a chance de falar e nunca quis também.

S.G.: Pelo desgaste?

J.M.: Acho que essa questão toda ficou muito presente em mim, evitar qualquer desgaste e questões emocionais com as quais eu não quisesse lidar porque achava que não precisava passar por isso. A gente não tem essa obrigação de satisfazer o outro, e eu compreendi muito rápido que ser, na época, lésbica ou trans não era um problema, nunca foi um problema, nunca foi doença ou uma coisa monstruosa, para mim sempre foi o.k.

S.G.: Mais uma vez o on-line foi primordial e muito forte para que você pudesse falar sobre sua transexualidade publicamente, numa rede social, sem sentir que estava se expondo. Então sua relação off-line e a on-line como que se misturam, não é? Você enxerga isso também? Porque você não colocou coisas da sua vida lá achando que não alcançaria as pessoas da sua família, sabia que isso poderia chegar até eles.

J.M.: Ia chegar, sim, ia acabar chegando mais cedo ou mais tarde, e chegou de fato, porque então a Nátaly também começou com o canal dela, começou a crescer e inevitavelmente as pessoas descobriram. Mas a relação entre mim e minha família sempre foi essa, de não falar no assunto. Nunca ninguém veio me falar a respeito, nunca, ninguém; alguns parentes se mostraram receptivos e fizeram isso me seguindo na rede social e curtindo foto, mas nunca ninguém tocou no assunto, só uma prima minha mais próxima.

S.G.: Ela foi a única da sua família a falar com você, então.

J.M.: Só minha prima, mas eu também já tinha falado com ela antes.

S.G.: E ela sempre foi aberta?

J.M.: Sempre, nunca teve problema, ela tem a mesma idade que eu.

S.G.: E nunca foi problema falar com ela.

J.M.: Não, para ela nunca foi problema, a gente sempre foi conectado, e ela também tinha essas mesmas visões. Mas ela foi exceção, de fato.

S.G.: E quando a Nátaly começou a falar um pouco mais de você nas redes dela e as pessoas começaram a te ver, te seguir e entender toda a sua trajetória, você conheceu outras pessoas que passavam por isso também? Ou foi atrás de sites de grupos? Porque pode ser um pouco menos traumático passar por esse processo se você tem pessoas que também passaram por isso ou que estão passando. Você teve essas pessoas? Quando elas apareceram na sua vida?

J.M.: Sim, foi nesse período que eu conheci a transexualidade e também conheci muitas comunidades trans que estavam ali. A maioria no começo era de caras trans gringos, porque tinha pouco no Brasil em geral, ainda não tinha chegado tanto ou pelo menos eu não tive contato. Conforme o tempo foi passando, essa questão foi aumentando, o número de pessoas trans também, eu entrava em grupos no Facebook e também criei um blog para falar sobre, porque isso fazia parte da cultura trans. É tanta escassez de informação, agora a gente tem construído esse conhecimento. Grande parte das pessoas compartilha com outras as vivências que estão tendo com os hormônios, qual está usando, as doses que está tomando, em qual médico foi, e esse compartilhamento de informação acontece entre nós mesmos, por isso criei um blog. Eu ia começar a testosterona em gel, que pouca gente usava na época, aí resolvi fazer isso para mostrar para as pessoas a minha experiência.

S.G.: A escrita foi muito importante para o seu processo. Eu nunca esqueço do post que você fez logo depois da cirurgia, com a foto e todo um texto no Instagram, dava para perceber que estava pensando em outros caras trans como você, até por conta dessa falta de informação.

J.M.: Sim, desde que comecei a compartilhar essas questões trans na minha vivência, sempre foi com o intuito de me comunicar com a comunidade trans, de a gente construir esse conhecimento, que não tinha tanto na época, juntos. E, hoje em dia, eu já não trago tanto a questão pessoal porque já passei por ela, já está registrada, está lá para outros caras trans que estão começando agora. Outros interesses, de buscar essa questão trans de maneira mais crítica, começaram a despertar, porque a academia ainda é muito presente em mim. Foi um período muito positivo na minha experiência; hoje em dia trago muito mais questões políticas, teóricas, sobre gênero, sobre transexualidade para a gente pensar essa questão. Hoje, entendo que muitas pessoas trans me acompanham e dão muito valor para o que eu falo e confiam no que estou dizendo, e tenho sido muito grato porque é uma forma de dar retorno por tudo aquilo que também aprendi.

S.G.: Como é, na sua visão, a discussão de transexualidade no meio cis LGBT?

J.M.: Nunca existiu, acho que ainda não existe, a gente tem essa crítica. Isso até ultrapassa e extrapola a comunidade trans, a parada LGBT é uma parada muito gay, e isso ainda é muito presente, é muito simbólico. Já que a parada LGBT ainda é muito gay, a gente já pode imaginar que não há muita discussão sobre as outras siglas. Tudo que a gente (comunidade trans) conquistou até agora foi muito focado, porque a gente buscou e está falando sobre, nunca houve apoio de outras pessoas, nenhum governo nunca apoiou efetivamente, criou políticas públicas voltadas para a comunidade trans, isso não acontece, ainda está se encaminhando vagarosamente. Na saúde a gente também nunca teve apoio de fato, a gente hoje tem no SUS esse processo transexualizador, o que é muito importante, e várias pessoas conseguem ter acesso por isso, mas a demanda é muito grande, e profissionais de fora são muito caros e muitos também não têm o conhecimento; então a gente está muito desamparado ainda em todas as esferas.

S.G.: O Jonas de hoje é uma pessoa muito mais forte do que a de lá atrás, quando estava no fake?

J.M.: Sim. Não me vejo fraco antigamente, acho que tive muita resistência antes levando em conta todo aquele contexto, porque era muito pior do que é hoje, e eu consegui me manter muito bem diante daquilo.

S.G.: Talvez fraqueza não seja a palavra certa, mas estava falando do Jonas mais off-line do que on-line.

J.M.: Ah, sim, durante muito tempo vivi mas no on-line, e a escrita também me ajudou muito a construir minha identidade e ser a pessoa que sou; a literatura sempre me ajudou, sempre busquei personagens que fossem incríveis. Hoje a gente tem uma falha muito grande na representatividade trans até no cinema e nas séries, em que as pessoas trans são sempre muito depressivas, todas têm muitos problemas, todo mundo se odeia, se corta. Por um lado, eu entendo que há uma representação do que acontece de fato...

S.G.: Mas não é a única narrativa.

J.M.: Não é a única narrativa e ela impossibilita que a gente pense fora dela, porque é a única que é apresentada, a única para que se pode olhar e falar: "Ah, se ser trans é assim, então eu sou assim, eu tenho que ser assim". E isso é um problema, acho que precisamos de muitas outras narrativas, de pessoas trans fodas, que a gente possa olhar, em quem se espelhar e falar: "Nossa, quero ser foda assim!". Hoje acho que essa ideia sempre esteve presente em mim e me fez construir a pessoa que sou atualmente, porque de fato eu me vejo como uma pessoa muito bem resolvida com a questão trans, não tenho nenhum problema e gosto de me apresentar, eu sou assim e me apresento assim na internet também porque quero que as pessoas trans quebrem essa visão de que uma pessoa trans é só sofrimento, depressão.

S.G.: Você tocou num ponto que eu gostaria que a gente comentasse. Não vou dizer nomes, mas tenho uma amiga, uma mulher trans, que está gastando praticamente todo o dinheiro que tem para parecer uma pessoa cis, porque ela acredita que só assim vai encontrar o amor. Recentemente ela falou assim: "Samuel, estou começando a entender que eu tenho que começar a me amar enquanto pessoa trans". Em *Velhice transviada*, o João Nery comenta que a maioria dos homens trans, quando chega à passabilidade, não fala mais sobre transexualidade, porque não quer estar nesse lugar de luta, de enfrentamento. Existe isso, então? O que você falaria para pessoas nesse contexto?

J.M.: Acho que a gente está caminhando um pouco nisso, porque até então a única referência que a gente tinha era de pessoas cis, era o corpo cis, e os homens trans existiam no contexto da masculinidade cis, então a gente nunca teve uma referência fora disso. Também é como a transexualidade foi construída; pessoas trans são pessoas que querem ser cis, e hoje eu noto pelo menos um movimento que também dialoga com a questão do orgulho, num geral LGBT, mas de pessoas trans que estão se entendendo como trans e gostam de ser trans, não querem ter essa passabilidade. A passabilidade é muito mais uma questão de segurança para a gente, para conseguir emprego, para não ser morto na rua, do que de fato um objetivo, falando dentro do círculo em que vivo, claro. Então hoje é muito mais esse discurso de ter uma pessoa trans como referência; para mim isso foi uma mudança de perspectiva, hoje eu não viso mais ser uma pessoa cis, ter o corpo cis, mas sim um corpo trans e o corpo trans como fim em si mesmo. Eu não quero ser um cara, não quero ter um pênis, nunca quis ter um pênis, é um cara de vagina mesmo, é isso, essa é a questão. Então acho que isso é algo que a gente está construindo e que vai se fortalecer com o tempo, de ver beleza em ser trans e na transexualidade, e esse corpo como um corpo a ser celebrado também, uma possibilidade de corpo dentre tantas outras, e não mais como um corpo aquém. "Ah, sou meio homem, ou estou tentando ser homem"; não, não estou tentando ser nada. Ser trans é um fim em si mesmo, e estou tentando me construir enquanto Jonas com o que eu tenho e com o que eu vejo como interessante, e não mais por meio de referências externas que estão defasadas, decadentes.

S.G.: São datadas. Lá atrás isso era importante, não que para as outras pessoas não seja ainda, mas a gente está caminhando para uma mudança grande. Isso que você falou para mim foi lindo, ser trans já é o fim, já é o objetivo e a chegada. Acho que é nesse processo que você também está, porque não carrega mais o peso de uma referência cis aonde quer chegar, o que só causa angústia, sendo que você já está nesse lugar.

J.M.: A transexualidade, como foi construída pela medicina, é muito travessia de mulher para homem, tanto que existe o termo FTM, *female to male*, você sai de mulher e vai pra homem. Então é assim: você deveria passar pela cirurgia de mudança de sexo — que não é um termo que a gente usa, mas o.k., no sentido literal deveria mudar seu sexo pra ser um homem —, sendo que, ainda assim, você não seria jamais um cara, porque nunca vai ser completo na visão da sociedade. Você nasceu com o cromossomo lá, então não vai atender essa sociedade cisgênera. O corpo trans era sempre um corpo incompleto até então, só que hoje não mais, hoje o movimento é enxergar o corpo trans como fim em si mesmo. E acho importante falar que eu não represento a comunidade trans como um todo, não falo por todo mundo, a gente é muito diverso, não existe comunidade trans homogênea.

S.G.: É isso!

J.M.: Eu acho que é sobre isso também, a diversidade dentro da comunidade.

S.G.: Não é porque você é trans que vai falar exatamente o que outra pessoa trans está falando. É a mesma coisa dizer que todos os negros são iguais.

J.M.: Não são. Por isso é importante que as pessoas que têm interesse nisso também busquem outras referências de pessoas trans, não só uma. Há muita diversidade, há pessoas trans com visões completamente diferentes, e não estou julgando se isso é bom ou ruim, mas é nisso que acredito, o que eu busco e o que construo, não estou tentando ser um homem, estou tentando ser eu, esse é o fim para mim.

S.G.: Isso é ótimo.

J.M.: Me encontrei muito nisso. E acho muito importante a gente poder falar sobre isso e difundir mais, espalhar essa diversidade que existe e que é o que constitui de fato todo mundo. A gente não teria um mundo tão rico se não fosse por essa diversidade de narrativas, de pessoas, de possibilidades de existência.

S.G.: E se você pudesse deixar um recado para uma pessoa trans que vai pegar este livro, qual seria?

J.M.: Eu diria para olhar para todas essas questões, para olhar para todos essas possibilidades como possibilidades de fato, e não imposições. Você pode se construir através disso, hormônios são opção, cirurgia é opção, e você não precisa fazer tudo, é só um processo em que você decide o que é melhor para você e como se constrói nisso. Sempre se olhar, ter como referência outras pessoas trans e não olhar para esse sistema caduco de gênero em que a gente vive porque isso está em decadência, isso não vai persistir por muito mais tempo.

NÁTALY NERI

> **PERFIL:** Nátaly Neri mora em São Paulo e, desde 2015, tem o canal no YouTube chamado Afros e Afins, onde discute questões relacionadas a raça, gênero, sociedade, sustentabilidade, *slow living*, veganismo e beleza.

NÁTALY NERI: Meu nome é Nátaly Neri, tenho 25 anos e nasci no interior de São Paulo, em Assis. Moro em São Paulo, capital, há sete anos.

SAMUEL GOMES: Fala para mim como foi sua infância, com quem você cresceu, com quem você morava; vamos voltar lá.

N.N.: Meus pais se separaram quando eu tinha sete meses, acho que até menos, então minha infância e adolescência inteiras foram pulando de uma casa para outra, eu não tenho essa memória muito viva, mas sei que passei por muitas casas. Minha mãe, em determinado momento, dos meus sete aos doze anos, viveu um relacionamento abusivo; antes disso, eu morei um tempo com ela, mas fiquei também um pouco com o meu pai. Nunca entendi direito o que aconteceu, mas minha mãe sofreu e, para me proteger, ela entregou minha guarda para o meu pai. Nesse período eu também acabei morando uns três, quatro anos com a minha avó, porque em certo período minha mãe não conseguia tomar conta de mim, então minha avó se responsabilizou. Depois meu pai decidiu pegar a minha guarda, e a gente se mudou para o interior, só que antes disso eu morei mais um ano com a minha tia. Então eu nunca tive, não tenho, a memória de um lar, tive vários lares e pulei de casa em casa com a minha família, porque meu bem-estar era uma questão, e eu sentia que muita gente se mobilizou para me proteger de várias coisas que estavam acontecendo.

S.G.: Na época, você entendia que isso era uma proteção ou de alguma forma internalizou que era um problema por estar pulando de casa em casa?

N.N.: Acho que minha família sempre tentou me proteger muito do que acontecia, das escolhas erradas que minha mãe ou meu pai fizeram, apesar de eles serem muito bons. Meu pai foi um bom pai, minha mãe foi uma boa mãe, foram e são, meu pai foi e é bom pai, minha mãe foi e é boa mãe, mas acho que eles queriam que eu vivesse uma infância, então mesmo tendo pulado de casa em casa eu brinquei, me diverti muito, tive amigos.

S.G.: Com quem você brincava? Tinha irmãs, irmãos, primos, amigos?

N.N.: Não, fui ter um irmão aos nove anos, filho desse relacionamento abusivo da minha mãe, só que não morei com ele, porque quando ele nasceu, minha guarda foi tirada da minha mãe, então passei pouquíssimo tempo com ele. Quando você pergunta se eu percebia tudo isso, eu via o que estava acontecendo, sabia que existia um problema com a minha mãe e o marido dela na época, só que não sentia que eu era um peso. Mas me sentia culpada, e fui entender isso anos depois, sentia que tinha abandonado minha mãe em um momento de necessidade; quando ela mais sofreu e mais precisou de mim, eu saí de perto, meu pai me tirou de perto dela. E eu realmente me afastei da minha mãe durante minha adolescência. Mas eu tinha primos, primos com quem as relações eram também muito complicadas porque fui morar com a parte branca da minha família, que é a do meu pai. Eram primos loiros dos olhos azuis; experimentei muito racismo crescendo quando fui morar com meu pai. Quando morava com a minha família materna, eu tinha meus primos negros e tinha uma relação muito mais confortável, de identificação.

S.G.: Mas naquela época você já se via como uma menina negra? Porque eu só fui entender minha negritude de fato depois que me assumi gay, e tenho a pele escura. Você viveu essa dicotomia de estar em um ambiente muito mais embranquecido e depois em um ambiente mais enegrecido. Como se via nessas construções?

N.N.: Quando fui morar com meu pai, me mudei para Assis, no interior de São Paulo, e vivi com a família branca, então a questão racial ficou muito evidente. Acho que antes disso não era uma questão, porque minha família inteira era preta, meu avô, minha avó, minha mãe, meus primos, que também são filhos de relacionamentos miscigenados, por isso tinham o tom de pele muito parecido com o meu, então não havia uma diferenciação. Existia uma coisa mínima na escola, mas em uma infância muito anterior, por isso não me lembro. As coisas se acirraram muito quando fui conviver com a família do meu pai, que é uma família de descendência italiana, com uma questão ancestral muito marcada, costumes muito evidentes e filhos muito claros, muito loiros até — foi quando as coisas se intensificaram. Depois dos doze anos, tive uma quebra muito grande, percebi a questão racial na minha vida porque fui retirada do contexto em que estava, em que me reconhecia, e fui para um contexto em que eu era antagônica àqueles outros corpos.

S.G.: Me fala como era sua relação nos colégios em que você estudou. Por ser e existir como pessoa negra, e também se entendendo como LGBT nesse processo, foi complicado fazer amizades?

N.N.: Eu acho que é algo que carrego até hoje, digo que sou uma loba solitária no geral, porque tenho dificuldade de criar laços profundos com as pessoas. Na verdade, eu abandono esses laços. De certa forma, anos de terapia me mostraram que tenho sempre esse sentimento de que não vou me envolver muito, já que em algum momento vou embora ou essa pessoa vai embora, porque cresci construindo relações em que me envolvi muito e depois fui embora. Isso foi bom porque consegui me socializar muito e bem rápido, não fico desconfortável quando estou em um lugar novo, consigo me adaptar muito fácil porque tive que fazer isso incontáveis vezes durante a adolescência e a infância, mas tenho dificuldade de criar conexão, tanto que nunca fui uma pessoa com melhores amigos, demorei muitos anos para entender esse conceito. Eu entendia o conceito de amigo, são pessoas que você tem por perto, mas como assim seu melhor amigo? Como assim essa pessoa saber tudo sobre você? Como assim contar seus medos para alguém? Se não confio nessa pessoa, por que vou contar? Essa ideia de confiar tanto em alguém que não fosse um familiar a ponto de contar seus maiores medos era inconcebível para mim.

S.G.: Por quê?

N.N.: Acho que eu tinha essa dificuldade de me conectar porque nunca consegui compartilhar com os meus, porque, apesar de todos os esforços da minha mãe, do meu pai e da minha avó, sempre foi um exercício, sempre foi muito mais me proteger do que estava acontecendo ao meu redor do que me fazer criar raízes, enxergar e viver a vida de uma forma plena.

S.G.: Queria que você comentasse o fato de a sua família ter uma aproximação muito forte com a Igreja evangélica. Em que momento você entrou na Igreja? Já nasceu nessa religião ou entrou mais tarde? Isso também influenciou você nas relações com outras pessoas, com os amigos da rua, nas suas conversas dentro de casa? Porque a gente entende que existe uma distância muito grande entre os filhos e os pais quando eles estão em um sistema muito conservador, você não consegue ter uma aproximação de amizade para falar, por exemplo, como está se sentindo.

N.N.: Exato. Isso aconteceu porque minha avó era muito religiosa, eu nasci em uma família da pentecostal Deus é Amor, que não permitia cortar o cabelo, depilar, trança era algo do diabo e mil outras coisas. Acho que agora até deu uma acalmada, mas era um pentecostalismo muito raiz, tipo Velho Testamento. Eu, crescendo, nunca questionei isso porque era um ambiente agradável até, a gente brincava na escolinha dominical; para as crianças, os contextos são outros e os desejos são outros, mas não havia diálogo com a minha família, justamente porque o objetivo era que eu fosse criança. Criança não vai conversar, porque se a gente conversar vai ter que falar sobre as dores que está vivendo e o que está vivendo, então brinca, vamos brincar de elástico, de casinha, de amarelinha. Meus pais sempre estimularam muito que eu criasse e me desligasse do mundo, também foi uma forma de me alienar, o diálogo era muito raro, me lembro de pouquíssimas vezes ter conversado com o meu pai ou a minha mãe, tanto que meu pai e minha mãe nunca falaram sobre sexo comigo, sabe. Meu pai perguntou: "Sua mãe já falou sobre sexo com você?"; eu já tinha catorze anos, falei que já, mas minha mãe não tinha falado. Aí ele disse: "Tá bom". Minha mãe um tempo depois veio: "Seu pai já falou de sexo com você?". Falei que já, e ela disse: "Então tá bom". E nisso ninguém falou e eu aprendi nas ruas, como todas as crianças. Meu pai e minha mãe sempre foram muito policiais da minha vida, eles só apareciam para falar "não use drogas", aí sumiam um pouco, "vai ser feliz", ou "estude", e saíam. Mas meu caráter e meus princípios sempre foram construídos no medo. "Se você não estudar, vai virar isso"; não era um "estude porque dá prazer, porque é bom", era "estude, senão você vai acabar como eu e sua mãe", ou "não use drogas, senão você vai acabar que nem o seu colega ali que tá sendo preso". Sempre foi assim, e essa é uma lógica cristã muito grande, de penitência, "não faça isso, senão isso".

S.G.: Fazendo uma ligação com essa ideia de penitência, a gente entende muito que, nessa construção que é feita na Igreja, a pessoa quando se identifica e passa a se perceber LGBT, começa a se culpar, a achar que tem algo de errado com ela. Você já se deu conta de algo diferente enquanto frequentava a igreja e estava passando por essa transição da adolescência? Lembra da primeira vez que começou a pensar que não era igual às outras meninas? Quando foi isso?

N.N.: Acho que isso tudo é muito confuso para mim. Na pré-adolescência, com uns doze anos, antes de mudar de cidade, eu tinha um grupo de amigas e em determinado momento começaram aquelas brincadeiras de salada mista, essas palhaçadas que as crianças fazem quando estão começando a querer dar uns beijinhos na boca. Nessa idade mais ou menos, a gente era um grupo de meninas, todo mundo brincava, e tinha uns dois meninos; eu achava que gostava de um deles, o Digão. Lembro até hoje porque acho esse apelido ridículo. Meu Deus, o Digão! Eu ficava que nem uma idiota, achava que gostava desse menino porque ele era mais velho e todo mundo gostava dele, e um dia ele falou comigo. É esse lugar de atenção que a gente nunca teve, eu nunca fui uma menina bonita crescendo, a gente é essa neguinha feia que alisa o cabelo e anda com pitotinho fino de cabelo de prancha, e não é interessante, não é bonita, não está na lista das mais belas ou das mais interessantes ou das mais legais. Minha primeira lembrança de um interesse romântico por alguém é com o Digão, e bem nesse contexto de salada mista, de verdade ou desafio etc. Em determinado momento, a gente brincando disso, caiu em uma menina, uma amiga minha, a gente falou, beleza, a gente é amiga, tá treinando para beijar os meninos e demos um selinho, dei selinho em outra e, o.k., a vida continuou; entendi aquilo como uma prática para quando eu fosse encontrar esse rapaz. Só depois de muitos anos eu fui analisar. Na quarta ou quinta, sexta série, fiquei com um menininho de verdade pela primeira vez, e eu considerava esse o meu primeiro beijo, sendo que eu já tinha beijado antes, mas aquilo era um teste, não houve um desconforto porque eu nunca falei sobre isso com ninguém e nunca soube que essa era uma questão na Igreja, porque não conversavam sobre isso, meus pais não falavam.

S.G.: Como não havia conversa, você não tinha noção do que eles determinavam como certo ou errado.

N.N.: E meu pai e minha mãe, apesar de serem cristãos, sempre foram muito desviados, meu pai e minha mãe não são evangélicos preconceituosos, nunca foram, isso nunca foi um discurso dentro de casa, apesar de ambos terem crescido e sempre seguido uma doutrina cristã, principalmente evangélica neopentecostal. Então isso não foi uma questão, mas eu refleti muito depois sobre como ignorei essa primeira experiência, e só fui validar a experiência romântica quando era com um garoto, e foi a mesma experiência, senti as mesmas coisas, a mesma empolgação, mas era como se aquilo não fosse real.

Anos depois apareceu outra questão na minha vida, quando já estava mais adolescente, doze, treze, catorze anos; ao mesmo tempo que essas brincadeiras começaram a acontecer, eu passei a me enxergar como um corpo, porque nessa época eu morava perto da minha prima, uma prima que eu admirava muito, a Raquel, ela era passista de escola de samba e muito parecida comigo. A gente morava no mesmo condomínio, uma Cohab lá em Perus, antes de eu mudar para Assis. A Raquel passava e todo mundo se apaixonava, ela era a sensação da quebrada. A gente se gostava e brincava muito, ela já tinha uns dezessete, dezoito anos. Lembro que um dia passei do lado dela — essa é minha lembrança mais antiga de hipersexualização —, eu era uma criança sem peito, e vários homens adultos, adolescentes, falaram: "Nossa, a Nátaly já tem a bunda da prima, ela vai ser igual à Raquel", e desde esse dia eu comecei a me olhar no espelho, a perceber minha bunda e a pensar: "Nossa, mas a Raquel é tão admirada, que legal, então eu vou ter a mesma bunda da Raquel, gostei". Foi a primeira vez que me elogiaram, muito entre aspas, porque eu sempre fui chamada de feia, horrorosa, então naquele momento saí do lugar de menina feia, e por conta da projeção da minha prima, passista, mulata, como as pessoas viam, fui elogiada. Eu era muito comparada à Globeleza e adorava, porque ela era uma figura muito bonita na TV. Aquilo construiu uma visão e uma imagem de corpo para mim, unicamente baseada no desejo hétero sobre um corpo feminino negro, e também moldou muito meu olhar do que era afetividade, do que era desejo, um olhar que depois destruiu minha vida quando saí de relações heterossexuais. Com quinze anos comecei a namorar um menino que tinha essa relação de hipersexualização. Lembro que ele falava para os amigos: "Ah, a Nátaly tem uma bunda muito grande". E na época eu era uma menina normal, só que tinha essa questão de ser uma Globeleza em desenvolvimento.

S.G.: Você precisava da validação de outra pessoa para enxergar seu próprio corpo.

N.N.: Exatamente. A construção da minha imagem e sexualidade passa cem por cento pela construção do estereótipo da mulata, porque eu só me enxergo como um corpo interessante para outro sexualmente ou amorosamente quando começo a ser elogiada, e passo a ser elogiada em decorrência desse corpo, que só é construído para esse olhar masculino. Ele é um objeto masculino e, dentro disso, a minha sexualidade foi muito guiada na adolescência pelo desejo de ser apreciada por esse olhar, então nem questionei outras possibilidades, porque eu queria ser bonita.

S.G.: Queria ser vista, ser...

N.N.: Apreciada, desejada. E eu só era desejada por esse olhar de objetificação, e obviamente nada disso era consciente, a gente ressignifica agora.

S.G.: Você chegou a namorar quantos meninos cis antes?

N.N.: Dois. Um relacionamento de oito meses, aos catorze anos, e o outro foi em um relacionamento de três anos e meio, dos quinze aos meus dezesseis, dezessete anos. Sou taurina, então tem isso, gosto de relacionamentos estáveis e fixos, e fui traída, fui maldita, as pessoas me maldisseram. Foram relacionamentos que me machucavam muito, mas que me satisfaziam, porque supriam essa necessidade do desejo do outro, sabe, o outro me desejava, e esse outro que me desejava, dadas as construções racistas e objetificadoras da mulher negra, era sempre o homem.

S.G.: E onde ficava sua autoestima? Porque você sempre olhava para o outro e não pra si.

N.N.: A autoestima era totalmente construída no desejo do outro, por isso eu precisava tanto que o outro me desejasse. Eu não perdi minha virgindade cedo, adolescente, porque ainda sentia muito o peso da Igreja, até porque na adolescência eu voltei a frequentar a igreja intencionalmente. Quando a gente cresce na Igreja, é natural, tem um momento em que revisa e entende o quanto você quer fazer parte daquilo ou não; eu tive meu momento de afastamento quando fui para o interior, porque a família do meu pai era católica, apesar de ele ser evangélico; simplesmente me afastei e depois voltei no ensino médio, aos catorze anos. Então esse período em que eu namorava esses rapazes, buscava essa afirmação pelo desejo e a construção da minha autoestima a partir do olhar masculino e objetificante sobre mim, é o mesmo em que entrei na Igreja. Existia um controle da minha sexualidade não desenvolvida, mas a necessidade de me ver sexualizada pra me sentir minimamente válida. Era um grande desequilíbrio e desconforto o tempo inteiro. Foi uma época de muita confusão e, quando me dei conta, aconteceu outro episódio, porque eu estive em relacionamentos durante muito tempo, e estou com o Jonas faz sete anos, então não tive muito que viver fora disso. Mas tive uma amiga durante esse período de oito, nove meses, em que fiquei com esse primeiro namoradinho, aos catorze, quinze anos; essa amiga era uma mina lésbica e a gente sabia disso.

S.G.: E você ainda estava na Igreja?

N.N.: Não, eu fui para a Igreja no final dos catorze anos, com quinze.

S.G.: Tá, mas só para entender a cronologia, você teve seu primeiro namorado, depois o segundo, mas nesse segundo já estava na Igreja.

N.N.: Fiquei três anos e meio.

S.G.: E por você estar na Igreja existia esse controle de vocês não poderem fazer sexo antes do casamento. Na chegada dessa sua amiga lésbica à sua vida você também estava na Igreja?

N.N.: Catorze anos, não estava na Igreja ainda.

S.G.: Ah, tá, foi antes.

N.N.: Meio que foi ao mesmo tempo, porque nossa amizade durou. Ela foi uma figura emblemática durante a minha adolescência.

S.G.: Por quê?

N.N.: Porque eu estava namorando esse garoto, e ela era muito próxima de mim, a gente era muito amiga, eu sentia um carinho muito grande por ela, carinho que a gente não ressignifica porque, quando você está no contexto de pensamento heteronormativo, é sempre um carinho de amigas, e você não vê outras coisas. Só comecei a entender que nossa relação de proximidade era um pouco diferente quando percebi que ela passou a prejudicar o meu primeiro relacionamento com esse garoto e que o objetivo dela não era ficar com ele no final. Porque a narrativa de todas as pessoas ao meu redor era de que ela queria meu namorado, porque essa é a lógica. Quanto mais ela fazia artimanhas e plantava ciúmes, mais eu percebia que ela se afastava dele e se aproximava de mim, e aquilo poderia ter me incomodado — eu, teoricamente uma pessoa hétero me construindo naquele momento — e não me incomodou; pelo contrário, fiquei menos incomodada de saber que ela não queria ele do que de saber que ela me queria. Eu só entendi que estava namorando, e achei que era normal essa perspectiva, até perceber que eu tinha amigas hétero que: "Ah, meu Deus, que nojo, ela gosta de mim, ela me ama, ai, meu Deus, sou super-hétero". Não foi esse meu posicionamento; meu posicionamento foi: "Olha, estou namorando agora, então...".

S.G.: Mas teve uma clareza, uma conversa em que ela chegou em você?

N.N.: Não teve essa conversa, mas teve o acerto de contas na minha mente — "Não quero me afastar dela, gosto dela, mas nesse momento estou em outro relacionamento" —, só que eu não parei pra avaliar o quanto não me incomodei, e por um lado até fiquei lisonjeada com o amor e com o interesse dela por mim, mas depois fui para a igreja e fodeu tudo, é isso aí mesmo, você tem que se casar, tem que... Veio o discurso anti-LGBT, com o qual eu não tinha entrado em contato enquanto crescia, quando fui para a Igreja, já mais velha, tive acesso a ele e também vieram os primeiros desconfortos. Eu ainda era amiga dessa moça e não podia ser mais, então houve também uma quebra nesse momento, até estava falando em um vídeo que, apesar de eu ter sido muito religiosa, um arrependimento que nunca vou ter é o de ter falado qualquer coisa LGBTfóbica na internet, porque era a única coisa com a qual eu não concordava. Porque não fazia sentido para mim, algo dentro de mim também não queria que fizesse sentido e que fosse real. E nisso entra o Jonas, voltando muito no tempo, aos catorze anos, quando o conheci na internet.

S.G.: Como você conheceu o Jonas na internet? Estava em algum bate-papo, grupo do Orkut?

N.N.: Foi, a gente estava em um fake, e ele era um cara, mas era um cara gay; era o Ryan, do *High School Musical*, e eu era uma menina. A gente começou a conversar, eu era uma garota solitária, então o fake era tudo para mim. Se os mais jovens não sabem o que é um fake, era um lugar no Orkut, como um *The Sims* ou um *Second Life*, em que você fingia que era uma pessoa famosa, mentia e todo mundo sabia que você estava mentindo, era divertido. Você era outra pessoa, e eu obviamente era só mulheres loiras, brancas e maravilhosas, e ele era um cara, né, o que também tem a ver, porque ele é uma pessoa trans hoje. Então eu conheci o Jonas e em uma semana me apaixonei, porque ele era totalmente fora da curva, a conversa fluía de forma gigantesca; eu falei: "Meu Deus, estou completamente apaixonada, é minha alma gêmea". Nunca tinha me apaixonado por ninguém on-line, e lembro que ele sumiu.

S.G.: Mas naquela época você sentiu, você não sabia quem era a pessoa, só via imagens por fake e tal?

N.N.: Fake, era o Ryan, que era um cara gay, e a gente sabia que era um personagem gay. E o Jonas foi isso, não tinha esse lugar de desejo porque não era meu corpo, talvez tenha sido a primeira relação que tive que não foi incentivada, o primeiro sentimento que eu tive, o interesse que tive por alguém que não foi incentivado pela forma como eu gostaria de me sentir, mas única e exclusivamente pelo apreço que eu tinha por aquela pessoa. Aí me apaixonei profundamente pelo Jonas, e o pai dele faleceu pouco depois, mas eu só fui saber disso mais tarde; ele sumiu da internet na época, só que eu não sabia por quê. Eu fiquei sem chão, a gente conversou por um mês inteiro, eu loucamente apaixonada, na época ele namorava uma menina lá do fake também, e eu comecei a entrar numa cruzada pra descobrir o perfil dele, porque precisava falar com ele e saber quem ele era. Naquela época eu descobri o perfil da namorada, e quando descobri o perfil dela me senti muito mal porque a menina era praticamente uma princesa da Disney. Era uma menina branca de cabelos lisos, maravilhosa, tudo o que na época eu queria ser, me senti muito mal; falei: "Nossa, nunca, olha o meu estado, quem eu sou".

S.G.: Mas isso antes de entrar na Igreja? Você conseguiu ver quem era a pessoa e isso não foi um conflito para você?

N.N.: Não, escuta. Eu encontrei a namorada e consegui achar o perfil dele; quando eu encontrei o perfil dele, vi que na verdade era uma garota. E aí eu falei: "Meu Deus, estou apaixonada por uma mulher, e agora o que eu faço?". Isso me deixou confusa na época, mas eu ainda queria falar com ele, não tive coragem de mandar mensagem porque tinha vergonha de mim.

S.G.: De você ter ido e achado?

N.N.: Não, tinha vergonha de ser quem sou, porque sabia que a namorada dele era uma garota branca de cabelo liso maravilhoso, e eu era eu. Então o que me impediu principalmente foram as questões raciais, não foi o fato de eu ter enxergado uma mulher naquela época. Me impactou muito, mas o que mais me doeu...

S.G.: Foi você se comparar com outra pessoa.

N.N.: Exatamente.

S.G.: E como o Jonas volta para a sua vida?

N.N.: Depois eu saí, tive meu primeiro namoradinho e, buscando essa necessidade de afirmação, fui para o ensino médio, encontei meu segundo namorado, também no contexto da Igreja, e aí um dia estou eu, no último ano do ensino médio, sem nada para fazer em casa, não quero mais estudar para o vestibular, estou cansada, não quero mais trabalhar. Aí eu falei: "Nossa, que saudade do fake, será que lembro a senha?". E lembrei, entrei na minha antiga conta fake do Orkut e encontrei uma mensagem do Jonas, que não sabia que eu sabia quem ele era em off. Aí eu falei: "Beleza, vamos conversar, que legal, foi a pessoa mais legal que eu já conheci na vida, agora estou 'noiva'", já que eu não estava só namorando, estava noiva, porque como disse estava no contexto da Igreja com esse relacionamento de mais de dois anos.

S.G.: Já estava preparando enxoval para casar, né?

N.N.: Eu já estava noivinha contra os desejos do meu pai, mas é isso que acontece. Então fui atrás da minha senha e encontrei o Jonas, fiquei muito feliz; falei: "Vou voltar a conversar com ele". Era outro contexto, contexto de RPG on-line, então as relações também não eram só de conversas, existiam tramas e você montava histórias com a pessoa. Aí comecei a conversar com o Jonas de novo e uma semana depois eu estava apaixonada e sabendo que era por uma mulher. Só que naquele momento eu estava em um contexto religioso, então aquilo se tornou uma grande questão para mim. Eu não só estava em um contexto religioso como estava noiva e apaixonada por uma mulher que nunca tinha visto na vida. Falei: "Não, beleza, vou seguir aqui"; continuei no meu relacionamento, estudando para o vestibular, mantendo uma amizade, só que não conseguia me aguentar. Já estava dividida e naquele momento eu seguia apaixonada pelo meu noivo da época e pelo Jonas, então foi uma época em que meu coração realmente ficou dividido e em que eu não sabia o que fazer.

S.G.: Em algum momento a religião te fez ficar confusa e achar que era alguma trama diabólica?

N.N.: O tempo inteiro, tanto que eu estava decidida a terminar meu relacionamento no fim do terceiro ano. Eu demorei, passei um ano inteiro lutando contra esses sentimentos, um ano inteiro tentando entender o que era, no final eu estava decidida a terminar esse meu noivado e estava no contexto da Igreja de ministério. Eu era muito envolvida, era muito feliz na Igreja; fui falar com os líderes do meu ministério de teatro e de dança, eles eram muito meus amigos. Disse: "Olha, aconteceu o seguinte, estou apaixonada por uma pessoa, é uma paixão que nunca vi igual, aconteceu há mais de três anos, quando eu era adolescente, criança praticamente, voltou agora avassaladora, e eu não sei mais o que fazer porque não consigo dormir, não consigo viver, só consigo pensar nisso, minha alma está nisso, tudo nisso". Eles falaram para eu vigiar e orar. Então eu comecei todo o processo crente, jejum infinito por uma semana, chorar, perguntando "por quê, Deus?", e todas as respostas que eu recebia me diziam para ficar em paz.

S.G.: Mas você conseguia ficar em paz?

N.N.: Não, quanto eu mais vigiava, orava, jejuava, mais eu tinha certeza de que estava no relacionamento errado. Porque ao mesmo tempo que aquele amor que eu sentia pelo Jonas era edificante da forma mais cristã possível — já que eu me sentia feliz, com vontade de viver, de aprender, fazer mais pelo outro —, esse meu noivo do outro relacionamento não era religioso, ficava o tempo inteiro na tentação, querendo que eu fornicasse, no linguajar religioso. Então ele na verdade era um problema pra mim, ele estava na verdade me tirando do caminho de Cristo, e eu o tempo inteiro "não, o casamento", "escolhi esperar", blá-blá-blá. Então, o tempo inteiro, quanto mais eu orava, mais eu enxergava que aquele relacionamento heterossexual era problemático e me afastava do caminho de Deus, e o outro relacionamento teoricamente me colocava em contato com Deus.

S.G.: E nada mais é do que um amor genuíno, não é?

N.N.: Genuíno, incondicional, puro, de uma forma que eu nunca tinha experimentado na vida. Eu amei muito, tanto que, quando assumi meu relacionamento, entrei na faculdade e entendi que realmente me interessava também por mulheres, fiz um esforço muito grande em tentar distorcer toda a minha vivência anterior e acreditar que nunca tinha amado os homens cis que amei, só que eu amei. Amei, mas de forma diferente da que posso amar outras pessoas. Na minha história — não digo que todo mundo é assim, porque a gente sabe que heterossexualidade compulsória é uma questão real —, eu amei muito meu ex, só que também amei muito o Jonas, tanto que foi quem escolhi no final.

S.G.: Como foi para escolher o Jonas no final? Porque você sabia em off quem era, mas ele não sabia que você sabia.

N.N.: Ele não sabia que eu sabia.

S.G.: Estou muito curioso sobre algumas partes: como foi terminar esse noivado no contexto religioso? Porque você termina, e ele não é da Igreja, mas você continua frequentando. Como foi quando o Jonas soube que você sabia quem ele era? Como foi que vocês se conheceram pessoalmente? Como foi para o Jonas, nisso tudo, saber que você também era da Igreja? Como isso se junta?

N.N.: Jonas, quando descobre que sou religiosa, fica em pânico, porque eu também percebia que ele estava se apaixonando por mim. Era um mundo de fantasia, onde a gente criava histórias, e nessas histórias ele sempre se apaixonava por mim. Aquilo era um sinal muito grande para mim, mas eu estava em um relacionamento em off, então também tinha uma moral muito grande que dizia que demonstrar amor e paixão seria de certa forma traição, mas eu estava totalmente apaixonada. Por duas pessoas ao mesmo tempo.

S.G.: Jonas ainda namorava?

N.N.: Não estava namorando, estava livre, leve e solto, querendo que eu me apaixonasse por ele, usando todas as artimanhas de sedução dele, e estava dando muito certo, só que eu ainda estava naquele meu lugar. Descobrir que eu era religiosa deu uma segurada, porque ele ficou muito "nossa, nada a ver, ela se batizou na piscina lá com o pastor, nada a ver isso, nunca vai acontecer"; falava em línguas, dons do espírito... Aquele era meu contexto e eu amava muito a Igreja. O que me tirou do armário foi a própria Igreja, porque quando falei com meus líderes e perguntei o que estava acontecendo, e me disseram para vigiar e orar, vigiar e orar, e eu realmente, com muita verdade, vigiei e orei, todas as respostas que recebi em sonho, em sentimento, eram de Deus falando no meu ouvido: "É, vai fundo, garota, é isso aí, viva essa paixão intensa", e dos querubins dizendo: "Vai lá, menina, arrasa, pega, viaja mesmo, chuta esse menino aí, esse cis". Todas as respostas eram assim, e quando fui falar com muita honestidade para os meus líderes que as minhas orações estavam dizendo que eu devia encontrar essa pessoa que a Igreja dizia que eu não devia, eles começaram a confundir muito a minha mente dizendo: "Ah, então não é Deus falando no seu coração, é o inimigo". Eu falei: "Não, eu sei por onde Deus fala, eu sei sentir a palavra de Deus em mim, sei sentir e não sinto que é errado". Eles insistiam que era errado. Falei: "Não, mas vocês disseram que Deus ia falar no meu coração". "Mas agora é o Diabo falando". Eu disse: "Mas como o Diabo fala no meu coração e Deus também?". E eles perguntavam como eu podia ser tão burra, diziam que eu não estava entendendo, que estava orando errado, entendendo errado, e aí chegou ao ponto em que fiquei muito triste com isso.

S.G.: Hoje eu não vou a igreja nenhuma, mas entendo que se alguém se diz religioso e diz compreender a vontade de Deus por completo, o que ele quer para você, para outra pessoa, esse alguém não sabe quem é Deus, porque a partir do momento em que você O entende, Ele já não é um ser supremo, porque cabe na sua mente. Como você pode ter uma certeza dentro do seu coração e outra pessoa dizer que não é verdade? Não! Essa pessoa é que está errada, como ela pode se intrometer na sua vida desse jeito?

N.N.: Era o desejo de colocar os dogmas delas, dessa Bíblia e da religiosidade que muda a cada esquina; mesmo no cristianismo há uma leitura e interpretação diferentes. Decidi ignorar o que essas pessoas me diziam e segui nos meus ministérios muito feliz e empolgada, porque eu amava muito a vida na Igreja. Me fez muito bem enquanto estive lá e construiu muito meu caráter; na adolescência é muito importante, quando você não sabe quem é, ter isso; não ter a Igreja, mas esse suporte, esse apoio, esse caminho, essa luz no fim do túnel. E não a Igreja, mas a religiosidade nesse momento, foi meu caminho; então um dia eu estava muito plena fazendo minhas coisas do teatro e fui assistir a uma pregação — e aí as revelações de bosta, né —, aí vem o pastor com a revelação da maçã podre, que temos uma maçã podre que distorce a palavra de Deus etc., e aquilo começou a ressoar em mim; eu falei: "Isso é para mim". Quando no final do culto eu fiquei de banco de todos os ministérios, meus líderes vieram, ou seja, falaram para o pastor. O pastor me expôs na frente da igreja inteira, sem falar meu nome.

S.G.: Como foi? Eles têm muito esse lugar quase de ditador mesmo, de pegar uma pessoa como exemplo, expor essa pessoa para passar vergonha nacional, quase uma Inquisição.

N.N.: Exato. Foi isso naquele contexto, todo mundo sabia quem eu era porque eu tinha ficado de banco justamente na noite em que o pastor falou de maçãs podres apodrecendo outras maçãs, uma maçã podre apodrecendo a caixa, e aí eu não lembro o que aconteceu, lembro que eu saí.

S.G.: Você lembra o que sentiu?

N.N.: Lembro que eu saí, falei: "Ah, se eu mesma não sei por onde Deus fala, se eles é que sabem dizer por onde Deus fala e se mesmo com toda minha paixão pela Igreja, pelos ministérios, não sou validada; se mesmo com todo meu esforço e dedicação para fazer meu melhor, louvar a Deus e construir essa comunidade eclesiástica da melhor forma possível, mereço ficar de castigo só porque orei e recebi minha resposta e estou vivendo minha resposta, então tchau". Foi bem na época em que eu estava prestando vestibular. Eu ia para Marília, tinha passado na Unesp de lá, meu plano era ir para Marília e continuar morando na minha cidade e frequentando a igreja. Nesse momento eu também passei em São Paulo; falei "foda-se, tchau", aí mandei todo mundo tomar no cu, mandei a Igreja tomar no cu, mandei Jesus tomar no cu, o que foi péssimo, mandei todo mundo tomar no cu; hoje em dia não me arrependo, mandei meu ex tomar no cu. Na verdade não mandei, e essa parte foi muito simples porque ele também já não queria mais, porque é isso, ele não era um rapaz religioso.

S.G.: E para ele não estava fazendo sentido naquele contexto.

N.N.: Não fazia sentido, ele gostava muito de mim, mas eu estava naquela lógica de ter escolhido esperar, e ele me respeitava realmente, mas pra ele também não era confortável, ele também passou na faculdade em São Paulo, queria viver a vida dele, e aí foi muito calmo. Lembro que naquele contexto, antes disso, quando comecei a receber minhas mensagens, fui entendendo que podia ser bi e passei a falar para ele: "Olha, estou me sentindo atraída por uma mulher".

S.G.: E você contou todo o contexto ou não?

N.N.: Eu falei: "Estou me sentindo atraída por uma mulher que conheço, minha amiga, mas não é nada que eu esteja vivendo, não falamos nada sobre isso, mas eu estou me sentindo atraída por essa mulher, acho que posso ser bi"; e a resposta dele, muito hétero, foi: "Oba!". Aí eu pensei: "Não, ele não está entendendo, deve estar achando que vai rolar um ménage", só que eu falei: "Cara, estou apaixonada por essa mulher e acho que vou te largar". Ele achou maravilhoso, e fiquei: "Nossa, que desconstruído".

S.G.: E a vida de vocês, pelo que entendi, estava seguindo caminhos diferentes, você indo para a faculdade... Mas aí você foi para São Paulo e conheceu Jonas? Ou não?

N.N.: Sim, no final do ano de 2012, quebrei com a Igreja, terminei com meu ex, comprei uma passagem — juntei por meses, na verdade dinheiro, eu e o Jonas — para janeiro de 2013, e em janeiro de 2013 viajei e encontrei o Jonas pela primeira vez.

S.G.: Só que o Jonas até aquele momento não sabia que você já sabia quem ele era...

N.N.: No processo eu falei, já naquele processo de estar orando e entendendo a escolha que eu ia tomar, é doido falar isso, né, porque eu estava orando para falar "vou sair do meu armário", e foi Deus que me tirou do armário; Ele falou: "Sai do armário, caralho".

S.G.: Vai ser feliz.

N.N.: Foi Deus. No processo de estar perguntando para Deus se eu saía ou não do armário, e Ele falando para eu sair, comecei a querer conversar fora da internet; falei para o Jonas: "Vamos nos conhecer em off, olha o meu perfil", mas ele já tinha visto o meu perfil, só que não sabia que eu conhecia o dele. Chegou um momento em que tive que falar: "Sei quem você é e sei há muitos anos", e aí foi um pega pra capar. Ele se sentiu exposto e invadido porque eu tinha descoberto quem ele era, não tinha falado nada e tinha passado um ano inteiro conversando com ele sem contar nada porque eu também queria que ele me falasse. Como ele não contou, eu tive que falar: "Você está com medo do quê, caralho, já sei de tudo".

S.G.: Como foi quando vocês se encontraram pela primeira vez?

N.N.: Foi o que a gente já sabia que era, porque eu conheci ele em 2008, a gente se apaixonou, e eu descobri que ele também se apaixonou por mim lá atrás, só que aconteceu o que aconteceu com o pai dele, e ele também tinha esse outro relacionamento e muito respeito pela namorada dele na época. Também tinha a distância, tudo o mais, e ele se afastou no geral, diz que não se apaixonou por mim na verdade por respeito, mas eu sei que sim, jogou muito charme, e aí, quando eu voltei, eu estava nesse contexto de noiva religiosa e me apaixonei por ele, então a gente já se conhecia muito. Quando o encontrei naquele dia foi "bora namorar, então", porque só falta casar, a gente já sabe que é isso, mas vamos fazer aqui um pedido oficial. Tanto que eu viajei para encontrar, isso foi muito radical — não façam isso, jovens — viajei pra encontrar o cara só tendo visto uma foto dele, eu só tinha isso. Não sabia como era o rosto dele; quando cheguei na rodoviária me dei conta de que era totalmente diferente do que estava na foto, sorte que era mais bonito, porque a foto não era muito bem tirada, e a gente só se falava por telefone.

S.G.: Você sente hoje que no começo, nesse movimento de transição, você se entendia como uma mulher bi, lésbica, pansexual?

N.N.: Essa foi a grande confusão da minha vida depois, porque como a gente se acerta perante o outro? Comigo eram muitos os dilemas de Deus, e depois eu pensava: "Ai, Deus disse que o.k."; beleza, vou viver e, de repente: "O que você é, então?". As pessoas começaram a me perguntar; falei: "Verdade, o que eu sou então? Ah, eu sou eu"; tive um curto porque quando saí da faculdade, quando encontrei Jonas e a gente começou a namorar, foi um momento muito propício, foi o momento em que saí de casa, saí da Igreja, fui morar numa cidade nova, então eu podia ser o que quisesse ser.

S.G.: Você resetou e disse: "Vou começar aqui outra história".

N.N.: Eu não tive que lidar com os olhares da Igreja. Inclusive, quando saí da Igreja, um monte de gente também foi para a faculdade, e todo mundo saiu do armário no fim. De repente, todo mundo estava confortável. Falei: "Nossa, todo mundo saiu do armário", e acho que eu ter saído ajudou muito, porque eu postei, disse que estava em um momento em que ninguém me conhecia mesmo, no contexto que eu estava.

S.G.: Mas sua família não seguia você nas redes sociais? Como foi para eles ver você com outra pessoa?

N.N.: Eu nunca conversei muito com os meus pais, não tive essa relação.

S.G.: Mas eles nem entraram em contato com você quando viram?

N.N.: Meu pai e minha mãe, a gente justamente se apoiava, mas não trocava nesse nível. Então eu tinha foto comigo e o Jonas na capa do meu celular e minha mãe perguntava quem que era, eu falava: "Minha melhor amiga"; e minha mãe: "Ah tá". O Jonas mandava presentes para mim, ela dizia: "Nossa sua amiga está mandando presentes". Eu falava: "Amizade boa é isso"; eu dizia que estava indo viajar, passar um mês em Minas para ver a minha amiga, e ela: "Ah, tá, tá bom", e nunca me perguntou mais nada. E eu nunca tive vontade de falar nem para o meu pai nem para minha mãe.

S.G.: Porque nunca teve vontade ou teve medo?

N.N.: Não tinha vontade, achava que eu tinha preguiça real de falar, até porque estava tentando entender o que eu era antes de tocar no assunto.

S.G.: Por isso fiz essas perguntas antes, porque como você não tinha uma resposta, foi uma questão: como você ia se anunciar alguma coisa?

N.N.: Eu não tinha o que anunciar porque não sabia. Quando entrei na universidade, até entendi que conseguia me sentir atraída por outras mulheres, sabe, isso é algo na minha vida, aí eu cheguei já nesse contexto de militância e de repente percebi que ser LGBT naquele meio era legal, e as pessoas começaram a me valorizar por eu estar em um relacionamento com outra mulher sendo que eu nem sabia direito o que era isso naquele momento. Falei: "Nossa, pelo visto aqui é um *Upside Down*, né, *Stranger Things*. Aqui ser preto é legal, estar namorando mulher é legal". E de repente eu era a mais popular da escola, e na minha cidade do interior eu apanhava pra caralho por ser tudo isso. Fiquei: "Valeu, galera".

S.G.: Gente, aqui é o céu.

N.N.: Universidade pública de humanas é o paraíso.

S.G.: Por mais que a gente esteja falando da sua história, ela permeia também a transição do Jonas, que hoje se reconhece como uma pessoa trans, nem homem nem mulher, uma pessoa trans. Como foi para você entender esse contexto? Porque passa por isso também, não é? Você se reconhece em um momento como mulher lésbica, em outros como bissexual, em outros está entendendo se precisa de caixas... Como isso é para a Nátaly Neri hoje?

N.N.: O processo, quando entrei na universidade, foi o seguinte: estava nesse relacionamento, comecei a entender as discussões, essa ideia de heterossexualidade compulsória entrou na minha narrativa e eu aceitei ela por pouco tempo, só que de repente passei a questionar isso, porque comecei a voltar na minha vida e entender que não era o meu caso, não era o que acontecia na minha vida. Eu entendi a questão da mulata, que os meus relacionamentos tinham sido muito motivados pela busca desse desejo do outro, do olhar masculino e objetificante sobre mim, só que ao mesmo tempo não conseguia mudar a forma como me sentia em relação às outras pessoas, e percebi que também poderia haver interesse por homens cisgêneros, na verdade homens cisgêneros afeminados e mulheres masculinizadas, e fui ficando muito confusa porque ao mesmo tempo é uma sopa que nunca vi igual e não sei me enxergar e aí...

S.G.: E tem muito recorte que precisa ser colocado. Nessa fase que você está passando na faculdade, a transexualidade masculina não é tão estudada, comentada ou falada. Acho que você está naquele processo, se não me engano, perto da viagem solitária que é o livro do João Nery, mais ou menos ali em 2008, 2009.

N.N.: Não, nossa, isso eu estava conhecendo o Jonas, minha faculdade foi em 2013, 2014. Foi nesse processo que eu tentei passar a refletir sobre minha sexualidade, porque as pessoas começaram a perguntar: "O que você é?". Nessa salada, só Deus sabe, achei que me sentia atraída só por mulheres, mas percebo agora que posso me sentir atraída por homens, mas não necessariamente o macho alfa ou não necessariamente a mulher alfa; então isso significa que não sou lésbica ou não sou hétero? E nunca me senti confortável enquanto bi, porque bi significa que eu exploraria tudo e todos, e na verdade existiam alguns limites que eu também não entendia. Eu estava em um processo solitário de reflexão e apaixonada pelo Jonas, pelo que ele significava, e ele veio me dizer que podia ser uma pessoa trans. Eu não sabia nada do que isso significava; naquele primeiro momento falei: "Tá, mas então agora que estou tentando me acostumar, achar o que sou e explicar para todo mundo, agora vou ter que falar que sou outra coisa diferente da que eu já estava dizendo que eu era há muitos anos". Então no primeiro momento foi muito sobre mim, muito sobre: "Poxa, estou aqui me fodendo para entender os rolês, e agora que estou achando uma respostinha, você fala que eu vou ter que dizer que sou hétero e tudo vai mudar? De novo?". Então foi muito mais um desconforto porque eu estava em um momento de muita confusão e busca de respostas, e a vida do Jonas só adicionou mais um: "Tá difícil? Então segura mais essa".

S.G.: A cereja no bolo.

N.N.: Durante um tempo tive muita dificuldade de aceitar.

S.G.: Vocês chegaram a se afastar em algum momento nesses processos? Ou ficaram lado a lado mesmo não estando na mesma página?

N.N.: A gente não chegou a se afastar, mas no começo eu coloquei muitos questionamentos na cabeça do Jonas, será que é isso mesmo, talvez não, tem certeza. Quando ele se posicionou realmente e falou "não, é isso", eu fiquei muito tempo sem conseguir entender, durante muito tempo fiquei resistente, não necessariamente mostrando, só às vezes, mas mesmo assim não resistente o suficiente a ponto de ir embora. Ele falava: "Se quiser, vai embora porque não quero você infeliz do meu lado, essa é a minha escolha, é isso de que preciso para ser feliz". Escolhi ficar ainda assim, porque eu não queria ir, e aí fui percebendo que era sobre mim, a confusão estava sendo causada única e exclusivamente porque eu queria uma resposta ou algo que coubesse no que as pessoas esperavam, ou no que eu achava que daria para apresentar para elas como coerente.

S.G.: Quando você descobriu isso, sentiu uma paz?

N.N.: Quando descobri isso, tudo fez sentido, porque parei de querer colocar o Jonas em uma caixa, me colocar em uma caixa, colocar nosso relacionamento em uma caixa, e passei a estar lá para ele no momento em que ele precisasse, apaixonada por ele. Eu me questionei sobre por que estava tão apegada a um corpo.

S.G.: Naquele momento você falou "agora tudo bem", ou não existiu essa conversa do tipo: "Ai, está tudo bem, daqui pra frente não vou mais me questionar sobre isso"? Porque você fez um vídeo; mas essa conversa — de antes de sair esse vídeo em que você falava como se enxergava sexualmente, falava de uma conversa entre vocês — foi libertadora?

N.N.: Foi porque eu também comecei a colocar nosso relacionamento em risco, comecei a ser uma pedra no sapato dele, e ele precisava desse apoio porque não tinha ninguém na época, e eu estava atrasando, atrapalhando, tornando tudo pesado, estava fazendo com que ele se sentisse infeliz. Quando percebi que eu estava correndo o risco de perder a pessoa que amava porque estava confusa sobre quem eu era e porque queria encaixar a gente em lugares dados, comecei a me dar conta de que não podia fazer isso. Eu tinha muito pouca informação, passei a frequentar rodas na minha universidade sobre transexualidade, que também estavam começando no mesmo momento porque alguns corpos trans passaram a se movimentar e a falar sobre isso, então eu tive alegria por tudo ser muito concomitante; ao mesmo tempo que o Jonas passava por isso, conheci essas pessoas na universidade, tive acesso a essas outras narrativas e parei de enxergar o Jonas como meu namorado, como o corpo que eu desejava e comecei a enxergar como uma pessoa passando por esse processo e essa reflexão, assim como aquelas pessoas também estavam, e falei: "Estou maluca, o que eu estou fazendo?". Eu tive que me retirar desse lugar de namorada, porque ele é muito egoísta, é sobre como o corpo do outro te agrada, como o amor do outro te alimenta, e pensar em qualquer mudança no outro é mudar essa lógica que a gente tem, então tive que sair desse lugar de namorada e enxergar o Jonas como pessoa para conseguir me colocar de novo em um ponto coerente. Então tudo mudou radicalmente, e eu pedi desculpa pelo que estava fazendo até então, disse que queria continuar com ele e apoiar. Eu poderia ter feito isso e decidido que aquilo não era pra mim, que aquilo poderia mudar algo, só que nosso relacionamento foi construído de outra forma, a minha sexualidade também se deu de uma forma não óbvia e não delimitada, então esse esforço de delimitação e de marcação era muito externo pra mim. Eu falei: "Estou abrindo mão de tudo que tenho, sou e amo, gente... eu estou abrindo mão de tudo que sou, amo e posso ser por questões que não são minhas"; aí quando vejo isso começo a correr atrás do tempo perdido.

S.G.: Hoje, Nátaly Neri está em alguma caixa?

N.N.: Hoje estou em uma caixa, já que não é porque você não quer que o mundo não te coloca, ainda mais quando você é uma pessoa pública. Então hoje estou em uma caixa que intencionalmente tive que procurar. Tá bom, se eu não me identifico com nada aqui, o que tem de caixa além dessas caixas que conheço? Tem alguma caixa mais confortável para mim?

S.G.: Que caixa é essa?

N.N.: Hoje é a da pansexualidade. Mas nesse processo fui questionando a sexualidade e entendendo a afetividade da panafetividade, entendendo que minha sexualidade e minha afetividade não andam juntas. Por isso, pra mim, pensar em amor, em relacionamento sexual e atração sexual cabe em lugares diferentes, não acontece ao mesmo tempo e da mesma forma. Nem com todo mundo é assim, eu fui me sentir confortável quando me aproximei muito do discurso da comunidade assexual porque ela entende esses espectros do relacionamento afetivo diferenciado dos relacionamentos sexuais, e a gente coloca tudo junto como se fosse a mesma coisa: a pessoa que você ama é a pessoa com quem você quer se relacionar sexualmente. Durante muitos anos eu não entendi como podia amar pessoas e não querer me relacionar com elas sexualmente, e que isso não vinha só de um lugar de trauma, pressão ou heteronormatividade, mas também de um lugar construído de forma diferente, de um lugar não óbvio de experimentação sexual e afetiva, e foi um momento. Obviamente eu não me considero uma pessoa assexual porque estou no espectro da sexualidade, mas me senti muito encontrada e muito confortável de uma maneira única quando me deparei com as discussões da comunidade assexual, de que sua sexualidade e sua afetividade não andam juntas. Não obrigatoriamente, e essa é uma narrativa complexa até de a gente ouvir dentro dos movimentos que discutem sexualidade, porque você sempre está discutindo homossexualidade, heterossexualidade, e sempre passa pelo sexual, por com quem você se relaciona sexualmente, que seria sinônimo de por quem você se apaixona, e comigo não necessariamente é assim. Então ter encontrado essa narrativa foi um respiro e ao mesmo tempo um questionamento, porque não sou uma pessoa assexual, mas entendi que o único lugar que me interessava era o de saber que eu poderia me apaixonar por todas as pessoas. Eu posso, tenho essa capacidade, independente da performance, então posso me apaixonar por mulheres femininas, homens masculinos, homens femininos, mulheres, por pessoas que não se constroem ou não se percebem dentro disso e que...

S.G.: E isso independente de essa pessoa ser cis ou trans?

N.N.: Independentemente. Nesse lugar eu me sinto confortável, estou aberta a me relacionar com essas pessoas e sinto que a bissexualidade carrega muito o peso da bissexualidade, da binaridade, e a comunidade bissexual até questiona isso, que não é mais esse lugar binário, mas, como é um termo muito conhecido e com muita história, as pessoas carregam muito símbolo sobre ele, e falar sobre pansexualidade é interessante para mim porque...

S.G.: No seu caso é panafetividade, então?

N.N.: Panafetividade, mas falar de pansexualidade no geral é interessante porque é um conceito que vem se construindo junto com os novos questionamentos que a gente está tendo sobre gênero e sexualidade. As nossas próprias delimitações também são muito fechadas. A pansexualidade vem justamente para a gente entender que os nossos termos também nos limitam e que os lugares em que a gente se entende e tenta se colocar também nos limitam, então pode ter um lugar muito mais amplo de experimentação e vida sexual e afetiva, e a pansexualidade gera questionamento, não é um lugar histórico definido. Esse lugar de questionamento é confortável para mim, porque as pessoas não entendem muito, e esse não entender não é um problema, é uma solução. Porque também não é óbvio para mim, por isso estou confortável aqui sabendo que as pessoas me perguntariam o que isso significa; a bissexualidade, não, se eu falo que sou bi, "ah, tá". Panafetividade, o que significa isso? E aí eu consigo elaborar na dúvida do outro a complexidade da forma como eu experiencio a minha afetividade e sexualidade, e isso é cem por cento para o outro, sabe, não me interessa o que eu sou, eu não me importo.

S.G.: E não interessa o que o outro é.

N.N.: Não.

S.G.: O importante é você se sentir afetiva e sexualmente, mesmo que não andando junto, em relação a essa pessoa com quem você está. E hoje você se sente completa?

N.N.: É isso, esse é um lugar só para o outro. Já que eu tenho que falar alguma coisa, afinal as pessoas me seguem e querem que eu fale alguma coisa, esse é o único lugar em que me sinto confortável.

S.G.: Se você pudesse dar um conselho para essas pessoas que te seguem, que já te conhecem, que vão ler este livro e que provavelmente vão se identificar com essas outras caixinhas, alguma coisa que confortaria o coração delas nesse momento de confusão, porque você está nesse lugar de conforto, mas talvez elas não.

N.N.: Acho que entender nossa vida, nosso relacionamento. A gente fala de lugares políticos, e lugares políticos são muito definidos, são muito datados e contextuais. Quando a gente constrói principalmente a nossa sexualidade partindo de uma reflexão política, porque em geral quando passa por esses processos tardios de experimentação — que foi meu caso, mas não é o caso da maior parte das pessoas que desde muito cedo sabe que é LGBT —, se conecta muito com eles a partir de um lugar político, que quase sempre é fixo, por isso a confusão e o desconforto na maior parte das vezes. Eu acho que quando a gente percebe essas coisas na infância ou num período anterior a essas elaborações complexas, está muito mais preocupado com o que está sentindo e vivendo, e está muito mais preocupado em sentir e viver do que dar nome. Acho que querer dar nome vem muito desse peso religioso, social, político, de lugares de opressão e de privilégio, e a gente se preocupa demais em dar nome às coisas, mas vive muito pouco nossas relações, procura muito pouco felicidade, conforto, e de repente tudo é um grande "ah, mas ficar com ele quer dizer que sou isso"; mas o que você quer fazer? O que o seu corpo pede? O que a sua alma pede?

O único conselho que tenho para dar é: viva e elabore politicamente, socialmente. Viver sua sexualidade e afetividade, falar a respeito delas, acho que é sobre ser livre para se encontrar e ser completo, e depois colocar em um lugar ou não de dor, de opressão, que é fundamental, porque a gente sabe que nossa comunidade tem ausência de direitos e respeito nesse mundo, e é importante, sim, que a gente se posicione, mas essa não é a experiência, a experiência é sua e o objetivo é você existir e buscar sua totalidade, a luta política é importante, mas nunca pode ser o fim.

S.G.: Ela não pode moldar sua vivência individual.

N.N.: Não, não pode limitar sua vivência, exatamente. Hoje em dia eu me pego muito percebendo esse discurso, tem sido geral, de as pessoas primeiro limitando a experiência com medo de não caber em uma caixa, e aí você fica pensando qual é o sentido disso, já que justamente a caixa só existe porque as diferenças múltiplas um dia existiram. A gente só começou a nomear sexualidade porque as pessoas estavam se envolvendo sexualmente além do homem e da mulher e do pênis e da vagina, e de repente a gente estava lutando por um lugar de primeiro nomear e depois viver. Hoje em dia meu único conselho é este: viva antes de querer saber o que você está vivendo ou dar nome para isso.

S.G.: Muito obrigado!

N.N.: Eu é que agradeço, Samuca, de verdade, você é maravilhoso. Tudo o que faz, faz da melhor forma possível.

JUP DO BAIRRO

> **PERFIL:** Presente em múltiplas áreas do cenário artístico nacional, se identifica com gênero neutro e trabalha para trazer notoriedade para pautas sobre gênero, transexualidade, negritude e gordofobia. Acompanhou Linn da Quebrada em turnês de shows dentro e fora do Brasil, apresenta o programa *TransMissão*, no Canal Brasil, além de fazer shows como DJ BadSista. Um de seus últimos trabalhos foi o documentário *Bixa Travesty*, lançado no Brasil em novembro de 2019, dirigido por Kiko Goifman e Claudia Priscilla, e o EP *Corpo sem juízo*, lançado em junho de 2020.

SAMUEL GOMES: Oi, Jup, tudo bem? Primeiro eu gostaria de saber onde você nasceu, com quem você morava. Conta um pouquinho lá de trás.

JUP DO BAIRRO: Bom, primeiramente, para quem não me conhece, eu sou a Jup do Bairro, sou artista e arteira. Apresento também um programa no Canal Brasil, o *TransMissão*. Canto, divido os palcos com a Linn da Quebrada e tenho carreira solo. Eu nasci e fui criada na Zona Sul de São Paulo, no extremo sul, no Capão Redondo, em Valo Velho. E, bem, quanto à minha estrutura familiar, eu sou filha de um pai e de uma mãe que foram casados durante a vida toda, foi literalmente a morte que os separou, porque eles eram muito apaixonados um pelo outro. Tenho um irmão também. E boa parte da minha família é cristã; eu, inclusive, era cristã.

S.G.: Temos uma coisa em comum, então.

J.B.: Eu sempre fui muito tímida. Essa relação com o cristianismo poda muito nossas características, principalmente de acessibilidade preta. Porque dentro do imaginário do cristianismo, mesmo aqui no Brasil, ele é branco, eurocêntrico. Então é sempre uma questão muito grande. Eu cresci com *starts* na minha cabeça que eu não reconhecia — sempre reconheci a minha negritude, mas não sabia que na verdade eu não era feia, eu era negra. Porque, como boa parte das pessoas da minha família também era branca, eu via a diferença da relação.

S.G.: Mas você já se entendia como negra logo na infância? Porque eu só fui me entender, de fato, como homem negro depois que eu me assumi gay, para você ter uma ideia. Eu tenho a pele retinta, meus pais têm a pele retinta. Só que, por conta dessa relação com a Igreja, que nos afasta de quem nós somos de verdade, acabamos não entendendo o que significamos para a sociedade.

J.B.: Mas como é a relação da sua família mais próxima, ela é de maioria negra?

S.G.: Total.

J.B.: Acho que é aí que mora a diferença. Boa parte da minha família, com a qual me relaciono, é branca, então eu acho que isso para mim era muito mais próximo, sabe? Essas trocas, essa diferenciação entre mim, minhas primas, meus primos, era muito nítido ver quem ganhava os melhores presentes, quem sempre faziam questão que estivesse nas fotos. Acho que, para mim, esse lugar sempre foi muito escuro.

S.G.: Quando isso acontecia, você levava para os seus pais? Eles percebiam esse tratamento diferente? Ou foi uma coisa de que você só foi se dar conta depois de muito tempo?

J.B.: Ai, depois, depois. É depois que vem esse *start* mesmo: eu não sou feia, eu sou negra. Porque eu não me ressentia com as piadinhas — aquelas clássicas do racismo, do cabelo duro, "ah, você tem que tomar banho", "encardida" etc. — não levava a sério porque era tão naturalizado, de certa forma, como brincadeira, que eram "só piadas"...

S.G.: As brincadeiras também permeavam o gênero?

J.B.: Com certeza.

S.G.: Qual é a sua memória mais antiga de um acontecimento assim? Como você lidava com uma situação dessas? Me leva para esse momento: foi dentro de casa, foi na escola, onde foi?

J.B.: Eu sempre fui uma criança muito tímida. E acredito que essa timidez se dava, inclusive, por eu não pertencer àquela regrinha binária de sexualidade que me era proposta, uma pessoa de pênis. Eu acho que era uma forma de eu me retrair, uma defensiva. Eu era mesmo muito recolhida, comecei a fazer amizades dessas de verdade, pra vida, depois da minha adolescência.

S.G.: Até então foi muito solitário?

J.B.: Muito solitário. Vivia na minha casa, dentro do meu quarto, onde eu criava meu mundinho, onde eu conseguia brincar e esboçar essa exploração de ser criança. Eu sempre fui muito curiosa e muito prodígio. Sexo, genitálias, fui aprendendo no livro, por curiosidade.

S.G.: Foi uma forma de começar a se entender também?

J.B.: Com certeza, com certeza. A minha educação foi bem autodidata, por falta de relações mesmo. Eu sentia que precisava adquirir conhecimento de alguma maneira, já que não tinha coragem de colocar para fora, para outras pessoas, para coleguinhas e tudo o mais. Foi então que comecei a me descobrir. As minhas relações mais próximas eram com duas primas minhas, por exemplo.

S.G.: Como era o diálogo entre vocês? Você já conseguia, com elas, se soltar um pouco mais e começar a falar? Com quantos anos você começou a se perguntar? Foi com essas primas que você falou sobre quem era pela primeira vez?

J.B.: Não, não foi com elas ainda. Eu tive que ir pra rua para ir entendendo quem eu era. Então, com uns treze anos — foi quando meu pai faleceu, e foi uma perda muito grande para mim, para minha mãe, para o meu irmão... Um pouco antes disso, com doze anos, eu já estava criando imaginários de que... Até então, para mim, a referência mais próxima era de que eu tinha nascido no corpo errado, e isso justificava tudo para mim naquele tempo.

S.G.: Mas naquele tempo, com a sua ligação religiosa, isso era uma indagação que você fazia internamente? "Como eu nasci no corpo errado?" ou "por que eu nasci no corpo errado?".

J.B.: Com certeza. E era uma época em que eu estava explorando meu corpo, então foi quando eu comecei não só a pensar em relações, mas também a me masturbar, a treinar beijo no espelho, na maçã e tudo o mais... Eu sempre me sentia muito culpada, sabe? Sempre depois de um orgasmo, de gozar, eu me sentia culpada, e ficava falando: "Deus, por que você está fazendo isso comigo? Por que comigo?", "Por que esses meus desejos estão sendo tão contraditórios com essa realidade? Eu tive tudo pra fazer como a Igreja quis, como?". E eu tinha muito temor a esse Deus branco. Esse Jesus...

S.G.: Opressor, né?

J.B.: Opressor, colonizador. Era para Ele que eu fazia as minhas preces, e eu não entendia; eu falava: "Por que eu sou a escolhida?", e então sentia que muitas vezes, como me diziam, eu era o próprio anticristo. Eu comecei a questionar minha sexualidade, o meu gênero, a minha cor. Com quem eu gostava de me relacionar, que já fugia da norma. E eu já não era uma criança normal, dentro na normatividade... Então eu pensava: "Nossa, mas por que comigo?", "Por que tem que ser assim?". Eu me sentia muito culpada. E principalmente nessa época em que meu pai faleceu e eu precisei me tornar pai de família, dentro dessa lógica familiar em que vivíamos...

S.G.: Você é a mais velha?

J.B.: Não, muito pelo contrário, eu era a mais nova, mas meu irmão era, na época, extremamente problemático. Bem, é um homem preto, hétero, de quebrada. Então alguns caminhos são até quase óbvios para ele, para o que está destinado para esses corpos. Ele não é tão diferente dos outros homens pretos de quebrada.

S.G.: Eu fico me perguntando muito se aquela criança, sempre tímida, guardava para si tudo isso...

J.B.: Guardava, guardava. Até o ponto em que comecei a conhecer travestis da quebrada e me relacionar com elas. Eu ia para o colégio, e na saída tinha um ponto de prostituição, eu sempre passava por lá e elas me achavam muito engraçado. Elas brincavam comigo, e eu, sempre muito tímida, passava, assim, batida... E teve uma coisa que eu nunca esqueço: um dia uma delas virou para mim e falou: "Ah, você tem essa carinha aí de boba mas vai dar trabalho, você vai ser artista!" — isso não sai da minha cabeça até hoje. E ela: "Ah você vai fazer propaganda de um refrigerante!". Eu não vou falar a marca, porque eu fiz o teste e não passei!

S.G.: Como uma pessoa que lá atrás tinha toda uma questão cristã, e você sabe como a Igreja influencia muito a nossa visão de mundo, conseguiu ultrapassar essa primeira barreira de começar a conversar com as travestis? Você teve medo por conta do preconceito? Você teve acolhimento? Como foi isso? Você se lembra desse começo, como aconteceu? Porque eu acho que isso te ajudou muito a se reconhecer, não é?

J.B.: Com certeza, foi fundamental. A princípio eu tive um bloqueio, até porque é aquela história, colocam a travesti nesse lugar noturno, dizem que não existe travesti à luz do dia, então travesti é um ser mitológico que aparece de noite, nas margens, sempre naquele espaço opressivo e de servidão ao homem, ao macho. Então eu tive bloqueios... Mas foi quando fui percebendo que, "nossa, são as únicas pessoas que estão parando pra falar comigo", e aí eu fui tendo esses estalos.

S.G.: Isso é muito forte...

J.B.: E eu sempre tive uma fissura muito grande pelo ser feminino, mas eu lembro disso de girininha. De ver batom, maquiagem, roupa e tudo o mais... Então, é muito engraçado, porque eu tinha uma mistura de tesão e constrangimento quando estava sentada no sofá da minha casa assistindo à TV e aparecia Jorge Lafond — que era a nossa Vera Verão. Porque era uma forma em que eu me reconhecia, mas eu tinha que abominar aquilo dentro de mim.

S.G.: Na minha infância, a única referência que a gente tinha — na nossa adolescência e infância — de uma pessoa LGBT negra na TV, em quem a gente se reconhecia, era Jorge Lafond. Só que, na época, a gente ainda não entendia quem é nesse mundo. Você também era comparada com a Vera Verão?

J.B.: Então, é muito engraçado, porque eu sempre fui muito estranha. Não posso dizer que eu era gongada na escola, por exemplo. Porque eu passava batida. A galera me achava tão estranha que falava: "Ai, com essa não mexe". Tinha as bichinhas que eu via sendo gongadas, "ai viadinho" etc. Mas na minha infância, mesmo, eu passei muito pouco por isso.

S.G.: Foi praticamente um apagamento...

J.B.: Total, total.

S.G.: Talvez pelo fato de você não querer se expor?

J.B.: Também. Agora, parando para pensar, eu sentia também que os meninos pretos do colégio buscavam distância de mim. Era tipo "vamos fingir que a Jup não existe, porque se em algum momento um menino branco quiser me zoar, vai me comparar a ela".

S.G.: No momento em que começa a conversar com as travestis, você consegue ter um pouco mais de embasamento para viver a sua plenitude em vida e começar a se aceitar? Ou isso aconteceu um pouco antes, um pouco depois? Teve algum contato de algum amigo ou amiga um pouco mais próximo para ajudar você nesse processo de aceitação? Porque até o momento, Jup, é uma história muito solitária, e é bastante difícil entender... A Jup que a gente conhece hoje, que tem uma risada megaemblemática, que está na mídia, nesse lugar de reclusão e apagamento que foi construído na sua história.

J.B.: Quando eu conheci as travestis foi quando comecei a degustar um pouco mais da vida, do que poderia ser — e a me reconhecer também.

S.G.: Você já se reconhecia como travesti?

J.B.: Eu estava me reconhecendo, mas dentro daquela lógica, peitão, bundão... E é isso, eu comecei a me envolver com elas, comecei a me hormonizar muito cedo, nessa faixa dos treze, catorze anos, logo depois da morte do meu pai.

S.G.: Isso antes de ter qualquer tipo de relação afetiva e sexual com uma pessoa, de você entender de fato, experimentar de fato — ou você já estava acordada para isso também?

J.B.: Eu tive uma relação com um boy, foi minha primeira relação, e foi muito complicado, porque ele era mais velho do que eu, já era maior de idade e eu menor. Hoje eu reconheço que foi uma relação muito abusiva, consigo ter essa noção. Mas foi meu primeiro beijo, minha primeira experiência sexual, e a gente namorou por alguns meses. Então, logo quando a gente terminou, eu não pensava mais em sexo. Acho que fui meio que aceitando a solidão...

S.G.: A solidão foi sua amiga.

J.B.: É, foi minha amiga, eu me apropriei dela e falei: "Vou viver isso, eu tenho outras demandas de que cuidar".

S.G.: E foi quando você começou a se concentrar nessas demandas que se reconheceu e começou a se hormonizar.

J.B.: Exatamente. E sempre foi sem nenhum acompanhamento, claro...

S.G.: Como a grande maioria, também.

J.B.: Como eu usava a medicação, eram coquetéis meio loucos, porque a minha ideia não era nem fazer a regrinha, tudo. Eu achava que, tomando aquele medicamento, um dia ia acordar com peito, com bunda e ia estar realizada. Ia acordar mulher e meus problemas estariam resolvidos, depois eu cuidaria do resto. Então fui entendendo que o processo era longo e tudo o mais...

S.G.: É um contato com a sua ansiedade também, nesse processo.

J.B.: Com certeza.

S.G.: Como é lidar com isso? Porque eu fico imaginando que, se no processo de decidir começar a hormonização existe toda uma luta, quando você já está se hormonizando, quer ver o resultado logo, de fato.

J.B.: Para mim era isso, porque do meu ponto de vista elas estavam prontas, lindas, e com muitos homens ao redor as desejando... Agora eu vejo como era tudo às escondidas, mas para mim era uma forma de desejo, sabe? Eu pensava: "Nossa, homens casados querem sair com elas".

S.G.: A gente vive uma construção social que nos ensina que o nosso corpo não é belo. Aquilo que você falou: "Não é que eu não seja bela, é que eu sou negra". Então no nosso processo de construção de autoestima, buscamos no outro aquilo que não enxergamos na gente; muitas vezes buscando preencher alguma coisa que nem sabemos o que é. Então, quando você via essas mulheres saindo com vários caras e achava elas o máximo, era porque você precisava ser desejada pelo outro para que pudesse se sentir completa, não acha?

J.B.: Com certeza, porque eu acho que todo mundo quer pertencer, de alguma forma. Então, com as nossas referências, com a criação de novos imaginários, a gente vai entendendo ao que ou a quem quer pertencer — se quer pertencer à instituição familiar, se quer pertencer a um trabalho que só te esgota e do qual você vive em função etc. E depois de todo esse processo eu percebi que precisava pertencer a mim mesma — que até então eu não pertencia a mim. E foi nesse momento que começou uma onda depressiva, dentro da minha casa, muito grande. Porque vi minha mãe com depressão, mas depressão é doença de rico, né... Então isso não era...

S.G.: Não era nem falado na periferia; hoje em dia é que a gente está começando a falar de saúde mental da população periférica.

J.B.: E bem pouco!

S.G.: E bem pouco. Ainda assim, muitas famílias acreditam que depressão é frescura.

J.B.: É, que depressão é coisa de rico, que pobre tem que trabalhar, tem que se mover.

S.G.: Ver sua mãe com depressão enquanto você passava por todo esse processo — isso te inibiu de chegar até ela e falar sobre a sua situação, ou ela acompanhou tudo isso sem que você precisasse falar?

J.B.: Eu não tinha ferramentas, não tinha ferramentas... Eu não sabia o que estava acontecendo de fato; eu só estava presenciando aquele cenário de terror. O meu irmão, também, passando por vários momentos de truculência. Foi quando eu de certo modo deixei de viver. Eu morri em vida. Foi quando eu abri mão de mim, abri mão dos hormônios, abri mão das minhas relações e falei: "Eu preciso viver em função dessa família, eles precisam de mim". Então parei de me hormonizar. Tive que fazer um processo com a testosterona também — porque fui ao médico, estava com alguns problemas de saúde, e tive que falar que estava me hormonizando. E para combater isso, de certa forma, eles me receitaram um coquetel de testosterona, que foi o que acabou com a minha vida. Porque tudo que eu estava começando a conseguir foi sendo intercalado. Então os pelos começaram a nascer de uma forma extremamente grotesca no meu corpo, minha voz engrossou demais... Foi um susto no meu corpo — porque eu estava na puberdade e estava intercalando aquilo com hormonização de estradiol, e depois mais uma bomba de testosterona, então o corpo dá aquela bugada. Mas eu dizia pra mim mesmo: "Foda-se, vou ter que viver em função deles, então quero viver e trabalhar para poder cuidar deles". Foi quando comecei a trabalhar e me isentei totalmente da minha vida.

S.G.: Durante quanto tempo? Mais de dez anos?

J.B.: Não, foi menos, mas eu passei uns cinco anos assim, direto, trabalhando muito, eu não parava em casa. Eu comecei a trabalhar em shopping — também era uma fuga pra mim. Eu trabalhava doze horas, e como eu sempre ia ter B.O. pra resolver depois, de qualquer forma, eu pensava: "Pelo menos estou aqui durante doze horas; as outras doze horas eu deixo pra cuidar daqueles outros problemas".

S.G.: Gente, é muito pesado pensar que no meio de tudo isso ainda tinha a sua individualidade, a questão de você se entender... e ter que dar uma pausa nesse seu próprio entendimento, na sua própria vivência. Depois de cinco anos, o que fez você voltar pra si e se reconectar?

J.B.: Ah, foi perceber que eu não podia cometer atos tão heroicos sem me cuidar também.

S.G.: Foi fácil chegar a essa conclusão?

J.B.: Não, é doloroso até hoje. É superdoloroso, imagina.

S.G.: Como você lida com essa dor?

J.B.: Hoje em dia, tento lidar de uma maneira melhor, porque reconheço a minha contradição. Eu acho que é muito chique isso.

S.G.: E qual é a sua contradição?

J.B.: Ah, me contradizer. Porque às vezes a gente fica nesse lugar de representatividade — nos colocam nesse lugar de representatividade — e parece que temos que ser fortes sempre.

S.G.: Como se nunca tivéssemos errado, como se não tivéssemos defeito. Isso tira a nossa humanidade.

J.B.: Eu tenho pavor disso! Imagina, eu sou toda errada, sou toda cagada!

S.G.: Todas aqui, erradíssimas!

J.B.: Eu sinto que é isso. E eu tenho me permitido surfar dentro dos meus erros, reconhecer que não preciso...

S.G.: Seus limites...

J.B.: Não preciso me sentir bonita todos os dias; alguns dias eu vou olhar uma letra e falar: "Nossa, isso daqui vai ganhar um Grammy", e tem hora que eu falo "Gente, eu escrevi isso aqui pensando em quê?!".

S.G.: Mas é isso, é sobre entender as nossas existências não apenas pelo lado que as pessoas glorificam, é perceber que o nosso processo é nascer sem saber e morrer aprendendo.

J.B.: Exatamente. E eu sinto que colocam a gente nesse lugar de exclamação, como se estivéssemos a todo momento ditando coisas; mas eu estou muito mais no lugar da interrogação. Porque o meu corpo, a minha arte, as características que eu carrego para mim e comigo, enquanto princípios, são justamente de questionamento — eu sou uma grande questão. Não sei hoje se estou feliz comigo mesma, com meu corpo, com quem eu sou, com a minha carreira, com a minha trajetória; amanhã eu posso meter o foda-se e falar: "Vou colocar um peito, vou encher a minha cara de botox e vou para trás de uma caixa de supermercado", sabe? Porque é isso, é contradição.

S.G.: Exatamente, a gente está nessa posição — que eu consigo também entender em parte —, já que durante muito tempo na nossa sociedade não existiam corpos como os nossos. E, como você mesma disse, o seu referencial era peitão, bundão, um corpo megaperfeito; então você consegue entender, hoje, que a questão não é essa, é a sua existência, sua plenitude, dentro da sua vivência mesmo. E quando você lançou isso para o mundo e para os seus amigos e amigas: "Olha, sou Jup. Me tratem como Jup. Eu vou existir como Jup"? Quando isso aconteceu? Foi um divisor? Algumas pessoas saíram de perto ou se aproximaram? Como foi?

J.B.: Bom, sempre foi um processo. Porque depois de todas essas experiências, eu fui me relacionando com a região central de uma forma mais forte.

S.G.: Centro de São Paulo?

J.B.: Centro de São Paulo. Eu estava já trabalhando com arte nesse mesmo período. Foi então que me reconheci enquanto uma possibilidade não binária de gênero, quando fui semeando e colhendo informações sobre essas questões de gênero, porque a teoria queer estava bombando, era um assunto superfalado...

S.G.: Foi muito bom, até para você poder fomentar isso dentro de si, com informações que você não tinha no seu passado, imagino.

J.B.: Com certeza, fui superlonge. E passei a entender aos poucos — claro que sempre foi em uma lógica branca, porque essa ocupação central era, alguns anos atrás, maciçamente branca.

S.G.: Até economicamente falando, a gente sempre esteve às margens, periféricas, e por mais que existissem esses lugares que são mais *gay friendly*, a gente ainda assim não teria acesso, porque pagar o ônibus, pagar o metrô para chegar lá e ficar tomando água de bebedouro de onde você conseguisse era muito tenso.

J.B.: E sem contar que, aqui em São Paulo, as margens, as separações entre a população realmente deram certo. Aqui na capital, as favelas são realmente efetivas; elas abrigam uma população descentralizada, que vive em função de classes superiores. Em outros estados, é muito nítido, é muito mais mesclado.

S.G.: Verdade, é assim no Rio de Janeiro, em Salvador...

J.B.: Com certeza, Rio de Janeiro, Salvador, muitas cidades e estados do Nordeste também. E São Paulo realmente conseguiu fazer uma separação efetiva. Mas a gente estava falando sobre o que mesmo?

S.G.: Sobre quando você falou para as pessoas: "Sou a Jup".

J.B.: Foi quando eu fui percorrendo esse caminho. E já trabalhando com arte no centro e na periferia. Eu falei que já estava criando referências e que "a partir de hoje eu sou a Jup, quero ser tratada com os pronomes femininos" etc. etc. No começo, para todo mundo foi uma graça, todo mundo se divertia: "Ah, que tudo!". Mas depois fui percebendo que muitas pessoas se afastavam de mim porque eu estava ficando chata. Eu corrigia pronomes toda hora e a pessoa dizia: "Mas a gente te conhece como Júlio! Por quê...? Não sei o quê... Você é o Júlio de sempre". E eu respondia: "Tá, pode ser para você, mas eu estou exigindo respeito, porque, para mim, eu já não sou mais".

S.G.: Então houve essa barreira inicial.

J.B.: Há até hoje.

S.G.: Porque a gente acaba acreditando que, por conta dessas amizades mais próximas, a gente caminha junto nessa evolução, e não é assim.

J.B.: Não é. Eu sinto isso até hoje, de pessoas que me conhecem mais de lá para trás, que têm essa relação ainda. E o pior é que às vezes rola até uma discussão, por a pessoa realmente não querer te respeitar. É muito forte, é muito brutal fazer isso.

S.G.: Quanto isso te atinge e fere hoje? Ou hoje em dia já não te atinge, não te fere?

J.B.: Hoje em dia não, eu corrijo. Mas, ah, se não estiver a fim de me tratar com o pronome feminino eu já nem converso contigo, porque já não faz tanto sentido eu querer me relacionar com uma pessoa que não me respeita.

S.G.: Começa por aí, essa questão de precisar insistir pra ter uma amizade.

J.B.: Não vou ficar implorando. Então as minhas relações, ultimamente, têm sido bem pautadas por isso. Tenho um reconhecimento muito maior de quem eu sou, então isso já não me aflige tanto. Porém estou em processo de retificação do meu nome, e depois eu vou dar carteirada sim, entendeu? Já falei que vou estampar a minha certidão de nascimento na minha camiseta, e aí, se acontecer qualquer coisa, já vou falar: "Ó!".

S.G.: Eu queria que você conversasse um pouquinho com a Jup lá de trás, que ficava escondida e passava batida — porque hoje não tem como passar batido pela Jup. Hoje não tem como fazer parte da comunidade LGBT e não saber quem são as pessoas que estão ali fazendo a diferença, seja na arte, na música, na literatura, onde for! Hoje dá para entender que a gente está ocupando esses lugares necessários para abrir outros caminhos, para outras pessoas. Podemos contar em anos, pouco mais de 130, o fim da escravidão — teoricamente —, e a gente encontra hoje a possibilidade de ter dois corpos pretos falando sobre sua existência dentro da comunidade LGBT. Antes isso não era nem pensado. Eu acho que a gente tinha muito essa ideia, de que precisamos apenas existir e sobreviver dentro de uma sociedade que não deixa você nem se alimentar. E hoje a gente está se alimentando e está alimentando também a possibilidade de outras pessoas serem quem elas são. Então, hoje, que conselho a Jup daria ou o que ela diria pra Jup lá de trás, do comecinho, da qual você falou um pouco no início da nossa conversa?

J.B.: Ai, ai! Nossa... Tenha calma, mas calma com pressão. Você não vai conseguir agradar a todas as pessoas, então busque se agradar, primeiramente. Nem tudo é culpa sua. No fim vai dar tudo certo — você vai ter umas falhas, sim, você vai ficar doida, sim. Mas procure pessoas que fiquem doidas com você e por você. Procure o máximo de referência em que puder se aprofundar e que a faça sentir que a sua existência pode ser validada. Fica tranquila, você vai ter um programa de TV, vai viajar o mundo inteiro, vai ser tudo de bom. Não fica preocupada, não. Se você não se sentir bonita, vai ter tecnologias a seu favor, vai ter unhas de gel, cabelo sintético, você vai se fazer toda.

S.G.: Arrasou! Eu estou muito feliz com esta entrevista, por poder conhecer você um pouco mais. A gente consegue trocar muito mais por conta das nossas afinidades, por a gente entender o lugar que ocupa e saber como é importante esse tipo de diálogo, essa conversa e a nossa existência em toda essa confusão que é o Brasil.

J.B.: A gente está criando possibilidades. São possibilidades de existência, de criação de imaginário e de inúmeras outras coisas. E aqui, sim, nós somos de certa forma uma representação; mas é muito importante reconhecer que a representatividade é uma faca de dois gumes, porque ao mesmo tempo que representa e começa a criar e mover pessoas, pode também deixar outras estáticas. Você que está aí, participando da nossa conversa, vai ver a gente deste outro lado da tela ou vai ler nossa conversa no livro e vai falar: "Ai, o Samuel e a Jup já me representam, então posso ficar aqui tranquila, sem me mover, que o mundo será salvo" — não.

S.G.: Não somos *X-men*, nem queremos ser.

J.B.: Não somos *X-men*, nem X-monas ainda, a gente precisa de todas vocês, para conseguir fazer esse trabalho de transformação juntas. E pessoas brancas: não precisamos que vocês se coloquem em nosso lugar, a gente quer que vocês se coloquem no lugar de vocês, para que a gente possa realmente se conscientizar e fazer algo juntos.

S.G.: É sobre ter alianças, fazer aliados...

J.B.: Exatamente. Porque é muito brutal vocês tentarem se colocar no nosso lugar para procurar nos entender, e isso vale para pessoas cis, para qualquer outro tipo de vivência que você não tenha — é muito ruim, é muito pesado você se colocar na nossa vivência para tentar nos entender. Então vamos praticar a escuta, vamos limpar a nossa cabecinha para tentar realmente entender quais são as mudanças e como, de forma efetiva, a gente pode fazer a mudança coletiva, e juntas, de modo eficaz.

S.G.: O que eu vou dizer depois disso?! Maravilhosa! Muito obrigado, de coração.

J.B.: Eu é que agradeço, meu bem!

RODRIGO FRANÇA

PERFIL: Ator, diretor, roteirista, filósofo e cientista social. Ganhou publicidade ao participar do reality show *Big Brother Brasil*. Lançou uma série de vídeos chamada *Nós*, com a intenção de discutir as diferentes faces do racismo, entre outras pautas sociais. Atualmente dirige a peça *Oboró: masculinidades negras*, considerada pelo jornal *O Globo* um dos dez melhores espetáculos de 2019.

RODRIGO FRANÇA: Meu nome é Rodrigo Ferreira França, sou do Rio de Janeiro, nasci em Botafogo, meu pai era militar e minha mãe, funcionária pública; cresci na Penha, subúrbio carioca. Há doze anos moro no bairro Peixoto, que fica dentro de Copacabana. Tenho 42 anos.

SAMUEL GOMES: Na sua infância, como era constituída sua família? Com quem você morava?

R.F.: Eu sou trigêmeo do Fábio, que é produtor e ator, e do Nelson, que é militar; dois anos depois nasceu o Bruno, que é empresário, no mesmo dia e mês de nós três: os quatro fazemos aniversário juntos. Na minha família, a construção era minha avó como grande matriarca, meu pai e minha mãe. Sempre tive essa família organizada tradicionalmente: pai, mãe, avó e irmãos dentro de casa. Eu saí aos dezesseis anos, quando meus pais se separaram, mas sempre foram muito amigos.

S.G.: Ainda durante a infância, você já percebia alguma diferença entre você e seus irmãos? E quando digo alguma diferença quero dizer com relação a perceber que você gosta de meninos e de meninas, mesmo que não seja sexualmente, afetivamente falando.

R.F.: Não. Eu na verdade já notava essa diferença, mas tenho uma facilidade fora da curva, porque a sexualidade na minha casa nunca foi um problema, sempre foi naturalizada do jeito que deve ser.

S.G.: Como foi essa construção na sua infância? Vocês falavam sobre sexualidade, seus pais chamavam para conversar?

R.F.: Meus pais chamaram pra conversar, eu lembro como se fosse hoje, eles estavam na cama e, de repente: "Ah, vamos falar sobre sexo".

S.G.: Você tinha quantos anos?

R.F.: Uns oito ou nove.

S.G.: Não foi estranho para você? Como foi?

R.F.: Foi engraçado porque já era uma coisa muito conversada. Na minha família, todos somos naturistas, uma filosofia que te leva a lidar bem com o corpo. Para você ter noção, se eu chegava em casa com amigos, tinha que interfonar: "Vó, você tá pelada? Coloca uma roupa, meus amigos tão subindo". E ela: "Ai, que saco".

Como nunca foi problema, eu nunca tive necessidade de externar, então sentia que era diferente, mas isso não era um problema dentro da minha casa. Como não tinha um eixo fora de casa para poder discutir essas coisas, fui uma criança que, mesmo com dificuldade de aprendizagem, com dislexia, me joguei muito nos estudos. Então eu sentia desde pequeno esse desejo. Tive pais incríveis; meu pai em vez de me matricular numa escolinha de futebol, me colocou numa oficina de artes plásticas. Por isso tudo estar muito relacionado, fui ter contato com desenho de modelo-vivo, com corpos que eram belos, desejáveis, desde pequeno. Ainda era muito pueril, mas já havia a admiração.

S.G.: Eu queria entender: se dentro de casa você tinha essa abertura e essa liberdade de vivenciar tudo isso sem dizer nada, como a questão foi construída no ambiente fora dela? Porque nós, garotos pretos que vamos estudar, passamos por situações que muitas vezes não conseguimos nem levar para casa. Você passava por essas situações? Como era sua relação na escola? Tanto com seus amigos quanto com aqueles que eram só colegas e percebiam que você não queria estar ali no futebol, por exemplo, mas queria fazer alguma outra coisa?

R.F.: A arte me salvou. Fui fazer judô, caratê e jiu-jítsu porque quis, não por pressão social, porque eu gosto muito de lutar. Tenho um lado menos pacato, não pacífico. A vida já me provou isso, e eu acredito, a gente é da barbárie, só que vive em filtros de relações sociais, senão volta ao estado natural.

S.G.: Sim, mas tudo o que você estava trabalhando na sua adolescência, seja do seu lado mais artístico ou do outro, como isso se encontra e te define naquele momento?

R.F.: Então, eu não tinha que provar nada porque não tinha obrigação nenhuma na minha casa, então fui fazer o que eu queria. Eu me joguei nas artes plásticas aos oito, nove, dez anos e na adolescência. Fui uma criança que sempre se relacionou com gente mais velha, mas eu era o mascote, havia todo um cuidado. Sempre fui um gênio das artes plásticas no meu cenário ali, a escola não era importante, só tinha que passar de ano.

S.G.: Estou mesmo percebendo que na sua narrativa a figura da escola não está tão presente.

R.F.: Tenho dislexia, eu era péssimo em matemática, era aquele que tirava 2,5, ficava de recuperação, mas passava. Eu era ótimo em português, história, ótimo em humanas, mas péssimo em exatas por causa da dislexia. Ou seja, na época, era chamado de burro. Imagina eu, preto de classe média, eu e meus irmãos os únicos pretos da escola, aquilo era um cenário de horror.

S.G.: Por você ter sido um adolescente preto mais ligado à arte, passando por todas as suas questões, estava fazendo uma desconstrução do que é ser negro, carioca, durante os anos 1980. Como foi isso?

R.F.: Eu encontrei, recentemente, em um dos meus espetáculos, uma professora do ensino fundamental. Ela foi falar comigo, eu não lembrava, e ela orgulhosa: "Você hoje no teatro, sempre falo para as minhas amigas que você foi meu aluno". E eu pensava: "Devo odiar essa mulher". Para não lembrar de uma professora, e por ter sido do fundamental, ela deve ter sido professora na pior fase da minha vida. Então, falando agora, eu não me lembro, a escola não foi importante para mim, porque eu tinha algo mais importante; dava meio-dia e eu queria voar para a oficina de artes.

S.G.: Você já pensou nessa ligação que tem com a arte e em como ela te moldou positivamente? Afinal, todos os traumas de ser uma criança preta em um ambiente tão embranquecido não são fáceis. O inconsciente coletivo daquela população, enquanto únicos homens negros estudando ali, fazia com que vocês estivessem em um lugar até meio hostil, não é?

R.F.: Sim, mas eu tinha uma família de pais militantes, de avó militante, e é uma coisa muito louca, porque meus pais queriam que eu e meus irmãos tivéssemos acesso a uma escola incrível, entre as melhores do Rio. Antes de se discutir que o Monteiro Lobato era racista, meu pai já falava, minha mãe já falava. Ao mesmo tempo que eu tinha um ambiente embranquecedor e castrador, porque era uma escola de freiras, tinha em casa pais intelectuais e uma narrativa preta, uma narrativa totalmente preta. Então a escola nunca foi importante para mim, a escola na construção do ser que sou hoje está ali em terceiro, quarto plano; em primeiro plano está a família; em segundo, minha arte.

Acho que a minha liberdade sexual vem do contato com pessoas livres, pessoas mais velhas muito livres, pessoas com quem sabia que podia contar, embora nunca as tivesse procurado para tirar dúvidas. Eu sabia tudo aquilo que os jovens sofrem em relação à questão de recorte racial, de orientação sexual. Sofri racismo na escola, mas nunca sofri preconceito por orientação sexual, por alguma questão de trejeitos, porque isso não era importante nos espaços que tinham relevância na minha vida. Na oficina de arte, pouco importava se eu gostava de menino ou menina. O que eu era, o que eu podia dizer era mais importante. Meus pais tinham dinheiro para pagar duas atividades, pintura e cerâmica, eu fazia dezoito atividades como permuta, e normalmente os permutandos limpavam pincel, chão, e, mesmo sendo o único preto do grupo, a Maria Teresa Vieira nunca me colocou para limpar nada, hoje eu entendo por quê. Nunca tive, por exemplo — quer ver me deixar puto —, alguém me perguntando sobre orientação sexual por curiosidade. E o adolescente passa por isso, a pergunta é sempre por curiosidade.

S.G.: E nesse período em que a mídia, junto com a religião e o senso comum, condenava os LGBTs, se reconhecer bissexual também era enfrentar algo que talvez não fosse discutido tão amplamente assim, não é?

R.F.: Eu não sabia de siglas, não sabia de nomes, achava, e acredito que seja muito compartilhado, que qualquer referência que eu tinha desse grupo hegemônico era uma diferença puramente individual, era o Rodrigo. Fui saber que existem outros Rodrigos já adulto.

S.G.: Já eu, à medida que crescia em um contexto em que tinha pouquíssimo acesso à informação, fui me percebendo diferente de outros meninos e tive que enfrentar algumas travas. Essas travas, pelo que estou entendendo, você não encontrou, não é? Porque você vivia muito próximo das artes, de pessoas e até famílias que entendiam a relação do ser humano nessa vivência como uma coisa muito mais fluida, muito mais natural. Mas, quando você começou a ter suas primeiras relações, elas se deram com pessoas mais velhas, com meninas ou meninos? E se isso aconteceu, você conversou em casa ou não? Você nunca levou uma menina nem um menino para dentro de casa?

R.F.: Nunca levei nada. Eu saí de casa aos dezesseis anos, então até hoje parece que estou fugindo, que estou contando uma história da Disney, mas eu tenho uma mãe e tinha um pai incríveis. Por exemplo, quando meu pai me viu com alguém, nunca escondi, nunca menti, nunca contei, nunca precisei simular, até porque tenho um irmão heterossexual que trabalha comigo, de quem sou muito próximo. Chegou um momento em que tive que me afastar dos amigos em comum com os meus irmãos, separar porque os amigos tinham que ser outros. Foi quando descobri as bolhas LGBTs etc. E nisso eu tinha 21 anos.

S.G.: O que aconteceu para você chegar nesse lugar aos 21 anos?

R.F.: Arte. Eu, aos 21, fui com meu irmão produzir um musical chamado *Madame Satã* e descobri esse personagem emblemático do Rio de Janeiro, homossexual. Isso são as chavinhas; como eu não tinha referência de personagens parecidos comigo, achava que era o único com esses complexos. Olho para a menina e gosto, olho para o menino e gosto; eu não sei o nome disso, vou vivendo. E, então, essa chave se liga porque você passa a ter alguma referência.

S.G.: Você e seu irmão se afastaram nessa época por conta de amizades?

R.F.: O meu irmão se afastou porque a gente foi um sucesso aqui no Rio de Janeiro. Foi um sucesso tão grande que teve que fazer duas sessões, uma às sete da noite, que ficava lotada com o público convencional e em que a gente começou a perceber que o público LGBTQ+ estava aparecendo; então resolvemos abrir uma segunda sessão. E aí um amigo, o Wanderley Gomes, comentou que a gente deveria ir atrás desse público, e me trouxe uma revista, na época chamada *Sui Generis*, sei lá, ligada a esse público, e comecei a mapear profissionalmente os lugares que deveria procurar para divulgar o espetáculo, e assim foi meu primeiro contato.

S.G.: E até então seu contato era ainda muito voltado para a arte, mas não para as noites, para a vivência...

R.F.: Totalmente, eu era um jovem intelectual punheteiro e aí fui para a balada na Zona Sul, e claro que fui preterido.

S.G.: Quando comecei a frequentar baladas LGBTs, eu imaginava que não ia sofrer preconceitos, mas, quando a gente vai pra balada e é preterido mesmo assim, entendemos o quanto o racismo ainda está dentro da comunidade. Você já tinha essa consciência e enxergou racismo ou só achou que não era pra você naquele momento?

R.F.: Eu tinha uma leitura e um letramento racial, mas não tinha um entendimento de comunidade LGBT, não tinha essa lógica. Grupos perseguidos, sabia mas não trazia para mim, e fui preterido, sempre liguei o foda-se, tomava meu drinque e ia embora; eu sou assim até hoje, tomo meu drinque e vou embora. Não tenho nada masoquista na minha vida, qualquer ambiente tóxico eu rapo fora. Mas não era, "Ah, eu vou embora porque sou preterido, porque sou negro", não tinha essa construção, tive bem depois. Fui lá profissionalmente, e a gente vai — "Nossa, caralho, que lugar livre, não é cheio de amarras, Zona Sul do Rio, área nobre" —, só que eu tinha que seguir uma lista, fui cair numa boate no Rio subúrbio, Zona Oeste e tal, que é um público mais povão porque você está muito próximo de Madureira, da Baixada Fluminense, muito próximo de áreas de concentração de pessoas negras. E aí, imagina, 21 aninhos, já independente, ganhando meu dinheiro, fazendo faculdade, eu era um semideus. Já era esportista, lutava, quem vê hoje não acredita.

S.G.: Igual a mim, quem me vê hoje não acredita, mas a gente já passou por esse período.

R.F.: Nessa época, eu já tinha tido contato com mulheres e comecei a ter contato com homens.

S.G.: Ah, então antes você tinha contato mais com mulheres, mesmo tendo atração por homens.

R.F.: Era mais fácil, né.

S.G.: É isso, mas você enxergava essa facilidade na época? E pergunto também: mulheres brancas ou negras? Homens brancos ou negros?

R.F.: Então, pais militantes, sempre me relacionei com muitas pessoas pretas, mesmo a escola sendo branca. Muito mais mulheres negras do que mulheres brancas, nunca saí com uma mulher branca.

S.G.: Já no meio LGBT foi diferente?

R.F.: Vou chegar lá. Não na questão racional, mas em uma relação inconsciente com o ambiente em que eu me via, mas de toda maneira no mundo LGBT eu já saí muito mais com homens negros do que homens brancos, muito mais. E agora vou responder: era mais fácil me relacionar com mulheres porque socialmente os espaços estão aí, os espaços para relações heterossexuais são livres, são permitidos, se o casal heterossexual quiser transar na rua ele vai, e as pessoas vão achar estranho, mas ninguém vai meter porrada; pelo contrário, vão falar: "Que cara garanhão!". Então era mais fácil nesse sentido. Na minha época existiam alguns nichos GLS que eu não frequentava, só olhava, ficava admirado, achava bonito. Não tinha desejo sexual, transar, mas achava bonito, ainda sempre muito na estética, e aí quando comecei a frequentar por conta dessa relação do trabalho, eu me permiti e encontrei um cara mais velho. Toda uma construção social, por minha relação ser muito mais próxima de pessoas mais velhas, uma configuração mais acadêmica, até mesmo pessoal.

S.G.: Intelectual.

R.F.: É, mas meus amigos são mais velhos. Acho que eu tinha 21 e ele devia ter trinta e poucos anos, e aí começo a entrar nesse universo GLS de acreditar que a gente precisa estar protegido e ter nichos; vou para grupos e percebo que existe um embranquecimento neles. Acabo me distanciando. Começo a perceber, porque nesse momento já estava me formando e via que as pessoas precisavam de atendimento, e nenhum grupo se prestava a ter atendimento, a ter escuta, e aí me afasto e me jogo muito mais no teatro.

S.G.: Mas quando você faz todo esse caminho, ainda está com esse rapaz de trinta? Ou isso foi só um momento?

R.F.: Não, durou um ano, mas era uma pessoa muito aberta, eu tinha liberdades e a gente podia discutir nossa relação não monogâmica, em que eu respeitava meus desejos.

S.G.: O que acho tão belo na sua história é que não precisam existir esses momentos traumáticos, as coisas aconteceram muito fluidas, e é como deveria ser de fato. Então você está lá há um ano com esse cara, em uma construção não monogâmica, sem precisar assinar contratos para falar que não é monogâmico, mas também existe uma mudança de comportamento e de atitude, uma vez que começa a se permitir ficar com caras a partir daquele momento. Antes era muito mais essa questão de que você fala, ah, socialmente existem alguns nichos, mas então você muda os lugares que frequenta para outros em que relacionamentos homoafetivos são mais permitidos, isso faz com que tenha mais contato, e você faz uma inversão também, começa a frequentar mais esses lugares pelo menos por autoconhecimento ou não?

R.F.: Começo, mas sempre no subúrbio. Sempre com essa lógica inconsciente da identificação de não ser preterido. E é muito louco porque, mesmo no subúrbio, nos ambientes gays eu tinha uma grande rejeição. Eu mesmo sempre gostei de frequentar lugares de meninas, de lésbicas, e tinha uma estratégia, porque em todo lugar de meninas lésbicas você vai encontrar uma menina que é bi, e em todo lugar que tem meninas, tem amigo gay gente boa pra caramba, muito mais aberto à vida.

S.G.: Meu marido fala a mesma coisa, fez a mesma coisa: ia para baladas lésbicas porque ficava com as meninas e ficava com os meninos que não tinham um pensamento tão tóxico e machista, que tem muito dentro das baladas gays.

R.F.: É isso, então eu frequentava samba, tudo lésbico. As relações começaram a vir aí, relações incríveis, na medida do possível, estou pensando aqui. Nunca tive grandes problemas, e no subúrbio, às vezes as relações vinham por conta de pessoas negras. Quando eu mergulho na militância, começo a racializar a desconstrução. Uma coisa em que acredito muito é que a gente vai procurar quem a gente realmente acha belo, e eu sempre tive uma regra assim: "Sorria, tem que sorrir! Seu nariz é lindo, a textura do seu cabelo é linda!", embora eu seja de uma geração que passava máquina zero, e por isso fui descobrir a textura do meu cabelo recentemente. Mas a gente era lindo na minha casa. Você é lindo, não duvide disso.

S.G.: Mas, cara, você é muito forte, e é isso que acho incrível, sua história é de muita força, porque mesmo você tendo essa criação, corre risco quando entra na comunidade GLS da época, você encontra na construção de que é belo o branco, o padrão, o rico, sei lá, e procura fazer sua construção nas periferias, nos subúrbios. Mas você diz que estava procurando lugares mais LGBTs, mais GLS, eram baladas, eram ruas, eram casas? Como você fazia pra ter essas relações sem que o incômodo do heterossexual te coagindo não fosse tão forte?

R.F.: Eu procurava esses lugares, mas não ficava porque era maltratado, preterido, não era a figura central. Aos 21 anos, por causa desse trabalho, comecei a frequentar esses ambientes, mas não era meu lugar, eu ia no máximo para tomar um drinque; minto, eu bebia refrigerante e suco de laranja. Comecei a beber álcool com 27 anos. Eu ia para tomar meu suco de laranja, ver qual era e ia embora. Quando descobri esses lugares mais lésbicos no subúrbio, porque no Rio não tem periferia, eu me encontrei, tinha tudo e não era preterido.

S.G.: Mas me conta isso, porque você está nesse meio que já reconhece como tóxico e muda, vai para o subúrbio com suas amigas e começa a frequentar novos lugares. Como você fez essa transição? Quando virou a chavinha e você disse: "É aqui que gosto de estar, não nas baladas tradicionais onde as pessoas vão me preterir, aqui me sinto à vontade"?

R.F.: Não era racional assim, vou ficar aqui porque aqui sou bem-vindo.

S.G.: E você ia sozinho?

R.F.: Ia sozinho.

S.G.: Cada vez mais te admiro, nunca consegui ir sozinho para lugar nenhum.

R.F.: Querido, eu fui gerado com mais dois. É capaz de você me encontrar até hoje tomando meu drinque sozinho e está tudo bem, não tenho problema com solidão. Meus amigos mesmo nunca me viram com ninguém.

S.G.: Ninguém via todas essas relações que você teve, seja com meninos ou meninas? Você tinha uma vida social também, não é, tinha seus amigos?

R.F.: Eu tinha e tenho uma vida social, mas discreta, porque sou assim. Sempre tive rolos, muita intimidade porque é intimidade, não por esconder; então todos os meus amigos sabem o que sou, do que gosto, mas alguns falam assim: "Cara, nunca te vi com ninguém". Imagina, até meus colegas de trabalho, hoje sou diretor de teatro, produtor, gerencio 120 pessoas, 120 profissionais pretos, com muito orgulho e é isso, a gente tem que contratar os nossos. Eles questionam se eu saio com pessoas.

E também tem o fato de que eu não paro, e sei que estar do meu lado não é fácil, estou trabalhando e, quando não estou, não quero estar no teatro e também não quero o mundo corporativo. Aí vou buscar o caminho do meio, vou viajar, vou ficar sozinho, quero estar em um lugar neutro. Não estou escondido, não é uma lógica de esconder, não é vergonha do que sou. Eu volto para a minha família; então, se minha família naturalizava, eu preciso criar um exemplo para os meus amigos? Eu fui casado duas vezes.

S.G.: Quando aconteceram esses casamentos, com quantos anos?

R.F.: Eu tenho sequela de tempo e espaço, até para se relacionar comigo isso é problema, porque nunca vou lembrar que dia é hoje. Há cinco anos fui casado durante um ano, foi quando minha avó ficou muito doente e faleceu. Eu estava de aliança, era casado com um cara.

S.G.: Foi seu primeiro casamento?

R.F.: Segundo. Meu pai olhou para a minha aliança, olhou para a minha mão, olhou para a aliança do meu companheiro e sorriu. Em um momento de morte assim, então não precisei criar um evento; acho que minha família e eu conduzimos dessa maneira, e eu sou muito só, né. Os eventos com familiares, os eventos da família, sempre foram na casa dos meus pais, dos meus irmãos que têm família, então é mais fácil ir sozinho para a casa dos meus irmãos; minha vida foi construída dessa maneira, muito íntima. Tenho amigos, amigos queridos de muitos anos, que nunca foram no meu apartamento, olha que louco. Nunca criei grandes eventos para isso, minha vida não é de grandes eventos; já trabalho com eles, não preciso ter um churrasco, uma feijoada para comemorar algo, porque estou fazendo teatro.

S.G.: Sabe o que chamou muito a minha atenção? A imagem que você me colocou na cabeça agora, no momento de tristeza e dor teve um nascer de alegria por algo que você percebeu, seu pai viu sua aliança e a do seu companheiro, sorriu e é isso, foi seu segundo casamento. No primeiro não houve nada parecido com isso, de proximidade com a família? O que mudou no Rodrigo do primeiro casamento para o do segundo?

R.F.: Mas eu sempre levei as pessoas com quem me relaciono, só não faço grandes eventos. Você fala "Rodrigo vem jantar aqui em casa", e vou levar a pessoa com quem estou agora, acho muito careta, sabe, "essa aqui é minha namorada" ou "esse aqui é meu namorado". Para mim pessoas não são títulos, sabe? Pessoas trazem histórias, isto que me interessa.

S.G.: Você não precisa anunciar, assim como não precisou anunciar sua sexualidade; achei tão incrível a forma como aconteceu porque você não planejou. Depois desse sorriso do seu pai, houve alguma conversa? Qualquer coisa do tipo "vai trazer fulano de tal?", ou você o levou mais alguma vez?

R.F.: Não, minha família sempre adotou sem nomes, cadê fulana, cadê fulano, sem eventos. Eu acho, não, tenho certeza de que a forma de a minha família dizer que estava tudo bem era não perguntar, não criar grandes expectativas; meus pais nunca perguntaram se eu ia dar neto, essas coisas. Sou um exemplo de uma formação familiar inclusiva de respeito.

S.G.: Se você olhar o histórico do meu canal no YouTube, eu não procuro histórias de sofrimento porque não é sobre isso, é sobre essas muitas formas de criar uma família e ter uma família em um molde de aceitação. Espero que um dia a gente não precise anunciar: "Olha, pai, sou gay, sou lésbica, sou bissexual, sou transexual", não; que isso seja uma construção natural. Estou aprendendo muito com a sua história porque vejo quanto seus pais, que foram criados em outra geração, que acho que é mais próxima da dos meus pais, já tinham essa construção; para você ver, não é da época, é muito da criação também.

R.F.: Mas, vou te falar, eles aprenderam isso. Eu sou sobrinho de um homem que era um gênio, que acho que era o Rodrigo da época dele, meu tio Gilberto, que era um grande intelectual, artista, desenhista, estilista etc. Vou falar de achismo, o que se ouvia sobre a sexualidade dele, que os pais reprimiam, irmãos também, mas ao mesmo tempo meu tio era, reza a lenda, aquele cara que usava calça branca de linho e calcinha vermelha de renda, e isso estou falando dos anos 50, 60, 70. Aí some, aparece na minha vida soropositivo sintomático, dias para falecer, e meu pai fala: "Vai tomar a bênção do seu tio". Meu pai, militar, abraça meu tio e vai cuidar dele, vai para os hospitais etc. Meu pai, militar. Acho que essa construção do meu tio virou uma chave para ele. Não quero expor pessoas, tinha um militar também oficial, mas abaixo do meu pai, que sempre tratavam de uma maneira muito pejorativa porque ele nitidamente era homossexual, não sei se assumido, mas ele fugia do comportamento heteronormativo. Meu pai exigia respeito, eu via isso. Meu pai foi construindo, entendendo essas questões. Eu sou bi e tenho um irmão que é gay, e minha vó falava assim...

S.G.: Dos trigêmeos?

R.F.: Não vou falar, porque prefiro que as pessoas falem de si. Minha vó falava assim: "Aqui em casa tem dois meninos e Rodrigo e Fulano".

S.G.: Entendo. Hoje você vive de forma mais privada, mas também, de repente, teve sua sexualidade exposta para o Brasil todo no *Big Brother*, onde falaram mais sobre isso, e não que você estivesse dentro do armário, mas o programa fez com que você saísse até para quem não sabia ou para quem não era muito próximo.

R.F.: Mas é, era muito esquisito; as pessoas codificavam coisas, determinavam coisas. A minha bandeira hoje não está relacionada ao universo

LGBTQI+; meu recorte hoje é negritude, é o que me dói mais. A pauta mais importante é a cada 23 minutos um jovem negro ser assassinado no Brasil, então meu levantamento era sobre isso. Mas o que as pessoas diziam era puro achismo; o único momento em que discuti que vale ressaltar é: eu sou cientista social e filósofo por formação, então cada vez mais descubro que a filosofia que estudei é uma filosofia grega, mas não porque eu universalizo o universo branco como se faz, e sim porque depois eu comecei a estudar filosofia africana. Minha família é do candomblé, a ovelha branca da família sou eu, que, embora seja estudioso, ame, esteja ali conectando e reconectando, não pratico. Você quer estudar, a gente não tem muito material no Brasil do que era a África pré-colonizada, fazemos suposições de uma África mítica etc. Quando fui convidado para entrar no programa, eu falei sobre isso, me provocaram: "Ah, você é o quê?". Falei: "Sou o que vocês quiserem"; o que saiu muito na mídia foi que eu era agênero. Não me leio como agênero, me leio como um cara masculino

S.G.: As pessoas precisam dar nome às coisas, né?

R.F.: É, cada vez mais eu não me encaixo nesse rótulo porque parece clichê, mas as pessoas me interessam. Eu busco estar numa relação afrocentrada, e, por mais que muitas vezes exista uma toxina do machismo na militância negra, quem vai estudar a fundo entende que o racismo, machismo e a LGBTQfobia vêm de uma estrutura eurocêntrica, da qual eu fujo. Agora imagina você contar isso para um diretor, mas eu nunca me identifiquei com nada no programa, pelo contrário, o que foi construído é uma narração do machismo, "ah, ele deve ser gay", sei lá, "ah, ele é intelectual", ele não sei o quê, as pessoas falavam, "ai que vontade de te colocar em um potinho não sei o quê", não, é uma infantilização do meu ser porque eu não vou discutir esse tipo de assunto, não vou falar em uma rede social, em um programa sobre minha intimidade, porque minha intimidade codifica outras pessoas, e não vou expor outras pessoas. Quem entrou no programa fui eu.

S.G.: Exatamente, foi você que definiu a narrativa que gostaria de construir em cima da sua imagem, então não necessariamente ela permeia sua sexualidade porque não é para isso que você estava ali naquele momento, por isso levantou outras discussões. Então quando aconteceu aquele primeiro flerte ali e o pessoal começou a perguntar "ai, mas é gay, mas é bi, mas não diz que é gay, agora é hétero", as pessoas acabaram não entendendo que a sexualidade humana vai pra além do oito ou oitenta, que existe um espectro de um arco-íris muito maior, que acho que é onde você se vê. Quando você fala para mim que gosta de pessoas, existe uma ligação mais voltada para pessoa pansexual ou para o bissexual?

R.F.: Aí a gente volta para a caixinha; não sei.

S.G.: Porque o pansexual gosta de pessoas, independente se é um homem cis ou trans.

R.F.: Ai, eu para ser pansexual tenho que me permitir uma totalidade.

S.G.: Ficar com pessoas trans?

R.F.: Eu não me permiti uma totalidade de desejos e sexos, sabe, ainda não me permiti.

S.G.: Isso é legal ficar claro porque também está tudo bem, você não vai entrar em uma caixinha, mas deixa claro, já que pode vir uma pressão do outro lado: "Ah, mas você diz que não tem caixinha". Não, existe também um processo na sua vida, você gosta de pessoas, mas até entender todos os seus gostos e desejos, passa por várias outras construções e desconstruções. Eu entendo tudo isso que você falou, até por conta da construção, dos diretores etc. Depois que você saiu de casa, alguma coisa mudou? Mais pessoas? Porque você falou para mim muito disso: "Minha vida é minha vida, eu a construo no privado, isso não quer dizer que estou escondendo minha sexualidade", mas você trabalha com público, e a sua vida não precisa ser um espetáculo. Foi muito importante você dizer isso. Mas, depois que saiu do programa da Globo — de proporções nacionais, em que falam muito sobre você, sobre sua presença —, você foi questionado sobre sua sexualidade, dentro ou fora de casa? Você mudou algum comportamento? Não questionado de forma a endossar algum tipo de LGBTfobia, mas do tipo "você nunca tinha me falado, nunca tinha te visto, não sabia".

R.F.: Não, a única coisa que fiz foi chorar. É muito estranho; meus amigos, meus familiares, nunca me viram chorando, e a pressão do confinamento me levou a ter sensações intensas, só que, por mais que eu seja uma pessoa muito discreta em relação à minha intimidade, nunca menti, então nunca teve nenhuma surpresa, principalmente na medida em que, se você é muito livre, muito aberto, qualquer coisa que vier não vai ser contraditória nem surpreendente. No programa, eu via umas ações que me deixavam triste, e que são ações do mecanismo do próprio jogo, para causar discussão; você constrói uma relação e perde na semana seguinte, então fica muito vulnerável, e acompanhando 24 horas percebe que sou humano, o programa me humanizou para os meus próximos. O Rodrigo é muito forte, o Rodrigo é militante, o Rodrigo é professor, o Rodrigo faz teatro, tem 28 anos de carreira. Como sou muito transparente, não me privava de ser o que eu era. Quando eu falava "tenho um compromisso com os meus", não era porque estava deixando de ser o Rodrigo, era porque tenho um compromisso com o meu povo. Tenho uma família que tem uma ONG, eu sou coordenador de uma, é a Favela Mundo, que por sorte tem financiadores; e qualquer comportamento negativo que o Rodrigo viesse a ter, por trás, afetaria pelo menos seiscentas pessoas, entre crianças e adultos. Sou diretor de teatro e produtor, naquele momento devia ter três, quatro espetáculos com meu nome em cartaz. Sou autor e diretor de um infantil que é um sucesso, *O Pequeno Príncipe preto*, então tenho compromissos, e esses compromissos não estão relacionados a se esconder, estão relacionados a ser adulto e maduro emocionalmente. Nunca esqueci que tinha uma câmera, as pessoas esquecem realmente, mas eu lido com teatro, audiovisual, então sabia que tinha uma câmera ali atrás. Então é o Rodrigo maduro ali. Mas acho que a grande bugada nisso tudo foi que se trata de um programa que precisa de estereótipos e que vai sempre esperar que a gente seja o negro bélico, o negro raivoso, embora a gente tenha todo direito e toda razão de ser raivoso e bélico se isso tiver que ser colocado. Só que eu sou roteirista, então vou subverter o que uma narrativa branca racista espera de mim; se ela esperasse o Rodrigo pacato, eu ia ser o raivoso; como ela esperava o Rodrigo raivoso, eu fui o pacato, o tranquilo, o professor, o mestre, não o pacifista, mas o tranquilo, o do diálogo. E não fui ali pra ensinar racista a não ser racista, não acredito nisso; fui ali pra abrir bolha, para me comunicar com pessoas que não frequentam meu teatro, não frequentam minhas palestras e minha sala de aula; então não tinha o menor compromisso de bater, tinha o compromisso de simplesmente abordar questões que possivelmente sua mãe não escuta quando você fala.

S.G.: Eu achei isso tão importante, de uma inteligência tão forte. Você hackeou o sistema, entrou no sistema que tem uma das maiores audiências televisivas no Brasil hoje, e junto com os seus ali dentro, junto com os nossos, levantou discussões que antes ficavam muito dentro das bolhas da internet, de grupos acadêmicos, ou mesmo discussões políticas que, por mais importantes que sejam, precisam furar a bolha. Você conseguiu furar essa bolha e levar para a sala da casa de muitos brasileiros várias discussões que a gente já tem, já faz, já proporciona; então colocou as pessoas para pensar essa construção que a gente quer: que a população negra deve ter mais acesso a sua identificação, sua cultura, ao seu processo de emancipação dessa construção europeia eurocentrada que foi imposta e que faz com que a gente não se veja.

R.F.: Eu não fui lá buscar representatividade, a representatividade aconteceu e algumas pessoas determinaram isso. Não acredito em representatividade em um lugar em que não sou bem-visto, em um lugar tóxico. Fui lá furar bolhas; se causou desconforto, isso é determinado por quem vê, na minha lógica. Estou escrevendo um livro em que conto uma situação simbólica que aconteceu com um irmão em situação de rua, bem negro, retinto. Ele me olha e fala assim: "Bangu te ama", e eu digo: "Ah, eu tenho familiares em Bangu", porque Bangu é um bairro do Rio; ele fala: "Ah, eles tão agarrados também?". Aí fui entender que Bangu não era o bairro, Bangu é Bangu 1, 2, 3, 4, então minha voz chegou à comunidade carcerária, chegou para os meus irmãos de lá. Não existe nada mais simbólico neste Brasil do que essa realidade de concentração preta, e minha voz chegou lá. Sem romantizar a merda que é estar em cárcere.

S.G.: Sim, mas você levantou a discussão como aliado.

R.F.: Como aliado que reconhece a importância da inserção de pessoas trans no mercado de trabalho. Então fui vendo as coisas que saíam por causa das falas que eu levantava a partir da questão da negritude e, por incrível que pareça, é notório neste país racista, poucas coisas saíam em relação ao recorte racial, mas se replicou muito sobre a luta de equidade de gênero, sobre pessoas trans; isso já me deixou muito feliz, muito feliz.

S.G.: Hoje a gente pode falar sobre o nosso recorte, finalmente falar como é ser preto LGBT neste país, porque a gente tem várias especificidades que fazem com que nossa existência seja ainda mais difícil. Para finalizar, que conselho você daria pra esse menino ou essa menina que ainda está dentro do armário, que tem essa família muito conservadora, que não permite que ele ou ela possam ser quem ele ou ela são?

R.F.: Eu não sou nada neoliberal, pelo contrário, mas vá buscar sua independência financeira na medida do possível. Sei que é difícil falar isso em um país desigual, de poucas oportunidades. A gente não pode esquecer que vive num país supercapitalista e que o dinheiro determina tudo. Tem uma máxima que levo para a minha vida, que descobri muito cedo: ninguém é obrigado a gostar da gente, nem pai, nem mãe; esse romantismo de pai e mãe é uma construção social, há sociedades em que as mães mandavam os filhos de cinco anos para a guerra. Então ninguém é obrigado a gostar da gente; se gostar, o.k., se não, busque seu nicho, construa sua própria família, e sua família podem ser seus amigos. Para os pais, as mães, os familiares, eu diria cuidado, porque o amor é egoísta, o amor pode ser determinante a partir daquilo que você espera que o outro seja, não daquilo que o outro é, então, cuidado se você diz que ama realmente; talvez você não ame, talvez ame aquilo que tenha como expectativa, e talvez olhe para o seu filho ou filha e acredite que amor é cuidado, e na verdade o seu amor só transpareça ódio.

S.G.: É isso, é tentar, ou melhor, entender, o que é realmente esse tal amor incondicional, porque se ele existe, não precisa de condição para existir. Eu fico muito feliz de você ter aceitado participar desta entrevista, deste registro do livro, eu te admiro bastante. Agora, te conhecendo um pouco mais, te admiro muito mais.

R.F.: Igual a você. Querido, você conseguiu tirar coisas que eu nunca falei para ninguém, porque está tudo tão certo aqui dentro e eu nunca falei para ninguém. E é isso, parabéns. Você é um grande provocador. Obrigado.

CRISTINA NAUMOVS

> **PERFIL:** Cristina Naumovs é consultora de criatividade e inovação para marcas.

SAMUEL GOMES: Estou muito feliz por você ter aceitado dar esta entrevista, te agradeço muito mais uma vez.

CRISTINA NAUMOVS: Imagina, obrigada você.

S.G.: É que para mim é o projeto da minha vida, eu comecei lá atrás, ainda com o blog, tentando entender quem eu era, várias outras questões na minha vida, e aí tive a oportunidade de fazer um livro. A primeira e a segunda edições de forma independente e agora esta terceira edição com a Companhia das Letras, em que acrescentamos as entrevistas para que a gente possa falar também sobre o nosso recorte, como é sair do armário no país que mais mata LGBT no mundo, a gente precisa falar sobre isso, precisa deixar registrado na literatura, porque somos sobreviventes.

C.N.: Sim, acho que tem uma coisa superimportante também, tenho pensado muito sobre como tudo mudou. Tenho 42 anos, então é muito diferente de quando eu tinha dezesseis, não tinha o amigo gay da escola. Outro dia, brinquei, estava falando com umas pessoas bem jovens, de vinte e poucos anos, e falei: "Gente, vocês acham que ativismo começou com a Pabllo? Precisam estudar mais. De verdade, precisam estudar, porque muita gente se fodeu antes para vocês poderem chegar nesse momento, e isso só faz com que o movimento seja mais forte". Então se você não sabe quem é determinada pessoa, pode concordar, discordar, pode um monte de coisa, mas precisa conhecer antes, até para poder discordar precisa conhecer. Acho que tem muito disso, e principalmente entre os homens gays e obviamente entre as travestis; a gente tem uma questão com a idade que a gente vai ter que resolver.

S.G.: Porque o povo que não conhece sua história está fadado ao fracasso, e a gente tem que entender de onde saiu, para onde está querendo ir, senão a guerra acaba sem a gente conseguir vencê-la.

C.N.: Acho que tem uma coisa superimportante, a gente acreditou muito nesse discurso de *black money*, de *pink money*, mas no fim do dia o preconceito vai te pegar de algum jeito, seja você rico, seja você um preto rico ou preto pobre. A gente viu o que aconteceu com a Lorena Vieira, que é famosa, mas foi colocada para fora do banco, porque é negra e não acreditaram que ela poderia ter dinheiro para sacar

S.G.: E nem era tanto dinheiro assim que ela ia tirar; você percebe que a sociedade não está nem preparada para ver a ascensão daqueles que nunca tiveram.

C.N.: É isso, e acho que, por exemplo, entre as travestis acontece a mesma coisa. Então a gente está acostumado com a travesti de calçada, você não abraça, não pega na mão.

S.G.: É o pessoal que vive praticamente à noite, durante o dia a gente não vê passeando.

C.N.: É, e acho que tem uma coisa, tenho pensado cada vez mais nisso: o machismo é um negócio tão bem articulado, que para homens trans a vida é muito mais fácil, isso entre mil aspas, do que para uma mulher trans.

S.G.: Sim, a passabilidade é muito mais fácil, entre muitas aspas, e a inserção no mercado de trabalho, porque esse mundo é tão machista que faz com que as pessoas o aceitem melhor, já que, entre várias aspas, é uma mulher se tornando um homem, e não o contrário.

Uma loucura, mas vamos focar na gente, porque a gente está aqui para mudar este Brasil. Gostaria que você falasse seu nome, sua idade e de onde você é.

C.N.: Meu nome é Cristina Naumovs, tenho 42 anos, nasci em São Gonçalo, no Rio de Janeiro, mas vivo em São Paulo desde sempre; fiquei lá poucos meses, morei em São Paulo a vida toda, na região da Saúde, entre Santa Cruz e Saúde.

S.G.: Bom, vou fazer o parênteses que São Gonçalo está na minha vida porque sou casado com um são-gonçalense. Você é filha única, teve irmãos, morou sempre com seus pais?

C.N.: Fui criada só pela minha mãe, meu pai é um cara que basicamente não existiu, minha mãe criou três filhos sozinha, tenho uma irmã mais velha e um irmão mais novo. Minha mãe trabalhava em uma empresa, era secretária executiva, não sei nem se existe essa profissão direito ainda, mas, enfim, era uma secretária executiva que trabalhou na construção da ponte Rio-Niterói. Eu sou de 1977, então minha mãe trabalhava nesse projeto e eu nasci no Rio, ela ainda era casada com o meu pai. Em 1978, comecinho de 1978, mais ou menos, a gente veio para São Paulo, e eu vivo aqui desde sempre.

S.G.: Você é a irmã mais velha?

C.N.: Não, sou do meio, tenho uma irmã três anos mais velha e um irmão três anos mais novo, que é filho do segundo casamento da minha mãe.

S.G.: Naquela época, na sua infância, como era sua relação? Aconteceram essas mudanças de residência, estado e família com a separação dos seus pais. Como foi vivenciar isso, quantos anos você tinha, chegou a absorver alguma coisa disso ou não?

C.N.: Acho que sim, fiz vinte anos de análise, então foram caindo as fichas e as coisas foram se encaixando. Os pais do meu pai foram muito presentes, minha avó e meu avô, pais dele, na verdade minha avó madrasta dele, a avó que conheci, foram muito presentes. Hoje entendo que fui a primeira criança com pais divorciados na escola.

S.G.: Como foi essa situação para você?

C.N.: É muito maluco porque, por exemplo, no Dia dos Pais, a gente fazia a lembrancinha, e o que faziam com uma criança que não tem pai? Porque não é que eu tinha um pai que via no final de semana, não tinha pai. Não era um cara presente, devo ter visto meu pai umas dez vezes na vida.

S.G.: Você via mais seus avós paternos do que seu pai?

C.N.: Muito mais, via meu avô todo final de semana. Meu pai é um cara que não existiu. Em certo período, quando eu estava na quarta série, tinha uns dez anos, fui morar com o meu pai, porque minha irmã queria morar com ele e a gente foi. Eu tinha dez anos, a gente ficou, sei lá, três meses na casa dele, e é isso, um cara que nunca soube ser pai, um cara que tem vários filhos e nunca soube ser pai, que nunca olhou, nunca deu um remédio, nunca levou a um pediatra, nunca fez nada; é um cara que bota filho no mundo e pronto.

S.G.: E, nessa construção, como foi sua infância? Porque acredito que de alguma forma isso mexia com você. Levava para casa? Falava para a sua mãe? Falava com alguém?

C.N.: Minha mãe foi uma mulher muito forte, nesse período foi muito forte, ela foi na escola e disse que eu não ia fazer essa lembrancinha. Isso deve ter sido em 1981, 1982, quando comecei a ir para a escola, eu nasci em 1977, deve ter sido 1983, não sei. A gente estava vivendo em outro mundo, estava vivendo o final da ditadura, as mulheres tinham pouca gerência sobre a própria vida nesse sentido; ela teve que ir na escola e tretar, dizer "ela não vai fazer", e era um colégio de padre, era uma vida muito...

S.G.: Rígida?

C.N.: Não era uma vida rígida, na verdade era uma vida muito dura de grana, porque criar três filhos sozinha com salário de secretária, óbvio que dentro de todos os privilégios, e digo isso com certeza absoluta porque sei que tive. Sou uma mulher branca de olhos verdes, mas venho de uma região da cidade muito pobre, era uma criança branca no meio de um monte de crianças pretas, então talvez hoje minha vida seja muito pautada também por conta disso, por essas questões todas. Convivi muito com crianças negras, a vida daquelas pessoas que estavam ali era muito parecida com a minha, um monte de criança sem pai, um monte de mães trabalhando demais. Num certo período da vida, minha mãe tinha três empregos, de manhã era datilógrafa, à tarde era secretária e à noite vendia roupa de bebê no Mappin até meia-noite, e a gente ficava com uma menina, uma empregada, vamos dizer, que tinha treze anos, acho que é muito essa vivência da periferia mesmo, uma criança para cuidar de um monte de outras crianças.

S.G.: Fico me perguntando se nesse período, por conta dessa novidade de você ser na sua escola a menina com pais separados, você já se sentia diferente no quesito da sexualidade? Se perguntava alguma coisa? Tinha algum tipo de bullying? Como começou a sua relação com sua sexualidade? Já na infância você sentia que era diferente?

C.N.: Acho que sim, sem entender o que era.

S.G.: Geralmente é sem entender.

C.N.: Mas acho que tinha uma coisa muito complexa ali para mim, que era ver minha mãe com namorados; não era uma vida organizada, papai, mamãe e filhinhos, em que você não pensa sobre sexo; com uma mãe que tem namorados você acaba pensando. Eu era muito brava quando criança, não era nem criança viada, não era sapatãozinho, nada disso, mas era muito brava. E muito brava porque acho que existiam essas questões que eram diferentes das de outras crianças: não tinha pai, era uma criança pobre em uma escola rica, porque eu era bolsista.

S.G.: Você acha que, olhando hoje, foi uma forma de proteção ser essa criança brava?

C.N.: Acho que sim, totalmente, porque eu era meio aquela menina brava do fundão que defendia as meninas bobas da frente, que descia porrada, era boa de esporte e sempre fui muito esperta.

S.G.: Você tinha muitos amigos no colégio?

C.N.: Tinha porque era do esporte, joguei handebol muitos anos, tinha muitos amigos porque participava de um time, e esse time me ajudava a socializar, tinha muitos amigos na rua onde eu morava, sempre gostei de brincadeiras, sempre fui do grupo, brincadeiras em grupo, embora eu tenha muito isso de ser cuidadosa com a minha vida e ser muito da privacidade; esse exercício de experimentar essa vida mais pública é uma coisa muito recente, muito recente mesmo, estou falando de cinco anos para cá, de aparecer mais e falar umas coisas, para mim foi um exercício extremamente difícil, porque, mesmo que sempre tenha sido de ter muitos amigos, sempre fui muito cuidadosa com minha privacidade. O que eu fui entender depois é que me descobri lésbica aos dezesseis anos, em outra geração, estou falando de 1994.

S.G.: Até os dezesseis anos então a indagação sobre sua sexualidade não veio pela falta de conhecimento? Você não tinha contato? Dá para entender essa diferença geracional; hoje a gente vê muitos LGBTs na mídia, estamos aqui conversando para fazer um livro que fala sobre nossas vivências. Mas até os dezesseis anos teve alguma coisa na sua vida que fez com que você pensasse um pouco mais sobre sua sexualidade ou só a partir dessa idade? E por que aos dezesseis anos?

C.N.: Acho que até os dezesseis anos eu namorava meninos, e namorava e transava já aos catorze, quinze anos. Mas não pensava muito, era meio como era, achava tudo esquisito, tinha uma coisa muito maluca porque você tem ali uma turma de amigas e está todo mundo descobrindo a vida, e as pessoas vão para esse lugar de experimentar e de sexo, e para mim era como tinha que ser; não pensei sobre isso, na verdade. Não é que eu tinha uma grande indagação, não achava nada sensacional mas também pensava: "Deve ser isso e com o tempo melhora"; não sei, não tinha muito claro isso na minha cabeça.

S.G.: A religião era presente na sua vida ou não?

C: Não muito. Minha mãe era bastante, era espírita nessa época e depois virou evangélica, então eu ia muito no centro espírita com ela, tinha muito mais isso presente do que a Igreja católica onde fui criada, onde fui educada na verdade. Aí quando eu tinha uns quinze anos um dia me deu um tchan e achei que estava apaixonada pela minha melhor amiga, só que não entendi o que tinha acontecido ali e rompi com ela, rompi. É uma menina negra, era a única menina negra na escola, era bastante confuso, tinha muitos elementos de confusão nessa história.

S.G.: Me conta um pouco sobre essas confusões.

C.N.: Ela era de uma família que tinha muito mais grana do que a minha, e, quando me dei conta disso, briguei com ela, briguei assim, aquelas coisas adolescentes: "Demônia, não falo mais com você". Aí um dia — hoje olho para trás e me considero uma pessoa inteligente, mas sempre fui muito ruim na escola; se eu tivesse nascido nos anos 2000, seria o que os psiquiatras chamam de criança com déficit de atenção, teria tomado muita Ritalina, mas, enfim, criança dos anos 1990, senta aí e estuda. Sempre fui muito mal na escola por conta disso; os professores olhavam e falavam: "Não é possível, você precisa sentar e estudar, porque burra não é". E aí essa amiga, e falo "amiga" porque ela levou outra vida e prefiro deixar desse jeito, não preciso dar nome para ela.

S.G.: Fique à vontade para trocar nomes, para não colocar nomes, não tem problema; você é a protagonista neste momento.

C.N.: Ela sempre me ajudou muito na escola, a gente estudava junto, ela ia muito bem, aquelas coisas de escola, melhor amiga, me ajuda. Tá bom. Quando a gente brigou, eu tinha começado o ano do primeiro colegial, tinha catorze anos. Aí a gente ficou distante nesse primeiro colegial; no final do ano eu estava indo supermal, ela veio um dia na sala e falou: "Se quiser, te ajudo, a gente não está se falando, mas se quiser, te ajudo"; eu disse que tudo bem, e a gente foi estudar na minha casa. Eu lembro exatamente do dia, a gente estava na minha casa, no final do ano, ela já tinha passado, eu lá mocorongaça, olhei e falei: "Tá acontecendo alguma coisa aqui, não sei o que é, mas tem alguma coisa acontecendo". Eu tinha um namorado que morava na minha rua, que não era um moleque do colégio playboy, era um moleque superpobre que nem eu.

S.G.: Você diz que vivia muito ali com a galera da sua região, então seus laços provavelmente eram construídos dentro disso.

C.N.: Total, eu era muito moleca maloqueira, vivia com os moleques.

S.G.: Quando você se tocou que tinha alguma coisa estranha?

C.N.: Quando me toquei eu falei: "Meu, fodeu, tem alguma coisa aqui", e uma vontade de estar perto, uma coisa misturada, vontade de encostar, de pegar, que não era de sexo, Samuca, era de afeto mesmo, muito louco nesse primeiro momento, eu queria estar perto o tempo todo. Estudei no mosteiro São Bento e morava lá na Santa Cruz, então lembro que pulava a catraca do metrô para poder pegar ônibus com ela e ir para a casa dela. Teve esse período, e aí, no final de 1994, quase um ano depois, a gente ficou nesse ano meio apaixonada, aquela coisa meio adolescente, mas sem acontecer nada.

S.G.: Foi como uma volta com muita paixão, não é, vocês voltaram a se falar, só que explodiu algum sentimento que antes talvez você não tivesse percebido que existia.

C.N.: E acho que ele veio ali, sabe, uma transformação do que era um amor de amiga em outra coisa, e era amor, a gente se conhecia desde a quarta série, era uma vida inteira, uma vida inteira é maravilhoso, não é, mas era uma vida inteira.

S.G.: Até aquele momento era sua vida inteira.

C.N.: Era minha vida inteira.

S.G.: Me diga como foi a confusão de entender que a sua amiga da quarta série despertava naquele momento um sentimento em que você ainda não tinha parado para pensar. Isso te deixou com medo? Te fez ficar com vontade de falar para ela, você chegou a falar?

C.N.: Eu fiquei muito apavorada, não entendia, não tinha com quem conversar, não tinha amigos para poder falar sobre isso, não era um assunto.

S.G.: E você estava namorando. Terminou, continuou?

C.N.: Continuei namorando. Namorava esse menino e nesse período foi a primeira vez em que transei com ele, tudo foi muito confuso porque não é que eu não gostava, mas também não era aquilo, é meio quando você não sabe ainda a melhor comida, se alimenta, mas ainda não comeu a melhor comida, sabe. Acho que fui entendendo naquele ano o que era, eu abria mão de encontrar com ele para pegar o ônibus com ela e ficava horas no ônibus, ia e voltava, passava por baixo da catraca, porque não tinha essa grana para ficar indo de ônibus para lá e para cá, descia no metrô e ainda pegava um ônibus, ela morava em outro bairro. No final de 1994, novembro, disso lembro bem, a gente estava ensaiando uma peça no colégio, então passava muito tempo juntas, e fui fazer a peça no colégio, na verdade eu era da parte técnica da peça, fazíamos papéis da peça, muito porque queria passar a tarde com ela.

S.G.: Você moldou toda sua diversão, sua vida, para ficar mais tempo com ela, e inconscientemente. Não tinha consciência de fato naquele momento de qual era o real sentimento que tinha por ela?

C.N.: Eu não tinha entendido ainda, só fui entendendo no decorrer desse ano de 1994 que havia uma coisa ali, um afogueamento, um "apaixonamento", uma coisa física mesmo de a gente se encostar e dar um choque. No final do ano, a gente estava fazendo essa peça de teatro e um dia eu fui — adolescente dorme uma na casa da outra — dormir na casa dela, os pais dela estavam viajando e tal. Lembro que a gente foi dormir e dormiu na mesma cama, e eu meganervosa, ali eu tinha entendido que existia uma coisa, mas não sabia exatamente como chamava ainda, o nome: não é sou isso, sou aquilo, eu não era nada, era apaixonada por ela, a única coisa que eu tinha clara era isso. A gente estava lá, e no meio da noite ela veio me beijar; eu tomei um puta susto e falei: "Não, você está doida? Não é nada disso, para, não é nada disso". Eu assustei.

S.G.: Gente, eu aqui boquiaberto, jurava que você iria... Então quer dizer que do outro lado existia também esse entendimento, ela estava percebendo a mesma coisa que você.

C.N.: Só que a gente nunca tinha falado disso. Na hora que ela veio e eu falei: "Não, você está louca, não é nada disso, não pode, imagina, você está louca", ela disse que não, mas eu insisti: "Não, você está louca". No dia seguinte, na hora em que a gente acordou, eu estava muda, olhando para o chão, e ela falou: "Mas você não vai falar comigo?"; eu disse: "Não, não, tá tudo bem". A gente foi para a escola, e eu morrendo por dentro, falei: "Caguei tudo, tudo errado, o que está acontecendo aqui, fodeu", porque eu não queria ter tido aquela vontade naquela hora. Passou uma noite, no dia seguinte de manhã eu tinha que ir para a casa dela terminar de fazer o figurino, não lembro exatamente o que era. Fui para a casa dela, Samuca, e a gente estava meio no quintal e tinha um banheirinho; num dado momento ela falou: "Vem cá para eu te mostrar um negócio". Entrei no banheiro e a gente se beijou, ela me pegou e me beijou. Eu falei: "Fodeu, é isso". Aí foi aquela cena, tipo fogos da Disney.

S.G.: Tudo começou a fazer sentido naquele momento, então?

C.N.: Menos por ela e muito mais por mim, entendimento mesmo, era pouco sobre ela e muito sobre achar meu lugar no mundo. Hoje, quando olho para isso, entendo o que é achar um lugar e falar "eu pertenço a algum lugar", esse sentimento de deslocamento, de estar perdida na vida e ela começar a fazer sentido para mim naquele lugar.

S.G.: Descobrir isso naquele momento te deixou com medo ou mais tranquila? Porque havia essa confusão, não é?

C.N.: Fiquei louca.

S.G.: Como foi?

C.N.: Fiquei bem louca, porque naquela noite ela falou: "Dorme na minha casa"; os pais dela continuavam viajando, aí a gente ficou pela primeira vez, e foi foda, assim mesmo. Falei: "É isso, é disso aqui que eu gosto, é o que eu quero, é esse lugar onde me encontro no mundo"; fiquei muito louca por algumas razões e acho que no meio disso tudo eu estava muito apaixonada, sendo correspondida, tinha uma coisa muito difícil que era como eu ia falar disso.

S.G.: É, e também com quem você ia falar disso, porque, pelo que estou entendendo, sua relação com sua mãe, por mais que tenha sido próxima por conta de toda essa vivência, não permeava essa parte da sua vida, não era perceptível aos olhos dela nesse período.

C.N.: Não era compartilhável, na verdade, porque a gente namorou mesmo, namorou sem ninguém saber, loucura adolescente, ia a uma festa e ia para o banheiro se pegar, sem ninguém saber, nenhum amigo sabia. Eu dormia na casa dela, a gente transava no meio da noite, em silêncio absoluto em meio àquela maluquice, àquela loucura toda. Só que isso é muito duro, não poder falar nada com ninguém, é muito duro não poder existir, então dois meses depois — sei lá, em janeiro, fevereiro —, quando as aulas voltaram, a gente se vendo todos os dias, a gente dava um jeito de se ver todos os dias nesse período, ficar juntas. Acho que fui viajar no réveillon com a família dela, e nessas férias tem uma história meio maluca, mas divertida: um dia a gente estava nessa casa de praia com a família dela — uma família muito maravilhosa que também me ensinou muito sobre negritude, sobre um monte de coisas, porque eu era a única pessoa branca em uma casa cheia de pretos, sabe, o que era o bullying ao contrário: "Fica esperta, minha filha, o mundo não é sobre você". Uma vez eles compraram um cachorro, e para uma pessoa negra que é muito maravilhosa eu posso contar, eles compraram um pastor belga capa-preta, e aí eu falei: "Nossa, tia" — essa coisa escolar de chamar a mãe da amiga de tia —, "ele é muito preto, é muito bonito". Ela falou: "Puxou para a família do Antonio", que era o pai dela, e na hora eu não sabia se podia rir, se não podia. Ela falou: "Pode rir, bobona".

S.G.: Então sua relação também com a família dela era muito próxima, pelo que estou entendendo.

C.N.: Muito, muito! Porque a gente se conhecia desde criança, e um dia nessas férias que a gente foi passar juntas na praia, no meio dessa loucura de acordar de madrugada e se pegar, a gente acordou e a mãe dela falou: "Estou indo para a praia; quando eu voltar a gente vai conversar porque acho que vocês estão confundindo as coisas". Só falou isso e saiu. A gente se olhou e falou: "Fodeu, fodeu, fodeu". Lembro que ela disse: "Não, a gente conversa". Falei: "Não, fodeu. Fodeu".

S.G.: Não tem outra palavra, fodeu.

C.N.: Não tem outra palavra, lembro de ter falado assim: "A gente só se salva se alguém morrer hoje". Ela foi para a praia, eles tinham uma cachorra de quinze anos, de repente a mãe volta meio chorando, a cachorra tinha morrido.

S.G.: Gente! Muito novela.

C.N.: Eu não sabia se ficava feliz, se chorava, se ficava triste, meio: "Ai, meu Deus, será que a gente matou o cachorro com a força do pensamento?". Então a gente não conversou, a vida seguiu. E era isso, uma relação muito apaixonada e muito maluca mesmo de posse, a gente só tinha uma à outra, era uma coisa muito possessiva e foi algo que também fui entendendo com o tempo, que as relações não se sustentam desse jeito. Aos dezesseis anos, você é uma avalanche de hormônios; se fosse tudo comum já era difícil...

S.G.: Imagina no segredo, sem entender de fato o que estava acontecendo. Acredito que talvez por algum tempo vocês pensavam que era só com vocês que estava acontecendo. Vocês tinham referencial externo?

C.N.: Nenhuma referência externa, nenhuma; a primeira vez que ouvi falar de lésbica na minha vida foi em uma matéria da *Marie Claire*. Tinha uma foto da Angela Ro Ro e da Zizi Possi em um camburão, e eu pensava: "Eu não quero ser isso", porque elas tinham brigado de porrada, enfim, essa referência. Lembro que tinha minha dentista que era sapatão e depois — só para te contar cronologicamente, senão vou me perder aqui. Essa história aconteceu, era essa avalanche hormonal. Um dia eu queria ir para uma festa e ela queria ir para outra; eu falei: "Então vai para a sua festa, eu vou para a minha e amanhã a gente se encontra". Corta, quatro da manhã, eu na minha festa, os moleques da escola sem saber de nada, chegaram e falaram: "Você viu a Lúcia com o fulano?". Já não lembro o nome. "Só faltou dar e o cara não quis comer." Tenho esse gelo no estômago até hoje ao lembrar dessa frase.

S.G.: Te marcou muito, então.

C.N.: Isso era umas cinco da manhã, peguei o metrô para ir embora, fiquei acordada até as nove da manhã, isso no sábado; domingo, às nove da manhã, eu liguei na casa dela, telefone fixo, a mãe atendeu; falei: "Oi, tia, a Lúcia tá acordada?". "Não, Lúcia tá dormindo, chegou supertarde." Falei: "Tia, precisa acordar ela, a gente vai fazer trabalho da escola, eu não vou fazer sozinha, precisa acordar ela". Uma hora depois ela me ligou, eu tive um ataque histérico com ela no telefone, xinguei de tudo quanto é nome, uma coisa superviolenta e ruim — foi uma coisa com a qual aprendi a lidar e a tomar muito cuidado de não me deixar morar nesse lugar da violência, que é onde as pessoas querem que esse amor more, esse lugar violento, duro, triste, escuro, perigoso. Enfim, a gente brigou, brigou, brigou. Minha mãe entrou no quarto e desligou o telefone.

S.G.: Até então sua mãe não sabia nada de você e dela?

C.N.: Não tinha a menor ideia. Aí na segunda-feira à noite minha mãe chegou em casa e falou para os meus irmãos irem para o quarto, porque ela precisava conversar comigo. Ela sentou no sofá e disse que queria saber de uma coisa, queria entender, lembro até hoje da pergunta: "Qual a natureza da sua relação com a Lúcia?". Aí, na hora, eu falei...

S.G.: Me fala antes de dar a resposta, quando sua mãe te fez essa pergunta, o que você sentiu? Ficou com medo de começar essa conversa com ela? Como foi?

C.N.: Chegou a hora de ter essa conversa.

S.G.: Você se sentia preparada?

C.N.: Estava zero preparada, mas a gente precisava ter, não tinha jeito. Era uma conversa duríssima, ao mesmo tempo era muito necessária, porque eu estava vivendo em um lugar secreto, uma vida secreta, escondida de todo mundo, tentando driblar e fazer as coisas acontecerem. Nesse meio-tempo, eu tinha terminado com aquele namorado sem muita explicação, namorei com ele um ano e pouco, o menino sofrendo e eu sem saber também como explicar isso. Quando a gente teve essa conversa, para mim foi libertador, tanto que, quando ela me perguntou, eu falei: "Ah, a gente namora". E aí não previ o tsunâmi que vinha, mesmo porque para mim não era uma coisa errada. Embora eu soubesse que as pessoas achavam errado, dentro de mim não era, dentro de mim era um sentimento bonito pra caralho, eu sabia disso. Quando fui contar, achei que se eu explicasse ela ia entender, porque minha mãe era uma pessoa legal: "É óbvio que ela vai entender isso que estou passando, é óbvio que vai sacar que é amor, não é putaria. Ela vai entender". E, cara, ela não entendeu nada, minha vida virou um inferno, um caos completo. Veio um tsunâmi para a minha vida; ela começou a gritar, chorar e dizer que eu não tinha idade para resolver isso. E eu: "Mas não estou resolvendo nada". Ela: "Não te criei para isso, não fiz todo esse esforço para te criar". Lembro muito dela falando: "Você não tem idade para resolver isso. Então no mínimo você é bissexual". Lembro muito dessa frase.

S.G.: Ela te definiu como bissexual, então?

C.N.: É, porque: "Ah, você tinha um namorado até semana passada". Falei: "Então, mas não tenho mais, não vou decidir agora, não sei o que é isso, não tenho que resolver agora o que eu sou, não preciso resolver isso agora".

S.G.: Como foi ver que sua mãe, a pessoa mais próxima, com quem você contava, não te aceitou? O que aconteceu nos dias seguintes?

C.N.: Foi duríssimo, porque a gente era muito amiga e muito próxima de verdade, mesmo, muito parceira. Acho que ela era minha única referência de amor; então se ela não gostasse mais de mim, era como se todo amor do mundo tivesse acabado. Foi muito duro, acho que talvez tenha sido a primeira vez que entendi o tamanho dessa treta. Eu não tinha entendido. Tinha um sentimento meu comigo, mas hoje olhando, se eu estivesse apaixonada por um menino e não fosse correspondida, seria só um sofrimento adolescente.

S.G.: Você não tinha dimensão do tamanho que era gostar de outra menina na época.

C.N.: Não tinha a menor ideia porque também não tinha essa referência, não tinha acontecido com nenhuma amiga da escola, não tinha nada disso. Lembro da técnica do handebol que era supersapatão, mas eu não sabia o que era ser sapatão, então para mim era "ah, ela é sapatão", e era um bullying, um preconceito em que eu nem embarcava na escola quando alguém falava. Acho que, olhando hoje, vejo que era também um sentimento de autopreservação, de olhar aquilo e falar: "Mas eu não acho errado que ela seja assim".

S.G.: Por isso que quando você contou para a sua mãe e teve essa conversa, no seu íntimo entendeu que, se para você era natural, imagina para a sua mãe, que tinha te criado, e você tinha tido uma criação que fez com que entendesse que não teria nenhum problema entre muitas aspas, mas teve.

C.N.: Sim, e aí ela teve esse chilique, a gente ficou seis meses sem se falar, morando na mesma casa. Ela falava para a minha irmã: "Avisa a sua irmã que o dinheiro do metrô está em cima da mesa".

S.G.: Seus irmãos foram expostos também, ficaram sabendo de toda a situação?

C.N.: Sim, na verdade acho que demorou um pouco para ela contar o que estava acontecendo. Eles sabiam que a gente tinha brigado.

S.G.: Mas não sabiam o porquê?

C.N.: Não sabiam exatamente. Ela começou a controlar muito: me dava o bilhete múltiplo de dez, para eu viver com cinco dias de metrô, começou a não me dar mais a grana para a lanchonete da escola, pagava direto pra eu não ter grana, coisas desse tipo, achando que isso era um impeditivo. Depois dessa treta, eu e Lúcia brigamos, mas era um "apaixonamento" tão grande que logo começamos a ficar de novo. Aí um dia resolvi contar para a minha melhor amiga, não estava mais conseguindo lidar com aquilo, mesmo. Transbordou.

S.G.: Fico me imaginando no seu lugar. É muita angústia para passar sozinha, porque com a pessoa que você tem por perto, que é a menina de que você gosta, é uma confusão de briga e amor, e a sua mãe, que era sua melhor amiga, não te aceitou. Como você conseguiu? Como foi contar para a sua melhor amiga? Porque precisava contar para alguém, imagina essa angústia.

C.N.: É, porque além de tudo, Samuca, nesse período a mãe da Lúcia proibiu a gente de se falar, disse que ia colocar ela no colégio interno, que a gente estava louca. Proibiu a gente de se falar. Só que a gente passava a manhã inteira juntas na escola, e aí a mãe dela ia buscá-la, começou a rolar essa história. Eu falava para o meu irmão caçula, menino, ligar na casa dela, e, quando a mãe dela atendia, ele falava fulano de tal. E a gente ficava horas no telefone como se eu fosse um menino.

S.G.: Vocês tiveram que criar mecanismos para passar por esse período de censura e continuar vivendo esse amor. E a sua amiga conseguiu entender quando você falou?

C.N.: Quando contei para ela, foi a coisa mais legal do mundo, porque foi o primeiro sentimento de amor que eu tive, de "que demais, que maravilhoso, que fofura". Não foi: "Ai, ela é uma menina"; era: "Meu, que legal, vocês se dão tão bem, são tão apaixonadas uma pela outra". Essa amiga começou a ajudar a gente com as coisas, então a gente ia numa festa, entrava no banheiro e ela ficava na porta dizendo que tinha gente e que ia demorar. Coisas desse tipo. Ela ligava na casa da Lúcia e avisava: "Liga para a Cristina".

S.G.: Então foi bem uma aliada.

C.N.: Completamente aliada, muito nesse lugar de cuidado uma com a outra, e elas não eram amigas, ela era minha melhor amiga. Estudava na escola com a gente, mas era minha melhor amiga. Só que eu e a Lúcia introjetamos demais essa violência na gente e tivemos um relacionamento muito maluco. Sabe, em 2020 seria abusivo. Uma com a outra, não era eu com ela, ela comigo, eram as duas.

S.G.: Hoje, ouvindo tudo o que está me contando e fazendo a cena, eu consigo entender que no contexto em que vocês estavam inseridas era tanto medo, tanta insegurança e tantas incertezas que o fato de ter alguém que goste de você como você é e ter que viver isso às escondidas te coloca em um lugar muito sombrio, porque qualquer coisa pode tirar essa pequena faísca de certeza que você tem na sua vida. Você fica com raiva, com medo, apreensiva. São todos os sentimentos que geram uma grande confusão, e é compreensível viver um relacionamento tão conturbado no contexto em que estavam inseridas.

C.N.: É, também porque viver um primeiro amor já é confuso o suficiente sem grandes coisas. Acho que, olhando para trás, ainda tinha o componente racial nessa história, mais uma camada de problema, vamos chamar assim. Por mais que a gente vivesse no mesmo mundo, com vidas muito equivalentes, no fim é viver também uma coisa em que você entende que as pessoas além de tudo eram racistas, entender minha mãe como racista, entender minha irmã, entender esse lugar todo muito duro. Além de viver essa homofobia muito dura e muito cruel com uma adolescente, esse componente racial é superimportante nesse caso.

S.G.: Você tinha consciência disso naquela época, identificou também isso?

C.N.: Eu entendi isso no decorrer porque lembro de uma pessoa falando: "Além de tudo, ela é preta! Não basta ser sapatão". Aí você diz: "O que você está falando?!".

S.G.: Isso é tão forte, você não estava conseguindo viver seu relacionamento com seu primeiro amor nessas construções tão vis, LGBTfobia, o racismo também envolvido, porque como assim você largou seu namorado para ficar com uma menina e essa menina é negra? Foram todas essas questões que fizeram que vocês não continuassem?

C.N.: Acho que sim, porque aconteceu uma coisa no meio do caminho. Tive certeza do que eu queria e a Lúcia não teve. Então o jeito que a gente terminou foi o mais triste, acho, de se terminar um relacionamento. No ano do terceiro colegial a gente estudou em escolas diferentes, porque eu quase repeti o segundo colegial e fiz DP de duas, e aí fui para o Objetivo. Fiz uma prova lá, passei, consegui uma bolsa e fui estudar no Objetivo. Acho que também era uma esperança, minha mãe ralou muito para pagar esse colégio, era uma esperança dela também me separar ali, colocar em um colégio diferente como se ela fosse fofa e quisesse me proteger de repetir de ano sendo que na verdade só queria...

S.G.: Te afastar.

C.N.: Me afastar, mas eu não tinha claro isso. Aí a gente foi estudar em colégios diferentes e eu fui à formatura do terceiro colegial da Lúcia, que era no colégio em que eu tinha estudado a vida inteira. Cheguei, a mãe dela olhou para mim e falou: "O que você está fazendo aqui?". Aí eu sei que fui bocuda; falei: "Pergunta para a sua filha. Foi ela que me convidou". A gente saiu lá da formatura e foi pra um bar, todo mundo, e a Lúcia ficou com um menino na minha frente, na mesa do bar. Aí a gente se estapeou no bar, uma coisa horrorosa. Na verdade, eu muito mais estapeei ela do que ela a mim, não sei nem se fico à vontade de falar isso, porque acho uma coisa tão dura, tão violenta, tão horrível. Falo muito pouco disso porque foi uma coisa muito dura mesmo, naquele momento eu tinha virado aquilo que tinha visto na revista e que não queria ser.

S.G.: Sim, mas é compreensível todo o processo que fez com que você chegasse àquele momento. É muito interessante a gente conseguir fazer essa leitura hoje, porque como você ia responder a essa ação naquela época? Não tinha ferramentas, tinha todas as suas inseguranças.

C.N.: E o que entendi é que era tudo tão violento que reagi desse jeito, meio história de cachorro. Tinha passado os últimos três anos — o ano em que eu estava a fim dela, o ano em que a gente ficou perto, o ano em que a gente namorou — vivendo violências diárias, que culminaram nisso. A gente terminou e fiquei muito arrasada, muito arrasada, ela não quis mais falar comigo durante muito tempo, então resolvi que ia fazer faculdade fora. Entrei no cursinho, fazia cursinho à noite porque tinha que trabalhar. Fazia cursinho à noite, ela fazia cursinho de manhã, e antes do trabalho, durante seis meses, todas as manhãs eu ia ao cursinho para ver se ela falava comigo. Um dia cheguei no cursinho num sábado e ela estava meio paquerando um professor, aquela coisa escrota; olhei aquilo e falei: "Meu, eu não quero mais isso, isso é muito violento para mim, não quero mais isso". Lembro muito claramente dessa cena, olhei e falei que não queria mais isso. Entrei no cursinho e falei que queria saber quais eram os vestibulares que aconteceriam no meio do ano. A menina falou, lembro exatamente, ela falou tem Universidade Estadual de Londrina e tem a Federal de Ouro Preto. Eu disse que queria os dois manuais, e decidi: prestei jornalismo em Londrina e história em Ouro Preto. Pedi para a minha mãe para fazer, ela deixou, fiz os dois vestibulares, passei nos dois. A fúria é um negócio muito louco.

S.G.: Sim, movida pela força do ódio.

C.N.: Pela força do ódio, exatamente, a usurpadora. Passei nos dois. Londrina começava em fevereiro do outro ano, eles faziam dois vestibulares, mas começava no ano seguinte; Ouro Preto começava dali a dez dias; eu falei: "É para lá que eu vou". Meu campus ficava em outra cidade, Mariana. Fui muito sem entender ainda o que eu era. Não sabia o que eu era, se gostava de homem, se gostava de mulher, se gostava dos dois, se não gostava de ninguém, o que eu era. Completamente perdida, até que um dia, seis meses depois, no final do primeiro semestre de faculdade, eu bem ermitona, foram seis meses bem difíceis na minha vida...

S.G.: Você estava enfrentando muita coisa ao mesmo tempo, fico imaginando tudo isso e ainda o começo de uma faculdade, um lugar em que não conhecia ninguém; foi punk, não foi?

C.N.: Não, eu fui maluca. Minha mãe falou: "Como você vai, onde vai ficar?". Eu disse: "Já combinei de morar em uma república, uma república da faculdade". Só que eu não tinha combinado nada, não tinha casa, simplesmente saí de São Paulo no sábado à noite, cheguei lá no domingo de manhã, fui para as repúblicas que eram dentro do campus em Mariana, sentei na porta de uma, tipo sete da manhã, eu, meu microsystem, uma mochila e uma mala de roupa, só. Lembro que um cara abriu a porta, para a minha sorte um cara gay, e falou: "Quem é você?". Eu disse: "Passei no vestibular e estou procurando lugar pra morar". Ele falou: "Não é assim, tem sorteio para essas casas". Aí ele perguntou onde eu estava hospedada. Respondi que em lugar nenhum, que era isso que eu estava dizendo, que não tinha casa. Ele falou: "Como você não tem casa?"; eu disse: "Não tenho casa". Ele perguntou onde eu ia dormir. Falei que não sabia. Aí ele falou: "Não, espera, como assim não tem casa; entra aqui, vem tomar um café". Oito da manhã no domingo. Corta. Domingo à noite eu já tinha um colchão, já tinha um quarto. Aí as pessoas que entraram comigo na minha turma foram para o sorteio e perguntaram: "Mas por que ela já tem quarto?". Aí ele respondia: "Porque a gente quer!". Escroto, né? "Porque a gente quer, porque ela é mais legal do que vocês, por muitas razões." E ajudei a escolher os novos moradores da casa, tudo errado. Tudo errado e ao mesmo tempo tudo certo.

S.G.: Sim, as coisas foram se encaixando porque imagina se ainda tivesse mais dificuldade no período em que você estava passando, ainda bem que foi abraçada, estava precisando ser abraçada naquele momento e foi.

C.N.: É isso, foi a primeira vez que vi uma bicha que não tinha problema em ser bicha.

S.G.: A faculdade te ajudou a se aceitar? O espaço te ajudou?

C.N.: Muito, porque tinha um monte de outras pessoas ali, um monte de gente que também tinha decidido sair de casa muito cedo por uma questão obviamente familiar. Acho que nunca tinha pensado nisso, mas, sim, foi a primeira vez que fui acolhida por uma comunidade.

S.G.: Foi a comunidade que veio te abraçar quando os outros não estavam te abraçando.

C.N.: É, e estava tudo bem, não era um problema. Nesse período eu ia às festas, olhava as pessoas e falava: "Quem daqui eu gostaria de beijar?". Eu não conseguia responder. Olhava para os caras, para as meninas, não sabia mesmo. Foram seis meses de tela azul.

S.G.: Você entende essa confusão dos seis primeiros meses como medo de sofrer homofobia novamente? Porque sofreu homofobia em casa, com a sua mãe, com a mãe da menina, também na construção que você tinha em relação à Lúcia, o término foi para uma homofobia internalizada, talvez, de ela não entender o que queria. Toda essa confusão fez com que ficasse com medo de se relacionar novamente com uma mulher?

C.N.: Acho que sim, mas também tinha uma coisa de eu querer ter mais certezas, e eu não tinha mesmo, não conseguia olhar e pensar quem eu desejava, não conseguia. Passava um cara, eu achava bonito; passava uma menina, eu achava bonita, mas ninguém que eu falasse: "Queria beijar agora essa pessoa". Conversava com uma pessoa, conversava com outra, e nada em mim acendia, além do que eu estava ainda sofrendo, acho; o término tinha sido muito duro. Nesse lugar novo e entendendo que não era um problema, acho que foi um período de muito conhecimento meu ali comigo. Talvez seja dos poucos casos na história em que a propaganda fez uma coisa boa, hoje eu penso nessa foto e acho uma cagada, mas, enfim, era uma campanha acho que da Duloren, com duas meninas se beijando, cinta-liga de noiva, lingerie branca de noiva, um ano muito louco da publicidade, não sei o que aconteceu ali em 1995.

S.G.: Eram os anos 1990, não é, minha amiga, ninguém consegue entender o que aconteceu naquele período.

C.N.: Era terra de ninguém. Na mesma campanha tinha uma página dupla da Roberta Close, de um lado a foto dela e do outro tinha o passaporte dela escrito Luís Roberto Gambini, porque ela não tinha identificação de nome. A Roberta Close faz aniversário no mesmo dia que eu, bati o olho e falei: "A gente é do mesmo dia". Aquilo para mim parecia ser permitido, aquelas duas mulheres se beijando na revista, que não estavam se estapeando, a outra podia ter corpo de mulher mas nome de homem e estava tudo bem. Naquela confusão, 25 anos atrás, é importante pontuar, anos 1990, olhei aquilo e falei: "Cara!"; cortei essa foto das duas meninas e ela ficava colada atrás da minha porta do quarto da faculdade. Seis meses depois, eu estava no meu quarto um dia e vi uma menina passando, muito louco, ela passou na janela e falei: "Caralho, quem é essa menina?". Foi a primeira vez que falei: "Caralho, puta que pariu, fodeu". É isso. Fodeu. De novo fodeu. Só que já em outro lugar.

S.G.: Já em outro contexto.

C.N.: Outro contexto, também desse lugar de um amor já mais adulto, vamos chamar assim. Eu tinha uns dezoito anos. A gente se conheceu, só que ela nunca tinha namorado uma menina, ela é sete anos mais velha que eu, tinha entrado mais velha na faculdade, também uma menina negra. A gente foi ficando perto, perto, perto. Eu era estagiária da biblioteca, trabalhava na biblioteca para ganhar vale-alimentação, é bonitinho isso, eu pegava todos os livros que ela pegava, passava o olho e aí falava: "Ah, li o Marcuse", para parecer que era mais inteligente porque estava no primeiro período e ela já estava no sétimo. "O que você achou?" "Fiquei em dúvida." Sabia porra nenhuma, Samuca.

S.G.: Era só para puxar assunto e ter conversa?

C.N.: Para puxar assunto, totalmente. E aí a gente namorou por sete anos.

S.G.: Sete anos. Então foi de 1995 até?

C.N.: 2003, final de 2002.

S.G.: Muita coisa mudou nesse período e muita coisa mudou também dentro de você. Queria entender, só para a gente ir fechando o ciclo: quais foram as principais mudanças na sua vida em decorrência das mudanças que estavam acontecendo no Brasil e no mundo que te ajudaram a ficar mais confortável em relação à sexualidade? Porque é muito esse recorte; eu também tenho 32 anos, sou de uma família que era totalmente conservadora, evangélica, periférica, venho de um lugar que a não aceitação da sexualidade é muito forte e pautada por uma religião, por uma Igreja; você vem de um lugar em que a não aceitação da sexualidade está na sociedade, na sua família, não teve outros referenciais, mas também começou lá atrás com todas as questões sobre LGBTs que eram faladas na mídia, que não eram positivas, eram muito punitivas na verdade, era muito lugar de escracho etc.

C.N.: Total. Acho que nesses sete anos em que namorei a Laura, consegui enxergar que a gente era namorada. Foi a primeira vez que entendi assim, eu lembro da gente de mão dada, lembro da primeira vez que beijei ela na rua, e isso foi — é muito louco que nunca tinha pensado nisso — tão libertador, eu demorei tanto tempo para entender o peso disso, fui entender o peso disso recentemente. Percebi que passei a vida dizendo para todas as mulheres que namorei, e sempre fui de longas relações, que eu não era carinhosa em público. Eu não sou assim, sou discreta, não sou carinhosa em público, não sou dessas pessoas que ficam se pegando, e achava que era comum, que era uma decisão que eu estava tomando. Quando comecei a namorar a Patrícia, com quem sou casada hoje, casada, casada, papel, cerimônia e tudo, foi que entendi o quanto isso é importante, o quanto preciso dizer que isso é importante, o quanto preciso dizer que a gente tem um amor, que a gente é um casal. Lembro que nesse período com a Laura, confuso porque de novo tinha a questão racial, e no caso dela foi muito mais duro porque foi quando entendi como as pessoas podiam ser escrotas em um lugar, outro lugar, era outro lugar. Porque a Laura era uma preta pobre, a Lúcia era uma preta rica. A Laura era uma preta pobre, periférica, que vinha do interior de São Paulo, de uma família de muitos irmãos, uma família que eu vou fazer muitas aspas, Samuca, mas uma família negra clássica; o que a gente espera de uma família negra clássica, uma única filha tinha feito faculdade, sabe essas coisas?

E: Sim, ela estava inserida em todos recortes possíveis de uma família negra.

C.N.: Todos esses recortes raciais e racistas, e o que a gente espera deles. Ao mesmo tempo a Laura me ensinou muito sobre isso. Ela não fazia piada, não tinha gracinha, falava: "Isso não é uma piada, não é engraçado, não sei com quem você aprendeu isso, mas não é engraçado"; foi com ela que aprendi que a porta do banco travava, que o porteiro fazia gracinha com mulheres pretas... Lembro muito numa festa que a gente deu, eu discotecando e ela parada no canto; falei: "Por que que você não dança?". E ela disse: "Não vou ficar aqui sambando para os seus amiguinhos brancos verem". Era de uma dureza isso para mim, tudo muito duro. Então, quando comecei a entender que eu podia ter uma vida amorosa pública, ao mesmo tempo vinha esse recorte do racismo, e isso dava um soco na minha cara todo dia, isso foi fundamental para quem eu sou hoje, fundamental.

S.G.: Para mim é tão bonito ver e ouvir você falando sobre isso, porque é uma discussão que temos dentro do movimento, quanto a gente pode entregar e receber do outro em uma relação inter-racial quando você tem esses recortes tão racistas na sociedade, quanto a gente pode se tornar parceiros e aliados e aprender com a dor do outro e entender que muitas vezes só a presença desse outro, por ele ter a pele mais escura do que a sua, vai ser um desconforto para um próximo, e às vezes você nem vai perceber, mas, dentro dessa relação, você se colocou num lugar de perceber, de escutar, de entender, de ouvir, mesmo que isso te afetasse, porque afetou a relação, te afetou.

C.N.: E de comprar a treta, de conseguir comprar a treta, de entender que eu precisava defender a Laura nos momentos em que ela não conseguia se defender. E não como branca salvadora, zero sobre isso, mas muito porque ela era minha mulher.

S.G.: Sim, existia um amor acima de tudo, então você estava no seu lugar ali de fazer algo e não deixar apenas aquela frase que o pessoal tem usado, "elas que lutem", não, nós que lutemos juntas, estou aqui junto com você.

C.N.: É, e hoje consigo entender muito que racismo é problema de branco, é uma discussão que tenho com muita gente. Racismo não é problema de preto.

S.G.: Olha, só palmas para você, porque é o que eu falo em todas as palestras que dou. Racismo é uma invenção branca, não sou eu negro que tenho que lidar com isso.

C.N.: A gente que lute.

S.G.: Sim, vocês têm que arranjar uma solução para o racismo porque foram vocês que criaram. Eu digo a branquitude, tá.

C.N.: Sim, e em algum lugar, de onde venho e de tudo isso, eu estou dentro disso de alguma forma. É um exercício diário.

S.G.: É tão bonito te ouvir falar isso.

C.N.: Porque tem um exercício diário que ali para mim foi muito importante. Caminharam juntos esse exercício e o de me entender uma pessoa lésbica que pode existir e que quer que muita gente exista junto comigo. É esse o lugar, então acho que hoje, se você perguntar para a Lúcia, que depois casou com um cara, teve três filhos, sei que ela tem milhares de questões com isso, porque fez o *by the book* ali, o que esperavam dela.

S.G.: Ela seguiu o que estava no script. Você falou meio *en passant*, bem rapidamente, que hoje é casada no papel. Queria entender como você saiu daquele lugar, em que seu referencial eram as meninas que recortou da revista e colou na porta. O que mudou nisso tudo na sua vida e como foi a construção dessa nova relação?

C.N.: Eu entendi no meio de tudo nesse período, enfim, tive outro casamento e fui entendendo um lugar no mundo ali também. E aí eu lembro quando ainda estava com a Luísa, com quem fiquei casada oito anos, que eu falava "queria fazer uma festa", mas ainda não estava pronta para aquilo. Tanto que a piada minha e da Luísa era: "Ah, passou de cinco anos, união estável, vou pegar seu dinheiro", eu falava pra ela. Era um lugar não muito amoroso, era um lugar meio de tiração de sarro, meio escrotinho. O fato de a Patrícia nunca ter sentido medo me ajudou muito. Ela nunca teve medo porque ela vinha de uma relação heteronormativa, branca, classe média alta, tinha sido casada com um cara, casamento mesmo, festa, igreja, toda aquela coisa, e não que não tenha suas tretas, é óbvio que tem. Um dia a gente foi comprar um maiô na Decathlon, seis da tarde, eu cheguei para encontrar a Patrícia, e ela me deu um beijo na boca no meio da loja. Na hora eu fiz assim.

S.G.: Congelou.

C.N.: Pensei na hora: "Tem um problema aqui, não é que eu não sou carinhosa, é que estou me protegendo há 25 anos"; há vinte anos estava me protegendo disso. Eu me protegi de toda homofobia que podia, tinha vivido toda a homofobia que eu conseguia, de que tinha dado conta, mas não daria conta da homofobia pública, vamos chamar assim, e aí me protegi muito disso. Mas com a Pat eu entendi que podia existir publicamente, falar disso, ser chamada para falar nos lugares, me chamar de sapatão, ocupar meu lugar de fato no mundo. Quando o Bolsonaro foi eleito, no dia 28 de outubro, eu falei: "A gente vai casar"; ela falou: "Mas não tenho certeza". Eu disse: "Pat, a gente vai casar, não vou esperar". Porque tinha acontecido uma coisa com um amigo, Samuca, que perdeu o marido. O marido se afogou e, quando foram para o hospital, ele foi proibido de entrar nos momentos finais por eles "não serem uma família". Ele viu pelo espelho, pelo vidro, e não pôde entrar, eles não eram casados no papel. Um ano depois disso, tive uma úlcera, fui parar no pronto-socorro, e quando entrei no hospital, fiquei em um looping de dor em que só repetia: "Diz que a gente é casada". Foram sete horas até descobrirem o que eu tinha, repetindo em um looping de loucura, de dor, de alucinação em que fiquei "diz que a gente é casada". Apavorada que eu poderia morrer e ela não estaria lá.

S.G.: Sua história entra no recorte de muitos LGBTs que se casaram logo depois da eleição do Bolsonaro, porque era um medo — ainda existe esse medo de a gente perder os poucos direitos e conquistas que conseguimos nos últimos anos.

C.N.: É. Na hora que a gente chegou no cartório, a Patrícia olhou para mim meio rindo e falou: "Você sabe que nunca mais vai ser solteira". Aí achei que era uma coisa meio romântica, falei: "Não, mas não quero ser solteira". Ela disse: "Não, seus estados civis possíveis agora são divorciada ou viúva. Você nunca mais vai ser solteira". Aí entendi o quão ignorante em relação aos direitos a gente também é, as possibilidades de direitos que a gente tem, porque a gente não foi educado para ter direito, então eu ignorava isso. Ela sabia porque a gente tinha estados civis diferentes, ela era divorciada do primeiro casamento, e eu era solteira. Então eu nunca tinha entendido isso, essa loucura para mim de nunca ter entendido esse lugar, de não ter clara essa potência que a gente pode ser com nossos direitos, enfim, todas as coisas que a gente pode reivindicar. Hoje para mim é muito mais claro, e foi uma construção difícil, diária, dolorosa mesmo de "eu não sei nada, preciso aprender sobre isso, preciso aprender sobre mim, preciso aprender sobre as minhas pessoas, sobre meu mundo, os direitos, abrir o olho para a questão das pessoas trans".

S.G.: Você acredita que hoje teria esse entendimento se não tivesse passado por tudo que passou?

C.N.: Não. Acho que podia ter sido um pouquinho mais fácil, mas consigo olhar para trás, para a malinha que carrego nas costas, para as pedras que estão lá na mochila e falar: "Elas são pesadas, mas são minhas, eu construí isso". Apesar de todas as dificuldades dessas histórias, eu tive lindas histórias de amor, lindas. Eu valorizo, olho para trás e falo: "Tive uma vida foda, tenho uma vida foda, minha vida é boa. Minha vida é de amor".

S.G.: Você acredita que seu casamento também foi uma forma de resistência e de existir na sociedade?

C.N.: Completamente, foi um jeito de dizer para o mundo: "É isso que a gente é, a gente vai casar, tem um papel, vem uma juíza dizer, Elizabeth Cristina Naumovs, aceita Patrícia Sitrângulo Ditolvo como sua legítima esposa?". Sim, quero que as pessoas vejam isso, porque eu nunca tinha ido a um casamento lésbico na minha vida.

S.G.: Foi seu primeiro casamento lésbico da vida?

C.N.: Foi meu primeiro casamento lésbico da vida.

S.G.: Vamos fazer um paralelo para a gente fechar. O que você, hoje, a mulher hoje que fez e foi ao seu primeiro casamento lésbico da vida, o que ela falaria para aquela menina de catorze, quinze anos que lá atrás em todas as confusões ainda não entendia o que estava acontecendo na vida dela e estava experimentando um amor intenso? O que você do futuro, hoje, falaria para você do passado?

C.N.: Acho que eu diria que vai ser complexo, vai ser difícil, que a vida é foda, mas que a vida também vai ser muito generosa com você. A vida vai ser um lugar, você vai encontrar gente muito sensacional pelo caminho, vai achar amor em lugares onde nem imaginaria, vai criar uma nova família, outra família, vai escolher suas pessoas, vai ser respeitada. Prometo. Pode acreditar que vai dar tudo certo. Eu diria isso para ela.

S.G.: E me diga o que você achou de participar desta entrevista, desta conversa. Como foi? Você se sentiu à vontade? Se lembrou de coisas que não lembrava?

C.N.: Acho que fiz conexões que talvez nunca tenha feito. Isso que você perguntou sobre ter sido acolhida na faculdade foi um negócio de que eu nunca tinha me dado conta mesmo, fiquei até emocionada na hora em que lembrei disso, porque acho que é importante, e fico feliz de poder contar essa história; que as próximas gerações que vêm depois de mim possam ler livros com histórias que deram certo, com boas vidas, com vidas amorosas, saber que a violência não é maior que a gente.

S.G.: A relação que você tem hoje com a sua esposa: vocês estão juntas há quanto tempo?

C.N.: Cinco anos.

S.G.: Cinco anos, todos os processos que você passou nos relacionamentos anteriores te ensinaram e te mostraram o caminho para seguir no relacionamento atual.

C.N.: Eu só sou quem sou porque encontrei mulheres muito incríveis pelo caminho, gente que me ensinou muito, que teve muita paciência comigo, muita generosidade com as minhas faltas, meus buracos emocionais. Gente que topou se apaixonar por mim mesmo com todos os buracos, as deficiências emocionais que venho tentando corrigir pela vida; talvez não corrija todas até o fim, mas estou nessa tentativa e valorizo demais essa história que tenho, valorizo demais todo mundo que passou por ela. É isso, querido, obrigada pelo convite, fiquei muito honrada.

Agradecimento

Agradeço a todos que entraram na minha vida e me fizeram acreditar que era possível estar neste lugar.

TIPOGRAFIA Bely e Isidora Sans
DIAGRAMAÇÃO Osmane Garcia Filho
PAPEL Pólen Soft, Suzano S.A.
IMPRESSÃO Gráfica Bartira, setembro de 2020

A marca FSC® é a garantia de que a madeira utilizada na fabricação do papel deste livro provém de florestas que foram gerenciadas de maneira ambientalmente correta, socialmente justa e economicamente viável, além de outras fontes de origem controlada.